CRITICAL LIVES

JEAN COCTEAU

[英] 詹姆斯·S.威廉姆斯 著　　刘宇清 译

让·科克托

北京大学出版社
PEKING UNIVERSITY PRESS

北京市版权局著作权合同登记图字：01-2008-4813 号
图书在版编目（CIP）数据
让·科克托／（英）威廉姆斯(James S. Williams)著；刘宇清译．—北京：北京大学出版社，2011.3
ISBN 978-7-301-18218-5
Ⅰ．①让… Ⅱ．①威… ②刘… Ⅲ．①科克托－传记 Ⅳ．① K836.565.6
中国版本图书馆 CIP 数据核字(2010)第 243119 号
Jean Cocteau by James S. Williams was first published by Reaktion Books, London, 2008 in the Critical Lives series

书　　名：让·科克托
著作责任者：［英］詹姆斯·威廉姆斯著　刘宇清译
责任编辑：姜贞
装帧设计：纸皮儿工作室·郭瑞 & 杜庆春
内文制作：赵茗
标准书号：ISBN 978-7-301-18218-5/G·3013
出　版　者：北京大学出版社
地　　址：北京市海淀区成府路 205 号　100871
网　　址：http://www.pup.cn　**电子信箱**：pw@pup.pku.edu.cn
电　　话：邮购部 62752015　发行部 62750672
编辑部 62750112　出版部 62754962
印　刷　者：北京大学印刷厂
经　销　者：新华书店
880 毫米 ×1230 毫米　32 开本　9.25 印张　250 千字
2011 年 3 月第 1 版　2011 年 3 月第 1 次印刷
定　　价：20.00 元

目 录

空画框中的科克托　曼·雷　摄，1922年

导 言

不朽的艺术家，传世的艺术品

我一写作，就给大家添乱。我一拍电影，也给大家添乱。我一画画，还是给大家添乱。我办画展，是在添乱。我不办画展，还是在添乱。我就是喜欢添乱，善于添乱……就算我死了，还是要给大家添乱。也许，必须等到我这添乱的癖好慢慢消亡，我的作品才能摆脱我的干扰，从容潇洒、青春洋溢，从此解脱地大吼一声“呸”！

科克托 | “相对自由”，《陌生人日记》

在雅克·德米（Jacques Demy）和让·马松（Jean Masson）1958年拍摄的一部彩色短片《格雷万蜡像馆》（*Le Musée Grévin*）中，科克托同自己的蜡像表演了一场精彩的冲突戏。坐在桌子对面、打着蝶形领结的成年科克托的蜡像，代表科克托作为巴黎人的另一个自我，是由他亲自扮演的。面对蜡像，有人由衷地赞美，也有人恶毒地诅咒。如果这种刻意设计的双重性是虚假的、令人厌恶的，那是因为正如科克托所说的："巴黎人将我变成了一个连自己都不想面对的角色。"但是，对科克托而言，这种情况始终只是故事的一部分，因为他曾经宣称自己非常感戴这个令人厌恶的、伪装的自我帮他点燃了心中的激情。为了能够安心地工作，他命令那个蜡塑的冒充者乘坐傍晚的火车滚回巴黎。在科克托关于"艺术性的低调"的总体观念中，这种双重性是至关重要的，并且在他后期的作品中变成一种名副其实的"迷恋"。据此，诗人真正的自我，即独立写作的自我，或者"夜间的自我"，与公众达成一种妥协的形式——编织一个虚假的自我——以便维持一种晦涩、隐匿的安全感，并由此摆脱名利的陷阱。其中寓意再明显不过：人越显摆，艺术家越低调，作品就越真实。

这个办法真的那么简单有效吗？我们暂时将这个问题放到一边。科克托与自己的蜡像遭遇的场景，证明科克托具有超强的表演天赋，他渴望用审美的方式演出自己真实生命的戏剧。这也带来另一个问题：谁是"真实的"科克托？也许正如他所乐见的自己，是一位受蔑视地心引力、挑战性别界限的美国高空吊架艺术家巴贝特（Barbette）的鼓舞而在艺术的高空钢丝绳上翩翩起舞的普罗透斯[1]？

1 普罗透斯（Protean），即Proteus，希腊神话中的一个早期海神，荷马所称的"海洋老人"之一。他有预知未来的能力，但只向逮到他的人预言未来。他经常变化外形使人无法捉到他。

或者，只是一位极其平凡的柔体演员，拼命地努力向别人、向自己证明自己？他是一个公众面前开朗、外向的人，还是一位个人生活中的孤独者？在影响、决定科克托的众多矛盾和悖论中，有一种情况最显而易见、引人注目，即几乎在每一个艺术领域和艺术媒介中，科克托数量惊人的作品都有意无意地暴露自己，是一个被自我怀疑和各种异化的情感所毁灭的脆弱而孤独的人。在一个句子中，他的情绪可以从自我激励到顾影自怜、从自我诋毁到自我辩护、从自我扩张到自我毁灭，疯狂而绝望地摇摆转变；复杂多样的双重性，构成上一时刻与下一瞬间的内在隔阂；读者不是被拉拢成为友好同盟，就是被无情地推向反面，成为敌对的指控者，使他蒙受更多的审判与羞辱。正如蜡像冲突场景所揭示，在科克托身上，自我批评与公众责难之间的界线是非常脆弱的。从20世纪10年代末到20年代初，科克托作为现代艺术家的典范和法国式智慧与优雅的化身出现（伊迪丝·华顿[Edith Wharton][1]夫人对科克托的描述很有意思：对他而言，每一句伟大的诗行都是初升的太阳，每一次日落都是天国的基石），但又很快从荣誉的顶端跌落，像一个社会化的变色龙、剽窃者、贪名图利的人和鸡尾酒的调制者一样被冷落。在很多人眼中，科克托就是一个轻浮、浅薄、俗不可耐、只会表演的花花公子，华而不实的万金油和不守规矩的审美家，却被誉为“天赋超群的博学家和浅尝辄止的天才”[1]。特别值得一提的是，由于将兴趣与精力投入到过多不同的艺术形式中，很多人就认为他轻浮、浅薄，不值得称道（法语形容词versatile用在科克托身上，带有不少贬抑和指责的色彩）。对那些依靠斗争来追赶科克托艺术脚步的人而言，他仅仅是一位捉摸不定的现代主义者，伪装而且伪善。怀着对同性恋“毒素”的某种恐惧症，安德烈·布勒东

---

1 伊迪丝·华顿(1862.1.24—1937.8.11)，美国女作家，原名伊迪丝·纽伯·琼斯（Edith Newbold Jones），第一次世界大战期间，她开始在巴黎居住，擅长描绘一战前夕美国老纽约上流社会的生活，笔画细致入微，讽刺幽默与怀旧情怀并重，是和简·奥斯丁一样的风俗小说家。代表作品有《欢乐之家》（1905）、《国家风俗》（1913）、《纯真年代》（1920）等。

（André Breton）[1]将科克托看作是对艺术家男子气概的公然冒犯，并且试图用自己超现实主义的暴徒蓄意破坏科克托参与的每一个计划。科克托高调、公开的个人生活对这种情况于事无补：在科克托关系最密切的圈子中，曾经自诩为非传统生活方式的追随者和放荡不羁的艺术家的那些人，逐渐开始与那个曾经"堕落的世界"形同陌路；时断时续的丑闻——特别是吸毒，以及有关腐化年轻男子的指控——缠绕终生。出于辩解及轻微偏执的迹象，科克托认为自己是全法国最受憎恶和迫害的人。尽管在欧洲主要艺术和思想流派交汇的地方，科克托坚持六十余年创作不断，他的艺术成就影响深广，但是他身前就已经看到自己成为20世纪法国文学史上最被低估、最先过时的人物之一。

艺术家将自己的生命过多地投入到艺术作品中，难免会受到一些间接的伤害。但是，为了成为"让·科克托"，科克托付出了更加高昂的代价。比如，科克托的身体一直病弱不堪，长年吸食鸦片则使病情加剧，甚至需要七种分离手术来排除毒素。科克托始终将自己置于一种危险的境地，既被别人利用，又利用别人来获得更多的自我肯定和社会"分量"。科克托承认，自从九岁时父亲自杀那一刻起，直到那些最亲密的男性朋友和情人英年早逝，他不断遭遇到身份认同的危机，忍受着身心俱痛的折磨。他深刻地需要与别人分享、共鸣，甚至与别人融为一体，因为"我钟爱他人，我只有通过他们才能存在"。一个被选中或征召的他者，被当成耶稣、缪斯或者导师，希望他们能够提供的重建身份意义的机会。由于无法克服的"存在之难"（其1947年出版的一部出色的自传性文选的标题），科克托深感缺乏身份/认同的意义，科克托过于依靠他人来界定自己，他要吸收他们，以至于到了模仿的地步，对模仿他人行为的能力羡慕不已。通过

1 安德烈·布勒东（1896—1966）是法国超现实主义运动的创始人、精神领袖和代表诗人之一。

模仿他人而获得的成就感必然是短暂的，并且会激起另一种无法满足的欲望。很多时候，他感觉自己就是一个极度敏感的人，一句话都受不了，就像自己塑造的那些年轻的文学形象一样，比如《无赖》（*The Miscreant*）中的雅克（Jacques），《骗子托马斯》（*Thomas l'imposteur*）中的纪尧姆（Guillaume），他们都在“到底该怎么活”的困境中进退维谷，不断将自己投射到别人身上，转移自己的欲望。结果，致使生活不时地被各种重复的蜕变、换羽、变形、投胎、转世活动打断。

现在回过头来看科克托，有人说他是一个可怜、可悲的人，在那个狂热、兴奋、焦躁不安的社交圈子里忙忙碌碌、奔波一生；有人说他是一个不择手段向上爬的野心家，却始终没有成为自己理想的那个人；或者说他是将个人的抑郁和自我怀疑隐藏到狂热的活动背后，只要有人关注，时时刻刻都准备挽起袖子大干一场。这些说法都有些过于简单、草率了。将修颀的长臂和优雅的双手举到头顶，做出阿拉贝斯克芭蕾舞式的动作，科克托像施魔法一样，彻底将听众推进了自己用圆润洪亮的嗓音、豪迈夸张的演讲和水银倾泻般的语言编织的铁环中（科克托的朋友和敌人都戏称他是“法国最能侃的人”）。一种宿命论的思想倾向给某些批评家造成了损失，他们始终坚信一个前提，即众所公认的科克托之所以伟大的证明——科克托雄辩洒脱的仪态和磁性魅力话语将自己生命变成了艺术作品本身——就在他死亡的那天枯竭，并且永远失去了。

但是，另一种观点——科克托的公开行为，就是他唯一真实的小说或者诗歌，一种针对同性恋艺术家奥斯卡·王尔德（Oscar Wilder）的命定逻辑——最终被证明与科克托的生活和艺术都无关紧要。事实上，过度迷恋和鼓吹科克托的公众形象——丑闻与虚饰，华丽光鲜的外表和面具，通讯录上的众多名流，对达达主义和超现实主义等艺术流派的轻慢，等等——往往会遮蔽一个人本身具有的聪明才智和庄重严肃，他最初的苦行诞生了20世纪最合乎逻辑、最具有原创性的艺术主张之一。科克托从不认为自己是完美无缺的人，而是一位敏锐的观察者，他锲而不舍地研究现代形势，追问“何以为人，人将何往”的问题。他一生的作品，在乐观与悲观（以及联结悲观和乐观的一切）之间前后摇摆，真正构成一部关于“生存”的指南——人为什么活着？人该怎么活着？人应该是什么样？活着为什么？科克托的艺术力量在于，通过将自身作为实验性主体，怀着无法减抑的赤诚与勇气记录自我生命的盛衰荣枯，准确地将自己的存在危机编年记述。科克托借助他者，乐此不疲地进行自我建构，最终显示自己作为一个基于存在的“不断进步的作品”，即一如既往地追寻关于“自我”的问题。科克托具有灵活敏捷的思维力，永不满足的好奇心，不断寻求新刺激、新思想、新感觉的愿望，以及天马行空的想象力和创造性，他从不认为什么事情是理所当然的，因此他总是在探索新知的途中改变马力，并且调整艺术存在的状态，要么做白日梦，要么痴迷地吸食鸦片，或者到电影的感官领域一试身手。另外，在进一步追求心理平衡和自我接受的过程中，他标新立异地使用各种影像、声音、观念和形式的蒙太奇，对自己有了许多新的观察和顿悟。由于始终坚持接受变化、追求新方向，他成为生气勃勃、活力无限的当代艺术家之一。不仅如此，在他的生命历程和艺术生涯中的各种盛衰沉浮，也作为一个整体呼应了法国社会的变迁。关于科克托在法语文化中的独一无二的地位：在20世纪10年代到20年代，法国文化明智地从封闭的沙龙走出来接受新媒介的过程中，科克托成为艺术和文化的授粉者，是法国左岸和右岸、巴黎和外省、高雅文化和通俗文化、社会主流和边缘群体之间的信使和媒人；他是完整意义上的“样样管”和中间人，身系千种联系、万种资源，在法国社会和文化开启新大门的过程中促进新事物的诞生。科克托很多时候都与社会主流并肩同行，却又常常与社会主流背道而驰——在理论上，他是一个精英主义者；在实践中和内心深处，他又是一个平民主义者，例如，1949年8月，他和其他人在比亚里兹（Biarritz）合作举办第一届“被诅咒的电影展”[1]。

科克托对艺术的终极价值坚定不移的信仰及自身诗人的禀性，支撑着他不断演变的艺术计划，对于个体生命的连续性和未来状态都具有不可或缺的意义。也许，只有艺术作品，或者不断地回到自己的作品（正如前文提到的蜡像馆场景），才能作为科克托生命与生活的中心。他希望通过在艺术形式上的成功实验来衡量个人的身体健康，以及自己在艺术变革和创新方面的能力，但是结果总是不可预知而且颇有偏差的。这不能保证有一个皆大欢喜的结局。毕竟，如果诗是科克托唯一的宗教，那么它也是绝望的、没有疗效的宗教。科克托押在自己雄心勃勃的艺术计划上的赌注是很昂贵的，因为他本人与作品的关系是相互交织的，如果艺术计划不能产生任何实质性的进步或者获得新的发现，科克托纷扰混乱的自我就会面临不可挽回地堕入空虚的危险。科克托最好的作品是那些带有明显的极限之旅痕迹的作品，既包括通过各种类型融合、非理性情节、新奇与震撼、形式杂糅造成的作品形式上的不确定性及材料的混杂性，也包括作品作者许多欲说还羞、不吐不快的内容（为数众多的序言、前言、后记，以及各种著作出版前的内容简介）。在创作欲迸发期间，他的作品往往像是速记印象、断断续续的宣言、格言警句和布告要点的集合。各种比譬新颖的格言警句、才情横溢的断句和即兴偶得的思想被放在那里原封未动，或者简单地堆砌在一起，而没有锤炼成逻辑严谨的观点。关键在于要正面进攻而且击中目标，科克托自始至终都是这样做的。（关于科

1 1946年，由于《电影期刊》停办，安德烈·巴赞等“新影评人”创办了自己的电影俱乐部：“49镜头”（Objectif 49）。成员包括巴赞、皮埃尔·卡斯特、亚历山大·阿斯德吕克等人，还请来许多著名作家和导演助阵，比如罗贝·布莱松、让·科克托、雷内·克莱蒙特，让·格雷米永等。“49镜头”在文化圈很受追捧，其开幕影片就是科克托的《可怕的父母》。1949年，巴赞在俱乐部的基础上，成功举办“被诅咒的电影展”（le Festival du Film Maudit）。maudit 原意应是“被社会排斥的”，film maudit与马拉美所谓的“Poètes maudit”（被诅咒的诗人）相呼应，译为“被诅咒的电影”、“不受主流欢迎的影片”，此处意译成“被诅咒的电影展”。

克托的最准确的描述之一，是贝伦尼斯·阿博特[Berenice Abbott][1]1927年为他拍摄的一张照片，照片中的科克托做出直接对准照相机镜头射击的动作）。

科克托追寻存在和身份的过程，就像一出完整的戏剧，扎根在他的日常计划之中，目的是要让上帝显灵，或者等待上帝突然在他面前现身。这就是他特别钟爱电影的原因。用最简单的话说，他认为电影可以让主观的东西变成客观，隐形的东西变得可见。作为一个中庸、谦卑的艺术家出场，科克托希望自己的观众能够分享电影带给他的数不清的喜悦与迷恋。他认为，电影机器有一种出人意料的珍贵品质，它有令人惊异的发现，它能揭示对事物真谛的顿悟，它能让上帝显灵。这实在是一种偶然的天赐。尽管有点矛盾——他对青年的美化和礼赞，他对幻想和虚构情节的渴求，他超然离群而又渴望依附，但科克托是一个彻底的唯物主义艺术家，他始终努力站在“真实”的这一边。他始终坚持用自己的双手“思考”，就是为了穿透身体/物质的屏障，触摸我们最根本的情感（欲望、痛苦、恐惧、欢喜与失落等等）。这恰巧与很多批评家的看法相反，他们或者认为是一种文雅的技巧，或者认为是情节剧的策略（科克托著名的妙语，我是一个只说真话的谎言家）。

总而言之，正是科克托支离破碎的“存在”及狂热，为他的艺术作品带来了激励、增大了效应。作家和作品之间的有机联系是科克托挥之不去的心结。这种联系使他认为，他所画的任何东西，实质上都是一幅具有独立身份的自画像。艺术家永远都是自己最真实的模特儿。在科克托看来，艺术创作就是发自内心的呼吸，是自我的诞生，而不仅仅是外部世界的激发。因此，艺术作品应该是自传性的。即是说，单独的作品不能推助创作者的影响，而是背叛和辜负他，甚至即

1 贝伦尼斯·阿博特（1898.7.17—1991.12.9），美国摄影师，20世纪30年代因用黑白摄影表现纽约街头和建筑物而为人所知，代表作品是《纽约的变迁》（*Changing New York*）。

使从科克托非常赞同的俄狄浦斯的角度，艺术作品也总是致力于破坏他的作者。因此，对科克托而言，“最直接的”自传或者捉摸不定的“私人日记”都不再是“真实”的需要。科克托公开承认的最具自传性特征的一些契机，比如他的回忆录《陌生人日记》（*Le Journal d'un inconnu*，1952），虽然总是以传记性的“真实”为基础，其实质只不过是丰富的语料库，其独特之处在于创造了一种与众不同的基调，通常是听天由命的，有时是抑郁沮丧的，有时则是冷漠无情的。基于同样的原因，某些公开承认的小说（虚构作品）则总是具有传记性的暗示作用，因为他们希望通过叙事形式的实验，进一步探索“自我”的神秘性。至关重要的是，科克托认为自己对于艺术实践的责任和义务是理所当然的，同时也是颇为成功的。他将自己所有的创作行为和公众姿态都看作是对艺术领域和个人世界进行探索的连续过程中的一部分，而不是普鲁斯特（Marcel Proust）所谓的“代表作的前奏”。正如他所说的，一部单独的作品，只有当作整体（作品集）中的一部分来看，才真正具有价值。[2]不论是一首单独的诗，还是一部单独的电影或者戏剧，都不例外。我们只有阅读所有的作品，才能发现作者，才能认清作者真正的创作姿态。

科克托把自己所有的作品都称为“诗”。除了这个众所周知的事实，科克托对待艺术的严肃态度及某些迫切的艺术主题，也给他的艺术计划带来了整体的统一性和目标的明确性。1956年同科克托一起获得牛津大学荣誉博士的奥登（W. H. Auden）[1]是这样说的，科克托对艺术的态度始终是专业的，也即，他最关心的问题是媒介的本质及其背后隐藏的潜力（可能性）。[3]对于摄影这个重要的视觉艺术形式，科克托并没有亲自动手实践的经历，但是他用自己的身体为许多世界

1 奥登（1907—1973），英国出生的美国诗人，是继T. S. 艾略特之后最重要的英语诗人。他的诗以当代社会和政治现实为题材，描写公众关心的理性和道德问题，描写人们的内心世界。晚年他把所有诗篇收集在两个集子里《短诗结集 1927—1957》(1967年)和《长诗结集》(1969年)。

《诗人之梦》（*Dream of a Poet*），“科克托的真人绘画”。
1949　菲利普·阿尔斯曼[1]　摄

著名的摄影师摆好姿势，为自己开辟了一片新天地。利用镜子和银幕这一类辅助设备，科克托制作了一系列高度风格化的自我形象（照相），这些自我形象有的是孤芳自赏，有的是自我破坏，有的是自我模仿。每一个被建构的形象（照相），绝不仅是一种微型的艺术装置，不仅有助于他探索另类的身份和表象人格，而且记录了他的个人

1　菲利普·哈尔斯曼（Phillipe Halsman，1906—1979），生于拉脱维亚，1940年移居美国，长期为《生活》杂志工作，擅长黑白摄影，被誉为“世界上最伟大的摄影家”。他认为，肖像摄影的最高境界是充分表现人物的性格和真我，经常请被拍摄者跳起来，在他们跳跃的瞬间进行抓怕。“当你要求一个人在镜头前跳起来时，他们的注意力会集中在怎么跳的动作上，那么平时戴的面具就会不由自主的消失，并且会显露出自己真实自然的性格。”他的作品集《跳跃》收录了176位名人跳跃的瞬间。

进步。当然，这些看似容易受伤、惹人怜悯、极具诱惑力的形象，正如他加在自己作品上的手绘五角星一样，是一种个人签名或者商品标记，是科克托推广自己公众形象和知名度的一种手段。这个不知疲倦的自我推销者，是20世纪最早的媒介宣传家之一。其中绝大多数照相都不是在科克托没有注意的时候拍摄的（一个重要的例外就是1947年2月接受毒品搜查后，在巴黎法院外拍摄的那张）。

那么最后，我们如何才能将他那些多姿多彩的生活、五花八门的作品和复杂多样的表演捏合到一块儿呢？科克托非常聪明，他一如既往地模糊常规的界线，将自己的生活变成神话的素材，不断给观众造成误会与混淆。对科克托而言，情感体验是绝对必不可少的。在对被选中的“他者”忠诚的友谊和深情的奉献获得成功的时候，生活与艺术的关系就最密切、更有力。科克托天生地不会伤人或者恨人，友谊是他与生俱来的天分，关爱别人时毫无保留。如果他认为追寻个人的自我身份是不确定的、几乎不可能完成的任务，但他从未怀疑过友谊的永恒价值。他认为友谊是一种平静安宁而且连续不断的情感发作，不是一时激情冲动的危险。[4]从自己的母亲开始，科克托同好几位强势的女性关系密切。他们的母子关系可能是一种羁绊。但是，科克托却在自己与年轻男子的关系中找到了很多理想中的友谊，而这些年轻男子不仅是他的情人和伙伴，也是他在艺术上的合作者。友谊不仅仅是艺术作品的灵感来源或者决定性的催化剂（科克托成长过程中的各种关系与他艺术生涯中的重要转折点是密切相关的），而是居于他的美学计划的中心。科克托的审美计划，可以认为是关于自我与他者问题的“伦理–情爱”的契约。根据科克托的观点，为了获得艺术的美，必须投射一种道德的力量。他明确无误地谈到“道德进步”的法国道德主义传统与自己作品底线的相似性，并且把它与“灵魂的风格”联系在一起。一个人的风格和他在艺术实践中采用的方法相互纠缠在一起，共同形成友谊与合作艺术的基础，鼓励各种新的艺术化的、共享的存在。

在现代艺术家中，科克托绝对是一个新品种。基于上述种种原因，科克托的艺术在本质上是传记性的，因此应该被视为是连续的“生命计划”中不可或缺的组成部分。当然，科克托的生命计划本身就充满了矛盾与张力，比如他既希望超越历史（他认为这是一个真实变成谎言的过程），又希望同时同步地参与到具体的历史事件中去。在他心底富有同情的智慧和作品中冷漠固执的情绪之间，也存在类似的矛盾。有时，那种尖刻、简略的风格就像刀片一样刺痛人心。要想在这种平行的方式、过程和表演中理解科克托，就必须尊重他生命中开放、宽宏的艺术精神，纯净透明的能量和艺术思虑中包容万象的磅礴气势。早在1918年的论文《钟表与写字台》（*Cock and Harlequin*）中，已经预示：只有当他自己去世，没有任何困扰之后，他的作品才能真正被理解和赞扬。科克托断然地强调：“生前是一个活跃的人，死后才能成为艺术家。”多么超前于他自己的时代呀！在科克托去世近半个世纪之后，他独特而复杂的作品全集或许已经发现了一个理想的观者，能够欣赏其中令人困扰、震惊和鼓舞的能力。

第一章

失落的天堂

1889年7月5日清晨，让–莫里斯·科克托出生于巴黎西北郊12里，靠近圣日耳曼森林（Saint-Germain）的迈松斯–拉菲特（Maisons-Laffitte）的一个富庶之家。[1]根据各种流传的说法，刚出生的科克托体重六磅半，身体健康、精力充沛，还有一头浓密的黑发。两周之后，小科克托接受了洗礼。科克托的父亲，乔治·科克托（George Cocteau）出生于勒阿弗尔（Le Havre）的一个文员家庭，性格内向、彬彬有礼，时年47岁，在获得固定的年金、过上食利者生活之前，曾在岳父开办的律师事务所工作。科克托的母亲欧仁妮·勒孔特（Eugénie Lecomte）则是一位巴黎股票经纪人的女儿，她们家族与外交、金融和海军等部门具有千丝万缕的联系。从1891年到1894年，科克托与哥哥保罗（Paul）、姐姐玛尔特（Marthe）都要到迈松斯–拉菲特的普雷斯萨利（Place Sully）的地方度假。其余时间，全家人都住在巴黎第九区，皮嘉尔（Pigalle，巴黎的富人区）拉布吕耶尔大街（ruela Bruyère）45号——外祖父母的宅邸里。

对科克托而言，童年初期就是安逸的、享乐的天主教世界里的一段魔幻时光。回首童年，科克托总是无限惆怅。童年的一事一物、一草一木都充满了美丽的气息，特别是乡村别墅里的那些丁香花、酸橙树、鸡血石和迈松斯–拉菲特修饰整齐的草坪。小镇迈松斯–拉菲特，因银行家雅克·拉菲特（Jacques Laffitte）而得名，有时尚的跑马道和训练场、一座十七世纪的城堡、乡村集市和不时举行的社交活动，十分休闲宜人。少年科克托骑着从英国进口的新发明——自行车，神气十足地四处游荡。科克托天生一对迷人的大眼睛和尖尖的脑袋（脸型），到处都成为众目之的。父母对于科克托总是过分关心、娇生惯养，特别是母亲，她灌注在他身上的感情深厚得令人不可思议。那时，科克托只是一个个子不高、身体娇弱、神经敏感、情绪多变的少年。科克托最喜欢的表姐玛丽安·勒孔特（Marianne Lecomte）后来成为女歌唱家），比他大两岁，是他最亲密的伙伴。长大后，玛丽安谈起少年科克托，说他是一个迷人的、漂亮的小男孩，非常娇贵。由于先天性的脊柱侧凸，科克托走路时不得不做一些额外的横向运动，包括微微地倾斜肩膀，以保持双肩平衡（但是这些并不能让他放弃报名参加舞蹈训练）。科克托从小就被交给日耳曼保姆约瑟菲娜·伊贝尔（Joséphine Ebel，科克托叫她热芬娜[Jéphine]）抚养，无论是躺在她的怀里吃饭，还是听她讲小仙女的故事，都让他沐浴在身体的温暖中。科克托痴迷文学，一旦有机会逃学，他就躺在床上看书，将卧室变成奇幻的文学仙境。同时，科克托沉默寡言的父亲，是一个很有天赋的业余画家，经常教他学习绘画。科克托很快就学会模仿颇负盛名的插图画家和漫画家——塞姆（Sem）和莱奥内托·卡皮耶洛（Leonetto Cappiello）风格，显示出惊人的画像天赋。像母亲一样，科克托的钢琴禀赋很高，常常在家里的罗西尼钢琴上弹琴自娱。巴黎是一座音乐迷的城市，法国上流社会常常在私家宅邸举行家庭音乐会。科克托的外祖父欧仁，是一位业余室内音乐家和艺术品收藏家，喜欢定期组织正规的音乐四重奏。科克托必须坐在外祖父举办的音乐会上听瓦格纳（Wagner），由此积累了一些关于早期音乐曲目的相应知识，并且能迅速分辨出大部分曲调。

在这个养尊处优的世界里，艺术成为一种后天的习惯，乃至一种娱乐方式，一切都看似完美无缺。各种艺术教育没有给科克托带来一星儿半点的叛逆情绪，因为他的家庭正是他所理想的家庭。换句话说，在科克托眼里，所有的家庭成员都是训练有素、热情周到的观众。后来，科克托在解释自己关于音乐、美术和戏剧的复杂趣味时说，他的家庭在趣味的选择上从来都不是因循守旧的，而是兼收并蓄、博采众长的。1895、1896年左右，科克托开始上小学。他在这段时期迷上了新派马戏（Le Nouveau-Girque），并且很快与一些来自社会各阶层的人士打得火热。科克托最喜欢的演员是著名的小丑福迪（Foottit）和他的黑人搭档乔克莱（Chocolat）。与此同时，科克托还经常去香榭丽舍大街（Champs-Elysées）上的溜冰场——冰宫（Palais de Glace），在那里，他第一次看见科莱特（Colette）及其著名的牛头犬，以及第一次世界大战前法国歌舞升平时代那些名声不佳的偶像，比如歌厅演员波莱尔（Polaire）[1]和莉安·德普吉（Liane de Pougy）[2]。当卢米埃尔兄弟在卡普辛大街靠近旧英伦区的地下室里放映电影时，科克托就是是最早的观众之一。后来，他还到夏特勒歌剧院（Théâtre du Châtelet）观看《白鹿》（*La Biche au bois*）、《八十天环游地球》（*Le Tour du monde en 80 jours*）之类的通俗喜剧节目，并且成为多家剧院的常客，比如滑稽剧院（the Vaudeville）、文艺复兴剧院（the Renaissance），以及位于斯特拉斯堡大街的拉斯卡拉剧院（La Scala）和埃尔多拉多剧院（the Eldorado）。像莎拉·伯恩哈特（Sarah Bernhardt）、科克兰·艾内（Coquelin aîné）、雷雅纳（Réjane）和吕西安·吉特里（Lucien Guitry）这些伟大的演员和悲剧大师在这些剧院成为像神一样耀眼的偶像。

科克托早期的重要创作活动无疑受到了戏剧因素的刺激和启发。这些刺激性因素甚至包括科克托的母亲那一套堪称奇观的梳洗仪式。为了出席法国歌剧院的晚会活动，科克托的母亲总会精心地梳洗打扮。母亲用醉人的香水、迷人的美貌和昂贵的珠宝诠释了剧院的仪节。科克托在看母亲描眉时，心中总是充满了敬畏与陶醉之情。星期天，当一切归于平静时，天才的小科克托开始表演自己的戏剧节目，将自己装扮成理想中的人物，不管是男性还是女性，都全情投入。和朋友勒内·罗谢（René Rocher，后来成为巴黎老鸽舍剧院[Vieux-Colombier]的导演）一起，科克托在巴黎外祖父家的院子里

1　波莱尔是法国著名歌手、演员艾米尔·玛丽·布豪（Émilie Marie Bouchaud）的艺名。

2　莉安·德普吉，原名安娜·玛丽·夏赛（Anne Marie Chassaigne，1869.7.2—1950.12.26），是Folies Bergères舞蹈家，被誉为巴黎最美丽同时最臭名昭著的交际花之一。

搭建了一座小小的模型舞台，在舞台上试验各种奇思妙想的机器、异想天开的布景和热芬娜缝制的奇装异服。科克托天生就是一个喜欢在家里搭搭建建的人，他能够让一个计划在自己手里突然实现，显示出超人的构图天赋和敏锐的观察能力。到了5岁的时候，早慧的科克托已经建立了自己的表演节目和悲剧作品库，包括自己写的一首关于尼禄（Nero）的诗，显示出宏大的自我设计心理和以皮革马利翁（Pygmalion）自许的总体艺术梦想[1]。不久之后，科克托完成自己的第一部诗剧，马上就找来一些观众，在他们面前朗诵，并且由自己一个人分担剧中所有的角色。事实上，科克托有一种自恋的愿望，自己成为所有的人，自己能到任何地方，独占所有的舞台，因为审美之美似乎能够赋予他“存在”的意义。但是，一旦戏剧结束/演出完毕，迷梦被惊醒，“成为世界上最敏感的灵魂”这个愿望马上就会变成一种可怕的孤独感。哪怕有一张未被折服的面孔，都会引起他的怀疑和焦虑，促使他反省和证明自己。相似地，如果别人对他的真诚有所怀疑，或者他未能说服别人信赖自己，他就会顿时陷入焦虑和恐惧。（“我很坦率，绝不傲慢，我唯一想要的就是爱”，这句话常被人提起）。

1898年4月5日，科克托的父亲因为无法排遣的孤独与压抑，在巴黎自己家中的床上开枪自杀，科克托童年这段幸福祥和的欢乐岁月也因此戛然而止。为什么会自杀呢？乔治·科克托对某些股权的价值担忧，或者害怕某种可能的金融打击，这些说法后来都被证明是站不住脚的。再就是，乔治可能有些怀疑自己漂亮的妻子有行为出轨。的确有一些挥之不去的传言，说小科克托来路不正、身份可疑。让·科克托比哥哥保罗小8岁，比姐姐玛尔特小12岁，比较而言，哥哥非常循规蹈矩，姐姐也极其虔诚、严谨，科克托和他们俩没有任何共同话

1 原文为A self-Pygmalion dreaming of a “total art”。皮革马利翁，希腊神话中的塞浦路斯王，善于雕刻，热爱自己所雕刻的少女像。

语。从外貌上看，科克托和哥哥姐姐完全不一样，甚至有人声称能从科克托的脸上看到许多印度人或者阿拉伯人的特征。事实上，少年科克托总是在私下里猜测并希望，自己就是一个被遗忘的外交官的儿子或者波斯王子。毕竟，像他自己这样具有超凡天赋的人，怎么可能是资产阶级家庭和享乐社会的自然产物呢？很多怀疑都落到了上流社会画家约瑟夫·温克尔（Joseph Wencker）头上，他是科克托家族的朋友，曾经在1888年为科克托优雅华贵、极具社交魅力的母亲画过几幅时髦华丽的肖像画。另外一个可疑人物就是马塞尔·迪厄拉富瓦（Marcel Dieulafoy），一位著名的考古学家，曾经在波斯从事考古工作。当然，这些都是一些没有切实根据的传言和猜测。但是，不管事实真相是什么，这些传言和猜测都让科克托深刻地感觉到，自己不仅与众不同，简直就是异类。

在公开场合，科克托始终对父亲的死因保持沉默。直到法国电视台的《记忆写照》（*Portrait-souvenir*）栏目对他作长篇专访那一年，他才开口说，父亲的自杀是出于一些再也无关紧要的原因。心照不宣地承认，父亲可能是一个非公开的同性恋者，由于内心无法接受这个事实，长期压抑自己，最终导致心理崩溃而自杀。除此之外，科克托始终三缄其口，不再多言。为此，科克托还遭到一些不太友好的批评家的指责，说他缺乏直面精神创伤的情感力量或者心理手段，结果导致他的生命不能发育成熟，作品也根本不真实、不可靠。科克托承认，每当路过拉布吕耶尔大街，自己总是跑得飞快，什么也不想听，什么也不想看。有很长一段时间，科克托总是做噩梦，梦见死去的父亲变成一只凤头鹦鹉不停地絮叨，母亲却始终不愿和栖息在周围的群鸟划清界限。父亲的突然暴亡在少年科克托身上投下了阴影，在成年科克托的作品中表现为长期对死亡、疾病和暴力元素的嗜好，生成了众多关于父亲的幻觉和数不尽的自杀意象。科克托的作品中一旦有父亲的形象出现，他们要么完全是软弱的（比如《可怕的父母》[*Les Parents terribles*]中失败的发明家乔治[Georges]），要么就在通往彻底毁灭的路上，就像《无赖》中雅克的父亲那样，简单地“埋没自己”。

对科克托而言，父亲死后不久的那段日子是非常艰难的。一年之后，外祖母去世。紧接着又有一位亲密的校友死亡。“爸爸的花儿落了”，金色的童年一去不返。对死亡的恐惧不断增加，并且终生缠绕着他。科克托长期经受着压抑和空虚的双重折磨。无论是和家人一起到瑞士的湖畔度暑假，还是和外祖父一起到法国北部的维尔兹（Vierzy）小住，科克托都无法摆脱压抑和恐惧。直到1908年的威尼斯之旅，科克托依然经受着痛苦，正如他后来所写的：

> 身处人群却倍感孤独的痛苦，身在钟爱之地却倍感格格不入的忧郁，分身乏术（不能将众人的角色集于一身）令人反感，像俘虏一样活在狭小的自我空间令人厌恶，经历人生应有的温柔时光却使人精疲力竭，人生所愿的和所怨的总是相互交织。[2]

我们由此可以发现，科克托痛苦地意识到“他注定不能成为他所注视的场景中的每一个人”，接踵而至的挫折感包围并困扰着他。回到巴黎后，外祖父让他去读艺术学校。1900年4月，科克托参观了巴黎世界博览会，美国舞蹈家洛伊·富勒（Loïe Fuller）在五颜六色的投影灯下极富表现力的旋转给他留下了全新的印象和感受。另外，少年科克托现在完全交由女性教育和培养，当然，最重要的女性就是他那位事必躬亲的母亲，她现在决定独自孀居。为了延续科克托欢乐的童年，母亲给自己的小王子买了全套的海军服装。但是，十岁之前的科克托似乎对母亲充满了敌意。在从瑞士返回的列车上，经历了一件极不愉快、极其危险的事情。在通过法国海关时，科克托恶意地背叛了母亲。他先是央求母亲帮他偷藏一个小盒子，然后又揭发她偷东西，结果母亲被迫当众脱衣服，被搜身、被羞辱。[3]也许，他觉得自己应该对父亲的死亡负责。父亲的死让他可以成为母亲唯一的密友。在科克托日后的作品中，俄狄浦斯危机成为一道令人迷恋不已的魔咒。事实上，科克托夫人是一个相当固执而且苛刻的人，专制独裁还是虔诚服从，卖弄风情还是温柔贤淑？谁也把握不准。她身上焦虑、独占和忧郁的性格对儿子的成长影响匪浅。母子二人之间形成了一种同盟，自此直至母亲去世，他们每天至少要彼此写一封信，告诉对方所有的事情和想法。事实上，直到科克托四十岁以后，他们都住在一起，就像一对夫妻。死亡的阴影被抛到一边了。科克托千方百计地从身边攫取爱，他不能将自己与他人区分开来。现在，科克托发现自己注定要在冥冥莫辨的空间中痛苦漂流。

第二章

天才的传奇

1900年，科克托在孔多塞小学（Le Petit Condorcet）读六年级，学校距离阿姆斯特丹路（rue d'Amsterdoom）只有几分钟路程。他后来声称自己是一个注意力不集中的坏学生，一个十足的差等生，只能在美术、体操这些无足轻重的科目上获得些许奖赏。另外，在热芬娜的帮助下，科克托的德语也很不错。但事实上，各种报告都将他界定为一个天资聪颖的学生，敏锐活跃但意志不坚，不守规矩且易受诱惑。科克托性格中淘气、天才等外在的一面开始逐渐形成。他会可爱而又傲慢地要求同学甚至老师大声诵读他的诗句；他能即兴口占一首亚历山大英雄体抒情诗；他能信手勾勒一幅素描或者漫画来吸引观众。在科克托眼里，学校生活是沉闷而且痛苦的，日复一日的精神折磨，隔三差五的留校惩罚。但这一切苦痛都因男孩子们的一些厚颜无耻的自淫活动[1]（据科克托后来的观察，他们是在教室里吹牛、打屁、打赌、手淫）以及在克里希路（rue de Clichy）附近的蒙蒂耶城（Cité Monthiers）举行的体育活动而有所缓解。那儿是学校的操场，一到冬天就变成打雪仗的地方，也是一个像梦魇一样终身缠绕科克托的地方。这里的主角是一个年龄比科克托稍大、头发乌黑、嘴唇肥厚、长相帅气的名叫达吉洛斯（Dargelos）的同学，尽管也只有十三岁，但是个头已经像一个大人。而跟在他身后玩耍的同伴都是些小孩。科克托后来写道，达吉洛斯是一个极端狂妄自大的家伙，常常干坏事，却总能逃避处罚，但这一次的结果完全不同了。达吉洛斯在这里称王称霸，科克托们则像跟屁虫一样在他身后盲目地瞎转。也许在科克托眼里，达吉洛斯不仅是男性阳刚之美的体现，而且让他们这

1 原文为brazen autoerotic antics。

科克托在学校（前排左二），1901年。

些小男孩初次领略到性行为的欢愉。事情起源于一场雪仗，结果却导致一桩犯罪：达吉洛斯将里面藏着石头的雪球砸向另一个同学的胸部，致使同学当场毙命。这一幕在科克托的作品中将会成为一个绝对重要的画面：宿命的美男子扮演着一个无耻的、没有教养的人[1]，成为超常的、非道德力量的象征。达吉洛斯集天使与魔鬼于一身的形象如此密集地印在科克托的视网膜上，以至于他会通过各种不同的方式将其投射到他所爱恋的所有年轻男子身上，并且融化在科克托所有关于美男子的绘画中。科克托在十年后写道："在性/性别还无法影响身体的决定性年龄，我的愿望不是靠近、不是抚摸，也不是拥抱意中人，而是彻底地变成他……孤独啊！"[1]科克托注定要用生命去追寻爱，仅仅为了点燃一种对理想男子的情不自禁的认同欲望——作为自身的完美补充——当然，这是绝无可能真正满足的。

1　原文为untutored faun，此处译作没有教养的人。faun，罗马神话中的农牧之神（具有半人半羊的形状，呈人面人身羊腿羊角）。

升入孔多塞中学后，科克托的学习成绩不断退步。1904年，出于一些“纪律的原因”，科克托被公立中学开除。之后转入费纳隆私立寄宿学校（the Fénelon school）读书。在这里，科克托继续绘画，只不过转变视角，用有关运动和娱乐的漫画来描摹自己所熟悉的那个享乐世界。由于迷上了包括手相术在内的另外一些新的玩乐方式，科克托在1906年的高考中落榜了。[1]于是，家里为他聘请了好几位气质各异的私人教师帮他辅导功课，以备再考。其中最有名的当属迪埃兹先生（Monsieur Dietz），他是布丰高级中学（the Lycée Buffon）的教授，也曾当过安德雷·纪德（André Gide）的私人教师。科克托最初是去迪埃兹在布列塔尼半岛瓦尔安德雷（the Val André in Brittany）的家中，进行填鸭式的恶补、准备高考，结果却又一次遭受惨痛失败。然后，科克托回到巴黎，住进了迪埃兹在克劳德·贝尔纳路（rue Claude Beinard）上开办的寄宿学校。1906年12月30日，科克托独立完成的第一部完整作品《民谣中的西瓦索》（*Sisowath en ballade*）被迪埃兹的学生搬上了舞台。这是一部关于柬埔寨王的滑稽喜剧，那些生动场面的微型奇观足以显示出科克托对于陈旧题材和滑稽讽刺作品的趣味（他自己也出现在舞台上，作为一个活人道具）。1907年，科克托十五岁，人长得面目清秀、英俊潇洒。尽管再一次在高考中遭遇失败，但他生活中的其他方面却逐渐成熟、老练。每周星期四和星期天，他和同校好友卡利托·布朗德（Carlito Bouland）都要把自己的零花钱凑起来，到埃尔多拉多剧院租一个包厢，看德哈能（Dranem）和蜜斯丹格苔（Mistinguett）等著名歌手的演出。还有一名女歌舞演员叫让娜·雷内特（Jeanne Reynette），她送给科克托许多签名的照片，上面有丰富的戏剧信息（这可能是科克托自己写的，并且精心保存下来，以惠后人）。但是，最令男孩们神魂颠倒的还是蜜斯丹格苔，她像一个专迷孩子的妖妇，用她那无需翻译的拟声

1 原文为baccalauréat，法国的中学毕业会考，通过者获取进入大学学习的资格。

唱段抒情地卖弄自己不加掩饰的贫民窟生活。正如歌词所唱："我是女生，没办法，/我爱玩，我爱闹，/我钟爱里高东歌舞[1]。"科克托对"这女子"痴迷不已，"这女子"也同样被这位聪明伶俐、生龙活虎的"小先生"所陶醉，迷恋他狐狸般的尖鼻子、浓密的眉毛、精巧的双唇和梳得像少年维克托·雨果（Victor Hugo）一样的头发。蜜斯丹格苔后来对自己的密友说，她曾经和科克托睡过觉，尽管她"从未上过他的床"。她可能通过在科克托身上表演亲密无间的"长大成人"[2]，教给他不少世俗的智慧。

科克托被卷入一个多情的转轮。他很快又遇到一段短暂的风流韵事。那是一个名叫克里斯蒂娜·曼奇妮（Christiane Mancini）的音乐学生，她和科克托年龄相仿、气质相似，身穿一件黑色的丝绒风衣。她不断直白地向科克托求爱，结果令科克托望而生畏，并且最终用一种极端冷酷甚至绝情的方式拒绝了这位新伴侣。这段绝情的经历，孕育着一些波德莱尔式的撒旦的诗篇。后来，科克托在自己的第一部诗集中献给了那位多情的女孩。十七岁的时候，科克托疯狂地爱上了一位在餐馆助兴卖唱的歌女玛德莱娜·卡莉耶（Madeleine Carlier），她是一位来自蒙马特（Montmartre）的地地道道的巴黎浪女，靠街头表演为生。具体的经过已经不甚详细了。卡莉耶比科克托大七岁，但他却称她为"小妞"。在科克托眼里，卡莉耶只是一个"头脑简单、衣着时尚的小女子"。根据各种流传的说法，卡莉耶才是科克托第一个希望拥有而不仅仅是认同的人物。科克托对她痴迷不已，每次表演结束，他们总会一起呆到很晚。但凡和卡莉耶在一起的夜晚，科克托总要为她画下许多色情的画像。但不幸的是，卡莉耶原本是一位神秘

1　"里高东歌舞"为音译，原文为Le rigodon。加拿大魁北克省的一种民间歌舞，起源于法国在加拿大殖民时期，后来为该省乡村宗教节日活动以，沿用至今。

2　原文为Déniaisement，动词形式为Déniaiser，意为"使（年轻人）懂人事"。这里作为专有名词的Déniaisement，可能是指某个教导年轻人成长的电视或者戏剧节目。笔者意译为"长大成人"。

的希腊绅士的情人，后来又投入了科克托的朋友卡利托的怀抱。这场突如其来的打击几乎摧毁了科克托，摧毁了他对情感危机的自我反应机制，彻底堕入精神空虚的谷底。科克托的母亲嫉妒心极强，她警告他不要再和那个“二百五的荡妇”往来。科克托向母亲谈论自己和卡莉耶的约会，是为了摆脱母亲过度保护的态度吗，或者只是科克托一厢情愿的希望创造和放大某些异性恋爱的关系，以便抗衡自己内心同性恋爱的各种暗示与冲动呢？也许兼而有之吧。但不管怎样，这次恋爱的失败，使他遭受了致命的伤害。如果科克托可以伤害那些年轻女孩的心，同样，那些女孩也能轻易地让科克托心碎。

科克托与各种女人的风流韵事，不管是真实的还是想象的，绝非这一时期科克托成长经验的全部。十五岁那年，也就是第一次高考失败之后、去瓦尔安德雷补习之前的那段时间，科克托悄悄溜到马赛（Marseilles）去了。关于这次从家里出逃的全部经历，世人将永远无法彻底知晓。但很明显的是，科克托在危险重重的维厄港（Vieux Port）、特别是在臭名昭著的、玫瑰街附近的中国人和越南人的聚集区隐姓埋名地鬼混了至少两个月时间。后来，科克托称在马赛的这一年是生命中最美好的时光，但又总是遮遮掩掩地不愿详谈。不管这次出逃的具体内幕怎样，可以肯定的是，科克托第一次体验到了个性解放的自由；跟着他自己承认的第一位男同性恋人——迈松斯-拉菲特的吟游诗人阿尔贝特·伯顿（Albert Botten），科克托开始了吸毒、性爱等极端体验。最终，科克托在外交部担任高官的舅舅雷蒙（Raymond）知道了这个情况，然后安排警察将他带回了巴黎。当时，科克托正在当洗碗工。（雷蒙舅舅也是一名同性恋者，1906年，他作为驻柏林的法国大使馆的首要秘书，与凯撒威廉二世[Kaiser Wilhelm Ⅱ]最钟爱的欧能伯格王子[Prince Eulenberg]发生了暧昧关系）。事实上，科克托似乎为家里人找到自己提供了线索，那就是从马赛寄回的明信片。不管怎样，对于科克托而言，这是一段至关重要的成长经历，一种必须的成长仪式，它赋予科克托一种梦寐以求的特殊气质。同样，这次出逃也伤透了母亲的心。也许是出于这个原因，而不是出于任何对个人颜面的考虑，科克托在一定程度上对于自己的同性恋话题总是遮遮掩掩，不愿挑明（他的父亲和舅舅都是这样的）。不过，需要说明的是，当科克托在表达自己的性欲时，无论是在生活中还是在艺术里，他都不曾遭遇过任何阉割情结或者思想禁忌。

1907年底，哥哥姐姐们开始了各自的新生活（哥哥保罗成了股票经纪人，姐姐玛尔特嫁给亨利·德拉夏佩尔[Hebri de la Chapelle]成了伯爵夫人），科克托和母亲及母亲的贴身男仆西普里安[Cyprien]搬到凯旋门附近的马拉科夫路（rue Malakoff，现在的雷蒙–庞加莱路[rue Raymond-Poincaré]）的一座公寓居住。随着接受正规学校教育的所有希望的彻底破灭，科克托决定要当一名诗人。在母亲的帮助下，科克托认识了著名小说家阿尔封斯·都德（Alphonse Daudet）的儿子、马塞尔·普鲁斯特的密友、沙龙诗人吕西安·都德（Lucien Daudet）。吕西安比科克托年长七岁，行为讲究，很有教养，也是一名同性恋者。他既像科克托的替身，又是科克托的榜样。吕西安自己的志向并不高远，但他是第一个毫无偏见地承认科克托的天赋的人，甚至将科克托当作普鲁斯特最天然的继承人。通过进入各种重要沙龙的机会，吕西安慢慢地帮助科克托树立起新的自信心。事实上，科克托迅速地、适得其所地发现了自我。对他而言，这些沙龙是一个由室内音乐会、娱乐、游戏和化妆表演构成的封闭世界，与实证主义和科学主义者眼中新兴的法国资产阶级生活是相互绝缘的。在不做拿破仑三世（Napoleon Ⅲ）的遗孀、年老的欧仁妮皇后（ex-Empress Eugénie）的舞伴时，他又遇到了音乐家和诗人雷纳尔多·哈恩（Reynaldo Hahn，普鲁斯特的另一位情人）。很快，科克托就和哈恩一道合作了一幕速成剧《佩内洛普的病人》（*La Patience de Pénélope*）。最后，通过自己的朋友勒内·罗谢，科克托认识了当时最受欢迎的悲剧演员罗马尼亚人埃德瓦尔德·德·马克斯（Edouard de Max）。

作为一个四处留情、肆无忌惮的同性恋者，德·马克斯无可救药地吸食鸦片，勾引年轻男子。他不是在家中享受骄奢淫逸的生活，就是披着一件红色的天鹅绒斗篷在巴黎和布隆森林公园招摇过市。在艺术剧院举行的一次假面舞会上，德·马克斯让科克托装扮成罗马帝国皇帝黑利阿加巴卢斯（Heliogabalus）出场：红色的卷发、头戴高冠、身披刺绣斗篷，染色的指甲，戴着德·马克斯自己的戒指，头顶架着一只拿破仑一世（Napoleon Ⅰ）式的鹰。很快，德·马克斯发现自己愚蠢的计划不合时宜，忐忑不安地从科克托手里接过假发，然后送他回家。（后来，科克托将德·马克斯比作"世界上最天真、最单纯的人"）。但是，在母亲的全力支持下，科克托独自到位于卡马丁路（rue Camartin）的德·马克斯的公寓去拜访，并且在床上为他诵读。作为回报，德·马克斯送给科克托一张私人照片，题款是"从我四十岁的泪水，到你十六岁的鲜花"（To your sixteen years in bloom，from my forty years in tears）。德·马克斯希望成为科克托的精神之父，他在这个优雅的年轻人身上看到了埃德蒙·罗斯丹（Edmond Rostand）[1]的影子。将自己忝列在诗人波德莱尔（Baudelaire）、魏尔伦（Verlaine）和让·罗斯坦（Jean Rostand）之后，科克托开始写作高蹈派[2]和象征主义的混合体诗歌，比如这首，"他的摘记充满了/——啊，他的摘记多么充满！/——带着热爱的磨难与忧伤"（His jottings seeped-and oh，how they seeped！/with the trials and tribulations of anxious love），杂糅了罗斯丹、加百

1　埃德蒙·罗斯丹（1868—1918），法国剧作家、诗人，其戏剧被视为法国浪漫主义戏剧的最后代表，主要作品有诗剧《西哈诺·德·贝热拉克》、《雏鹰》等。

2　高蹈派（Parnassian），又称帕尔那斯派、巴那斯派。19世纪下半叶法国诗坛上出现的反浪漫主义的一个诗派，是法国自然主义文学在诗歌方面的表现。该派诗人主张"为艺术而艺术"，认为诗歌是纯粹的艺术，因而应注重形式，倡导诗歌客观化、科学化，反对浪漫派诗人过度抒情，主张态度客观、立论严谨、技艺完美，力图把个人感情隐藏在客观事物的背后，其创作内容最初取材于当代社会生活，后转向神话、史诗、异域传说及古文化等。诗歌形式固定，格律统一，文字机械，辞藻公式化，描述精确。

列·邓南遮（Gabriele d'Annunzio）、古斯塔夫·卡恩（Gustave Kahn）等著名诗人的所有特征。令人吃惊的是，这首诗压根儿就没有提及马赛之行，因为那个阶段的科克托，全身心沉醉在自然欲望的愉悦中。

1908年4月4日，一个星期六的早上，德·马克斯自己出资，以科克托的名义在巴黎的费米纳剧院（Théâtre Femina）（当年，德·马克斯曾在这里多次演出）举行盛大的诵诗会。德·马克斯的威望吸引了众多星光熠熠的听众，比如洛朗·塔亚德（Laurent Tailhade）和卡蒂勒·孟戴斯（Catulle Mendès），前者是当时的公共教育部长、一位气质独特的翻译家和讽刺诗人；后者是日渐老陈的高蹈诗派的领袖，雨果、波德莱尔和特奥菲勒·戈蒂埃（Théophile Gautier）时代的继承人。德·马克斯就像一个福尔斯塔夫（Falstaff）[1]式的文学掮客，"心比天高、胆大妄为"，抢先在科克托身上喷洒着熠熠生辉的文学魅力。直到1909年2月去世，他都堪称科克托文学活动的经理人。但是，正是塔亚德在简短的开场白中捧出了科克托，称他为又一个兰波（Rimbaud），夸奖他优美的痛苦和青春的消解，这是象征主义和后象征主义诗歌标准的隐喻。受到邀请的各位演员和艺术家都参加了诗歌朗诵，然后由雅克·雷诺（Jacques Renaud）和提亚戈·里什潘（Tiarko Richepin）演唱由科克托的诗歌改编而成的歌曲。科克托朗诵自己的诗歌选段，凭借自然的风采和超凡的气质、出众的口才与精神，深深地打动了观众。在演出结束时，伴着潮水般的掌声，科克托的眼泪脱眶而出，他发现自己成了明星，诚如他自己所言的，轻而易举地插上了荣誉的翅膀。现在可以正式宣布：他就是法国诗歌的新王子。他已经来临了，并且就在巴黎的舞台上。从今以后，他将患上一种"深红色和金黄色的疾病"，成为艺术与情感的奴隶，一个全心为

1 约翰·福尔斯塔夫爵士，莎士比亚戏剧《亨利四世》和《温莎的风流娘儿们》中一个肥胖、大胆、幽默、喜欢吹牛的骑士。

观众表演的巴黎艺术家。

时间久了，科克托对这场将他推进成功轨道的诵诗会的记忆逐渐模糊了。他甚至张冠李戴地说，当时他只有十七岁，是伟大的演员萨拉·伯恩哈特（Sarah Bernhardt）张罗的这次盛会。但毋庸置疑的是，首都巴黎的各种大门都向科克托敞开了。科克托不断受邀参加各种诗人沙龙。几个月后，大概是7月，他公开发表的第一首诗《外表》（*Les Facades*）就登上了尖锐的评论性杂志《无所不知》（*Je sais tout*），同时刊登的还有他的照片，作为一种视觉性的辅助，在他的作品中开创了先例。巴黎艺术精英中的头面人物，包括普鲁斯特，罗斯丹和他的儿子莫里斯（Maurice），小说家和剧作家罗杰·马丁·杜加尔（Roger Martin du Gard），戏剧批评家、剧作家、法兰西院士朱尔·勒梅特（Jules Lemaître）都曾排队来听这位天才的诗歌。成功的事情不能再次一蹴而就，滋味也不会像第一次那样甜蜜。科克托好像被一种魔法推动着，未经任何曲折，直接从童年时期母亲的怀抱里跳到了社会荣誉的巅峰。观众/读者疼爱科克托，就像家人疼爱童年的自己一样。但也正因为此，科克托还要求更多的毫无保留的赞扬与恭维，以便获得自我的意义和存在的价值。他生活中的快乐越多，就需要更多的快乐才能生活。他的命运被有效地封存了。只有他人敬仰与疼爱的面容才能让他的内心变得充实，感受到生命的意义。

为了庆祝突如其来的胜利，科克托带着母亲到威尼斯去度假。但这次短暂的意大利之旅竟然给科克托原本危险的心理结构掺进更复杂的成分。1908年9月24日，在威尼斯圣玛丽亚·塞路提教堂（the Salute）前的台阶上，一位年轻的、浪漫的法国作家，年仅23岁的雷蒙·洛朗（Raymond Laurent）鼓起勇气，在众目睽睽之下向科克托求爱，然后举枪自杀。尽管导致洛朗自杀的真正原因并非科克托本人，而是洛朗的美国情人兰霍恩·惠斯勒（Langhorn Whistler），但可以肯定的是，在经历过主要是对大龄女人懵懵懂懂的眷恋之后，科克托开始成为年轻男子的致命诱惑。向往昔一样，科克托内心孤独与空虚的伤口又被撕裂了，甚至比原来的更深、更痛。尽管非常害怕当众回应这次自杀事件，科克托还是很快写作了一首十四行诗《以墓志铭的方式》（*by way of an epitaph*）和叙事曲《怀念伊甸园秋天的夜晚》（*souvenir d'un soir d'automne au jardin Eaden*），以表达对洛朗的纪念。在叙事曲中，科克托通过对真实事件转弯抹角、神神秘秘地暗指与影射，欲说还羞地泄露了自己无法抑制的心理需求，即一方面渴望自己能够激起类似的真实事件，一方面渴望把这些真实事件重新编织成传说。唯有如此，自己内心的创伤才能得到移植，并且最终将其压制成一些无关痛痒的枝节。这种强制性的决绝和心理逆转能力给科克托带来了坚固的、不可或缺的心理铠甲。现在，尽管看到家庭和朋友圈子里的人不断死亡，科克托的内心却不为所动，像巴尔扎克（Balzac）的小说《高老头》（*Old Goriot*）结局中的拉斯蒂涅（Rastignac）一样，在巴黎呕心沥血地追逐各种稍纵即逝的、获得成功或者受人欢迎的可能性[1]——不是为荣耀而荣耀，最多只是为了获得别人的认可，并且在一定程度上忠实于自己。

1 《高老头》的结尾处有一幕著名的场景，雄心勃勃的年轻人拉斯蒂涅看着脚下巴黎的灯光，高喊道："现在咱俩来拼一拼吧。"

第三章

被放逐的王子

1909到1910年间，科克托主动搬出母亲的公寓，在瓦雷纳路（rue de Varenne）日渐破败的毕洪官邸（Hôtel Biron，现在是罗丹美术馆）租了一间侧厅，但也只居住了一段时间。毕洪官邸是一处私密的波西米亚场所，先后有奥古斯特·罗丹（Auguste Rodin）、马蒂斯（Matisse）、里尔克（Rilke）和伊莎多拉·邓肯（Isadora Duncan）在此住过。后来，科克托还是和母亲定居在安茹路（rue d' Anjou）10号一间更大的公寓，就在圣·奥诺路（rue de Faubourg Saint-Honoré）附近，是一个很不错的地方。从此，他的青春和天赋开始第一次激情奔涌。科克托的头发像肥皂钢丝球一样卷曲闪亮，十指修长细嫩，谈吐冷静诙谐，举止风度翩翩，具有不可抗拒的魅力。以身体不适为由（要么是骗人的，要么就是请医生开的假证明，说他是一个身体虚弱、意志不坚的审美家），科克托逃脱了为期两年的兵役，经常出没于各种交际场所，成为一个标准的巴黎花花公子，许多名噪一时的画家纷纷为他画像。在罗曼妮·布鲁克斯（Romaine Brooks）[1] 1912年为科克托所画的肖像中，他站在阳台上，以高耸的埃菲尔铁塔为背景，穿一身笔挺的西装，佩戴蝶形领结，手里拈着一只红色的玫瑰，就像英国诗人拜伦（Byron）一样。大名鼎鼎的社交肖像画家和作家雅克·艾米尔·布兰奇（Jaques-Emile Blanche）也在这段时间给科克托画了很多肖像画。布兰奇认为科克托身上有奥布雷–比亚兹莱（Aybrey Beardsley）[2]、

1 罗曼妮·布鲁克斯(1874—1970)，以创作女性人体画和女性变装肖像在现代绘画史上占有一席之地。

2 奥布雷·比亚兹莱（1872.8.21—1989.3.16），英国插图画家，继王尔德之后唯美主义运动的突出人物。1894年为王尔德的剧本《莎乐美》所作的插图，使其闻名遐迩。画风深受新艺术的曲线风格和日本木刻的粗犷感影响，画作中明显的性感和情欲让批评家及公众吃惊。有天才的插图画家之誉。

《科克托的大佬时代》（1912） 油画
罗曼妮·布鲁克斯 作品

普鲁斯特和王尔德的影子（同样讲究的举手投足，同样故作风雅的谈吐）。尽管很欣赏科克托的艺术气质，特别是他出众的观察能力，但是布兰奇也直觉地感到忧虑不安：在这个外表华丽、游戏生活的身体后面，掩藏着一个脆弱、压抑的青春灵魂。在1912年根据科克托的照片绘制的一幅全身油画像中，23岁的科克托就像一个老人，拄着拐棍在花园里散步，从侧面看去，他脸型瘦削、身材单薄，似乎弱不禁风。这幅画的质量相当粗削，没有工笔的描绘，但是准确地捕捉到一张困惑、迷茫的脸，暗示这个年轻人对自我的怀疑、对生活的厌倦和对未来的迷茫。

科克托令布兰奇担忧的身心状况，在别人眼里变成了值得迷恋的气质。比如朱尔·勒梅特（Jules Lemaître），科克托一心想巴结、拉拢的人。科克托把勒梅特当作自己将来的赞助人。勒梅特给科克托起了个名字——阿里尔（Ariel）。因为在同那些常年游荡、沉湎于巴黎的年轻人交往的过程中，科克托就像一个纯空气做的、没有血肉的透明人，随时随地沾染的都是新的经验、新的刺激、新的观念和新的影响。这些年轻的伙伴包括吕西安·都德、莫里斯·罗斯丹和一位个子高高、举止优雅、家境富裕、热爱艺术的贵族孔泰·埃蒂安·德·博蒙（Comte Etienne de Beaumont）。他们自诩为新派的“金色青年”，是拜伦和雪莱（Shelley）的直接继承人。[1]罗斯丹，一个极其夸张浮华的公子哥儿，主要受到奥布雷·比亚兹莱的启发和鼓舞，对穿异性服装非常感兴趣（比如他非常迷恋萨拉·伯恩哈特），现在则对科克托心醉神迷。同印刷商兼出版家弗朗索瓦·伯恩诺德（François Bernouard）一起，他们于1910年共同创办一份用高级纸张（fine paper）印刷的品质精良的诗歌评论杂志《舍赫拉查德》（*Schéhérazade*，《天方夜谭》）。正如科克托常说的，这不是第一份专注于诗歌和诗人的高级杂志，但绝对是最漂亮的诗歌刊物之一，它完美地糅合了各种流行的波斯文化元素。杂志的封面出自保罗·艾瑞伯（Paul Iribe）的手笔，钢笔画的裸体苏丹（Sultana）就像比亚兹莱笔下的妖女，斜靠在长躺椅上。[2]杂志共出版5期，处处弥漫着著名女性时装设计师保罗·普瓦雷（Paul Poiret）在“美好年代”[3]晚期的新艺术风格，其中也包括皮埃尔·博纳尔（Pierre Bonnard）和安德烈·马雷

1　法国大革命失败以后，雅各宾政权被推翻，罗伯斯庇尔也被处决。仍然对法国大革命的恐怖统治心有余悸的路易斯·费雷龙又组织了一批着装新潮的强硬派年轻人对残余的雅各布份子们进行恐吓。法语把这群暴徒称为“Jeunesse dorée”（金色青年），就是闪光的年轻人。这个术语在19世纪30年代被移入英语。然而，它原有的街巷匪徒的含义被漂洗掉，只留下闪亮的金光，在英语中单纯指代富有时髦的年轻新贵。

2　保罗·艾瑞伯（1883—1935），法国著名设计师、记者、艺术家和时尚插图画家。

3　美好年代（Belle Époque），欧洲社会史上的一段时期，从19世纪末开始，至第一次世界大战爆发而结束。此时的欧洲处于一个相对和平的时期，随着资本主义及工业革命的发展，科学技术日新月异，欧洲的文化、艺术及生活方式等都在这个时期发展日臻成熟。此时期约与英国的维多利亚时代后期及爱德华时代相互重叠。被上流阶级认为是一个“黄金时代”。

（André Mare）的画，纳萨莉·巴尼（Nathalie Barney）和罗斯丹父子的诗，马拉美（Mallarmé）之前未曾发表过的十四首诗，以及科克托自己的第一部小说，一段关于威尼斯之行的琐忆，名为《德·特雷夫先生的痛苦》（*Comment mourut Monsieur de Trèves*）。

这一时期，科克托对性的态度基本上是审美的。其中的缘由，可能是他在成长过程中目睹、亲历的死亡事件，让他不能自拔；也可能是他辛辛苦苦建立的亲密友谊最终都变成扭曲的折磨，令他望而生畏。1910年，他和都德去阿尔及利亚旅游，就是因为他爱上了一位年轻的、坏脾气的男诗人（姓名不详），但苦苦等待的结果却是竹篮打水。穿着与众不同的服装，他觉得自己就像面对弓箭手和行刑者的圣·塞巴斯蒂安（St Sebastian）[1]。不过很快，就在返回巴黎的途中，科克托遇到了年龄比自己稍长、后来成为天主教作家的弗朗索瓦·莫里亚克（François Mauriac），他现在正因为自己的诗作而遭受激烈的毁誉褒贬的评论冲击。有意思的是，科克托是第一位正式邀请莫里亚克到安茹路造访的人，但莫里亚克却希望更进一步，不仅与科克托约会和通信，而且不断写诗给他。科克托还没有从上一次“爱恋”失败沮丧的阴影中走出来，对任何亲密的关系都带有防范之心，因此没有以同样的方式回应莫里亚克。换句话说，对于莫里亚克的热情，科克托没有以礼相待，致使两人关系紧张，甚至演变成长久的怨恨。科克托继续为文艺周刊《喜剧》（*Comoedia*）写一些零散的文章，表达自己关于同性恋的思想。在1910年11至12月的那一期上，他通过《倾斜》（*De Biais*）一文塑造了一个虚构的人物雅赫尔（Jahel），暗示同性恋是一种比异性恋更纯洁、更高贵的情感，因为异性恋注定与亚当和夏娃的原罪相关。王尔德对科克托的影响是至

1 圣·塞巴斯蒂安，原为古罗马军官，长相异常俊美，连国王都倾慕他的美色。但他却是个虔诚的基督徒，坚决保持自己的贞洁。后来他被流放，在荒漠中，一同被流放的几个士兵和军官因为孤独难奈，就互相以彼此身体行乐。军官非常喜欢他，但他又一次坚决地拒绝，于是众人把他绑在柱子上，乱箭射死。后人称他为圣·塞巴斯蒂安，认为他是美和贞洁的化身。

关重要的，比如用以揭示真像的双重面具和镜子等主题开始在他的作品中形成（他甚至打算同朋友雅克·雷诺一起，将王尔德的《道林·格雷的画像》[*The Picture of Dorian Gray*]改编成一出四幕五场的戏剧《道林·格雷的神奇画像》[*Le Portrait surnaturel de Dorian Gray*]）。当然，在这一时期，对同性恋进行否定的临床医学理论和心理分析理论非常盛行，比如夏尔科（Charcot）和克拉夫特·艾宾（Krafft-Ebing），他们都认为同性恋就是混乱的根源，是一种非自然的情感，甚至是与女性的歇斯底里相关的忧虑症。对一些人而言，这些理论正好可以用来解释，科克托为什么有一张神经质的面孔，或者像个“假女孩”，常常感到身体不适甚至生病，反复经受花粉病、过敏症、脓肿、皮肤病、病毒和癫狂症的折磨。后来，科克托为了强调效果，甚至对这些症状夸大其词。很多时候，由于精神不能安居于自己的躯壳之内（不满足于仅仅成为自己），科克托拼命地模仿和攫取别人的行为方式，似乎有些轻度的歇斯底里。另外，大约在22岁的时候，科克托长得更像自己的母亲了（尖尖的鼻子，椭圆的眼睛，黑头发和浅棕色的皮肤）。这一时期，同性恋在法国并未受到公开的禁止，但毕竟还是被当作一种羞耻的私事，甚至有人认为同性恋具有传染性。对科克托而言，同性恋爱也严格限制在封闭的沙龙世界的几位密友之间。只有在极少数的情况下，科克托才会触及男妓和下层同性恋者的世界，体验都德所描绘的异域风情。

除了各个沙龙中固定的伙伴之外，还有三个重要的文坛人物开始对科克托施加影响，成为他艺术生涯的领路人。首先是安德烈·纪德，比科克托大20岁，当时已经是很著名的作家，和科克托保持长达四十年的暧昧不清、爱恨交织的关系，既相互尊重，又激烈竞争。1908年，纪德与人合作创办《新法兰西评论》（*Nouvelle Revue française*），现在已经成为法国最重要的文学与批评阵地之一。纪德在文化上的地位和知识分子中的威望很高，科克托希望能够沾他的光。1912年，在写给纪德的第一封信中，科克托就希望和纪德见面。他在信中说，他已经读完了纪德的全部作品，并且相信纪德会在他身上发现一个纳撒尼尔（Nathanael）和“回头浪子”（参见纪德的《地粮》[*The Fruits of the Earth*]）。出于习惯性的稳重，纪德选择对年轻人的热情示好保持距离，甚至有点冷淡的态度。尽管在长期的交往中，他们两人之间有100多次明确的互通回应，包括私人信件和电报，相互评价对方，建立和完善自己的个人原则。第二个重要人物是普鲁斯特。这段时期，普鲁斯特已经开始躲在自己用软木镶嵌的房子里，仔细检讨科克托正要全力以赴去征服的那个世界，深刻反思其中的虚荣与虚无。科克托和普鲁斯特能够分享共同的波长，无论是审美的还是个人的，都得益于他们相似的社会根源和态度。普鲁斯特对这个年轻的天才迷恋不已，他曾经在一封信中写道：“你喜欢用令人眼花缭乱的象征表现最高级的真实，象征包含了一切。”普鲁斯特准确地意识到是什么在推动科克托前进，明确地说，科克托一直在追逐杰出的人物，去打动他们，或者被他们打动，因为他需要通过一种外部结构和意义来证明自己的存在。他们之间的个人交往，完全按照普鲁斯特的喜好仪式化了，比如必须在高档的里茨饭店聚餐，必须在晚上约会，必须要用韵文写信，等等。他们还有一些共同的嗜好，比如恶作剧式的幽默，喜欢嘲弄自己羡慕的人物。简明扼要地说，科克托开始自然而然地、公开地模仿普鲁斯特。

不过，在科克托这一时期结识的新人中，真正最重要的却是诗人安娜·德·诺阿伊（Anna de Noailles）。诺阿伊夫人现在不那么出名了，但是在当时却被很多人奉为后象征主义时代活着的、最伟大的诗人。她比科克托大十三岁，天生一副东方人的面容，父亲是罗马尼亚王子，母亲是希腊人。诺阿伊夫人是科克托第一个拥入怀中的伟大的“姊妹”，尽管他们之间也有一些零星的、沉默的冷战或者热烈的竞争，但她对他的影响却是持久不渝的，直到她去世。（科克托本人去世之前完成的重要文章《诺阿伊伯爵夫人，是与非》[*La Comtesse de Noailles, oui et non*]，就是对其文学价值的最后评价）。毫无疑问，诺阿伊夫人堪称真正的沙龙女王，她在谢佛尔路（rue Scheffes）自己家中的床上高谈阔论，鼓吹荣誉与不朽，歌颂知音与爱情。这全部都与科克托有关。科克托和诺阿伊，就像一对暹罗双生子，相互倾慕与尊重，享受着一种共生的、无性的友谊。科克托模仿她的文风和字体，惟妙惟肖，以至于人们给他起了个绰号“男安娜”。如果诺阿伊使用一些深奥的词语（快感、太空、天空、惆怅、崇高）谈论痛苦、受难、死亡和不可知的世界，科克托就跟着做。另外，科克托开始模仿诺阿伊最喜欢的谈话方式，滔滔不绝的讲话，连珠炮似的修辞设问，然后迅速地给出答案，不给听众留下任何插话的机会。他甚至开始接受那些睡觉时的姿态与手势。总之，诺阿伊给科克托上了最重要的一堂课，即公众生活与私人生活不应有任何分别。文学是个人的，也是多情的，通过作品可以直接体验到一切。

那么，科克托自己的艺术发展是什么呢。1909年，科克托自费出版了自己的第一本文集**《阿拉丁神灯》**（*La Lampe d'Aladin*），将对参加过自己1908年诵诗会的各位社会名流、艺术家和悲剧家的献词放在了最显要的位置。他在那篇极其敏感的序言中写道：

> 我就像年轻的阿拉丁，走起路来都胆战心惊。我看到了果实，珠宝，光明和黑暗。我的心中充满了幻想，我在将他们交给这个没有信心的世界时，暗自流泪！

一方面，科克托的诗充满了自己作为沙龙王子的巴黎人意象，他的散文诗优雅恬淡，常常令人想起瓦尔赛（Versailes）、华铎（Watteau）、韦斯勒（Whistler）甚至比亚兹莱和王尔德（甚至用一个完整的段落献给《莎乐美》[*Salomé*]）。所有这一切都恰如所需地隐藏在德国民谣和北欧日耳曼迷雾永恒的以太中（ether）。科克托的第二部诗集**《花花公子》**（*Le Pince frivole*），封面上除了有一大段莫扎特（Mozart）的作曲外，还充满了对诺阿伊夫人创作的引用、介绍和致意，对孟戴斯、莫里哀（Molière）和戈蒂埃的献词，甚至点缀着伏尔泰（Voltaire）和拜伦的铭文。诗集中的作品特别强调奇特、猥亵、有伤风化的细节，比如对王尔德“匿名的裸体之神”

的细致描写，但是其他关于“旧制度”[1]的典故则落入俗套。尽管明显地模仿诺阿伊夫人、亨利·德·海涅（Henri de Régnier）和孟戴斯的风格，但是比起第一部诗集《阿拉丁神灯》来，《花花公子》中的模仿、拼贴和混杂的东西显然少了很多，普鲁斯特甚至称赞它“蕴含着伟大的潜力”。对于大部分读者而言，科克托的诗花费了太多的时间反思自己的审美立场和身份，充满花哨、时髦的技巧，喜欢借重名人显贵来自抬身价，通过社会精英来肯定自我，而非传达货真价实的东西。显然。结尾的“毕洪官邸的十四行诗”与年长的艺术收藏家孟德斯鸠伯爵（Comte Robert de Montesquiou）有关，他是于斯曼（Huysman）作品中的德·埃桑特（Des Esseintes）和普鲁斯特笔下的夏吕斯男爵（Baron de Charlus）的原型，现在轮到科克托自己模仿他了（他甚至开始学他使用手杖，在夸大痛苦时卷起袖口）。科克托一直想拉拢这个“毒舌”的假行家作为自己的支持者，但是孟德斯鸠却认为他只是一个年轻的、自命不凡的、追名逐利的、虚情假意的暴发户，因此长期冷落、怠慢甚至斥责他。当然，孟德斯鸠不近人情的态度却使得科克托更加渴望获得他的褒奖，并且模仿他。

科克托的第三部诗集**《索福克勒斯之舞》**（*La Danse de Sophocle*），由法兰西信使出版社（Mercure de France）出版。出版商对诗集的前景并不看好，出版之后的读者反映也是半冷不热，那些称赞的话语也显得软弱无力、含糊其辞，比如“舞蹈演员如此迷人，你还能批评他的舞蹈吗？”（指年轻的索福克勒斯[Sophocles]引用《阿特纳奥斯》[*Athenaeus*]中的话作为铭文）。诗集仍然明显地烙上了诺阿伊夫人崇高的印记，一些诗的标题甚至一字不差地对照她个人的标记和浪漫抒情的风格（诺阿伊夫人自己说得比较含蓄，“我更

1 旧制度（ancient regime），法国历史上的一个时期，从文艺复兴中期开始，直到法国大革命为止。“旧制度”的出现标志着法兰西王国的衰落，它的结束代表法兰西第一共和国的开始，也是现代史的发端。

喜欢它每一个新的篇章”）。诗集中有不少关于失眠和死亡的作品，包括声称自己有点不祥之兆的那首《卑微王子最后的歌》（*The Last Song of the Frivolous Prince*）。在这首诗中，科克托似乎正在摆脱罗斯丹的影响。即使在诗集中将自己比作一只擦抹花粉的白蝴蝶，科克托最初仍不能理解那些不友好的批评反应，而是将他们简单的归结为忌妒，或者公众面对天才时常会有的费解。现在，还有一些更严肃、更尖锐的问题，即有关科克托天才的真正本质的问题。甚至包括对科克托出众的天分具有清醒的认识、一直支持和同情他的普鲁斯特，都曾警告他不要浪费自己天赋的能力。但是，真正刺痛科克托的是《新法兰西评论》1912年9月号上发表的一篇由亨利·戈恩（Henri Ghéon）撰写的、居高临下的评论文章。文章认为，尽管科克托勾画了一幅非常美好的前景，并且非常善于通过“生产”肤浅的巴黎风情来装扮它，但是要想成为一个真正的艺术家，他还有很长的路要走。由于那段时间戈恩正好是纪德的情人，科克托便怀疑纪德才是那篇文章背后真正的主使者。这是他为了个人和文学的影响力而进行的漫长而苦涩的斗争中第一个重要的宽慰和托词。如果纪德赞赏晚辈的完美无缺的社会心态、智慧和想象力，那么他自然会相信科克托有浪费自我天赋的危险，原因就在于科克托高蹈派诗人的行为方式和过度矫揉造作的优雅做派。

事实上，科克托也知道自己还并未真正成为一个诗人。正如他后来所描述的，诗歌真的只是一种智慧的语言游戏，而不是像牧师一样的职业或者在无边的孤独中想象的斗争。在孤独的想象中，缪斯就像一只螳螂，随时准备吞噬年轻的男子诗人。他仅仅只是沙龙诗派最年轻、最熟练的代表，其规则与主题都是事先决定的。由于尊奉既有的各种模式，他的诗歌在方法与风格上根本没有任何值得一提的原创性，当然也就没有我们今天认为专属于“科克托”的东西。通过类型化的复制、过度的模仿、附庸风雅的抒情，“索福克托”（孟德斯鸠毫不留情地戏称他为“索福多”[Sophoteau]）可以看到自己正在从“肤浅王子”变成“滑稽的王子”。许多自以为是的假行家和矫揉造作的审美家，受到其诗人气质和形象而非其诗作的诱惑，夸赞他就像一只暴饮暴食的、早熟早慧的社交蝴蝶，利用自己的青春翩翩起舞。现在看来，科克托提前获得的成功就像一次错误的起点。他知道自己必须转身，背对那个浮华的沙龙世界，才能回归真正的自我。很快，科克托就禁止再版自己最初的三本诗集，后来甚至干脆从自己的著述目录中删除。最后，他也将宣布放弃延宕已久的王尔德的痕迹和倾向。自此，他始终对名誉保持审慎的怀疑，并且只渴望获得那些自己诚心尊敬的人的认可。但是，他将进入一个什么样的新艺术流派以获得正确的训练呢？正如曾经的科克托一样，结果只能是可遇而不可求的机会、恰到好处的时间和命中注定的贵人，三者完美的结合。

第四章

俄罗斯的经验

1909年5月19日，科克托观看了俄罗斯芭蕾舞团在巴黎夏特莱剧院（Théâtre du Châtelet）的首场演出。混编的节目包括由亚历山大·齐尔平（Tcherepnin）作曲的舞蹈《阿尔米德的凉亭》（*Le Pavillon d'Armide*），选自鲍罗定（Borodin）歌剧作品《伊格尔王子》（*Prince Igor*）的《鞑靼舞曲》（*Danses polovstiennes*），以及一套由诸多俄国作曲家编曲的舞蹈《盛宴》（*Le Festin*）。演出的盛况，尤其是剧团的舞蹈明星瓦斯拉夫·尼金斯基（Vaslav Nijinsky）的精彩表演，令科克托为之深深着迷，他身着白、银、金三色搭配的服装，在剧中扮演阿尔米德（Armide）。演出结束后，科克托被引荐给芭蕾舞团的导演谢尔盖·佳吉列夫（Serge Diaghilev）。在接下来的六个星期里，科克托全程跟随了剧团的整个演出季，把他在台前幕后所看到的事情用笔记、素描和漫画记录下来，逐渐形成其巧智的、情趣盎然的绘画风格。这段经历使科克托对生活经验和艺术实践之间的关系有了深刻的认识。

1908、1909年间创办俄罗斯芭蕾舞团时，佳吉列夫就许下宏愿，立志革新芭蕾舞的形式，改变和提高芭蕾舞在西欧的现状和地位。为此，他委托德彪西（Debussy）、拉威尔（Ravel）和斯特拉文斯基（Stravinsky）作曲，请莱昂·巴克斯特（Léon Bakst）和亚历山大·伯努瓦（Alexandre Benois）设计服装和布景，由米歇尔·福金（Michel Fokine）[1]负责编舞，用动作来表现声音。有史以来第一次，舞蹈真正全面地汲取了其他各种艺术形式的元素。俄罗斯芭蕾舞

1　米歇尔·福金，原名米歇尔·米海·洛维奇（Michel Mikhay Lovich，1880—1942），俄国舞蹈动作设计者和芭蕾舞演员，1925年后移居美国。

团对当代法国的服饰风格和室内装饰也产生了直接的影响，最显而易见的就是巴克斯特的浅草绿及伯努瓦对于黑白色调层出不穷的搭配。佳吉列夫的确是一个炮制豪奢的先锋艺术的高手，一心想要引起富裕的精英阶层的关注和争论，因为精英阶层是芭蕾舞赖以生存的核心观众。佳吉列夫是一个精力极度充沛、艺术天赋极高而且雄心勃勃的大个子，由于满头黑发中夹着一缕白发，人们给他起了个绰号叫“金吉拉”（Chinchilla，在科克托的画笔下，他十足就像一头河马）。他个性刚强，有时显得专制独裁、异想天开、反复无常、固执己见、辛辣刻薄、刚愎自用，甚至睚眦必报。米西娅·爱德华兹（Misia Edwards）是他唯一的知心女友，在剧团中就像波兰“王后”和耽于幻想的缪斯。斯特拉文斯基1910年才带着《火鸟》（*Firebird*）来到巴黎，正是科克托选中了他，并且主动向他示好。但是，真正令科克托着迷的是尼金斯基，他身上有一种荡人心魄的气质，能将动物本能的野性与楚楚动人的柔弱水乳交融、雌雄同体、男女不分，一半是天使一半是魔鬼。对科克托而言，尼金斯基就是独一无二的，是将欲望、痛苦和奉献杂交的奇迹。在一本不太为人所知的小册子《瓦斯拉夫·尼金斯基：让·科克托的六首诗，保罗·艾瑞伯的六幅画》（*Vaslav Nijinsky：six vers de Jean Cocteau，six dessins de Paul Iribe*，1910）中，收录了科克托的六首短诗，每一首诗都配有艾瑞伯模仿比亚兹莱风格的木版画。科克托在其中留下了一封致尼金斯基的情信，将他描述成《天方夜谭》中苏丹女王的黑奴，剧团所有芭蕾演员中最高贵的东方人。在科克托眼里，尼金斯基代表一种全新的艺术模范和表演，体现了艺术表演和现实世界之间截然不同的对比。如果说舞台上的尼金斯基是神，是崇高的优雅和温柔的力量的综合，那么在台下却像换了一个人，弯腰驼背，肌肉发达，不修边幅。事实上，他经常在前台与后台之间跑得气喘吁吁，有时甚至晕倒。在科克托所有关于尼金斯基的文字中，他都在说明，演员同时拥有超人的精力和圆滑的巧智。科克托既醉心于艺术，也能审美地欣赏笨拙和软弱的行为，作为一种“受难的艺术”像疾病一样发作。的确，将身体、理想和意志熔合在一起，这种“原始的天才”成为科克托新的美学标准。在他看来，正如在《快乐的知识》（*Le Gai Savoir*）中所表达的那样，狄奥尼修斯（Dionysian）的梦想和尼采（Nietzsche）的愿望似乎都可以最终实现。尼金斯基似乎无所不能，相似地，科克托幻想自己是一个超人的存在，负责传递上帝的圣火。在科克托所有的书中，这种超人的存在总是让一个去认识另一个。

很快，俄罗斯芭蕾舞团就成为科克托的“家”，相应地，科克托也成了芭蕾舞团的“鸡宝宝”（Jeanchick）[1]和非正式的法国吉祥物。科克托在剧团中的作用，与佳吉列夫形成鲜明的对照，因为他有取之不尽的热情、毫无保留的建议，总是爱开玩笑，善于制造欢乐的气氛。生平第一次，科克托身处一个开放的同性恋的艺术环境，处处洋溢着奢侈、放纵、炫耀、浪漫、极具异国情调的审美氛围。佳吉列夫嗜好男色，到处巴结奉承，殷勤示爱。斯特拉文斯基有一个经典的比喻，说他像一个同性恋的瑞士保镖，内心充满了强烈的欲望、小心眼的忌妒和偏心偏爱。佳吉列夫就像一个专制的父亲，总是对科克托疑心重重，因为他与自己曾经的情人尼金斯基走得太近。但是，科克托对尼金斯基是一种柏拉图式的爱恋，因此对佳吉列夫的猜忌并不在意，甚至反应冷淡（在某种程度上，他也受到了巴克斯特的保护）。两人不仅建立了良好的工作关系，还在摆脱剧团其他成员的时候，结伴同游因“索多姆与戈摩尔”（Sodome et Gomorrhe）而颇负盛名的玛德莱娜（the Madeleine）周边地区。[2]他们定期在位于伏尔泰路上的米西娅的房子里约会。也就是在这间房子里，米西娅发现体质单薄、身材优雅的科克托具有“不可抗拒”的魅力，因为他知识渊博，懂得把握谈话的深浅分寸和时间长短，简直就是一个善于交谈

1 Jean是科克托的姓，chick在英语中可作昵称用语，即小孩、小宝宝之意。此处根据原文译为“鸡宝宝”，形容科克托与剧团的关系，正如小鸡与老母鸡的关系一样。

2 普鲁斯特在《追忆似水年华》第四卷开篇写道：“女人有她们的戈摩尔，男人有他们的索多姆。”

的天才。

科克托对于在俄罗斯芭蕾舞团的工作既自信满满又专心致志。由于年轻人的狂妄自大，他甚至以为自己在每个领域都已经超越了以前的榜样（绘画领域的塞姆、戏剧领域的德·马克斯，等等）。1911年，他为《玫瑰花魂》（*Le Spectre de la rose*）设计了一幅尼金斯基身穿粉红束腰长袍的海报。同时，他也为著名的芭蕾舞领舞演员卡莎维娜（Karsavina）设计这类招贴画。这些作品深受巴克斯特和后印象派画家图鲁斯–罗特列克（Toulouse-Lautrec）的影响，集中体现的是科克托自己的特征，而非尼金斯基和卡莎维娜这两位舞蹈家。他也撰写了一份简短的宣传稿发表在《喜剧画报》（*Comoedia Illustré*）上，为即将上演的芭蕾舞剧及其舞蹈明星宣传造势，热情洋溢地歌颂尼金斯基"用各种不同的方式蔑视天堂"。后来，佳吉列夫安排科克托与弗雷德里克·马德拉索（Frédéric de Madrazo）和雷纳尔多·哈恩（Reynaldo Hahn）合作，为剧团的第一部法语作品《蓝神》（*Le Dieu bleu*）创作剧本。1912年5月，《蓝神》首演之后，观众反响平平。令人惊奇的是，其主要问题在于：科克托为了让尼金斯基达到一种尼采似的哲学高度，在剧作的结尾简单地将其女性化，使整部戏剧丧失了真实的感官刺激。另外，作品还存在令人尴尬的互不搭配：哈恩轻快的法式旋律，福金的舞蹈编排，巴克斯特夸张的舞美设计（宫殿、服装、珠宝等）及饱受批评的蓝色妆扮，均格格不入。由尼金斯基扮演的蓝神从印第安蓝色的水池中冉冉升起，这一幕的视觉效果非常引人注目，但这种过分强调异域风情和奢侈浮华的极端艺术形式很快被佳吉列夫摈弃了。《蓝神》被有意无意地从保留剧目中删除了，最终遭遇了科克托早期诗集相同的命运，很少被人惦记，科克托自己也不愿多提。但是两周之后，由福金编舞、德彪西作曲的第一部现代的"反芭蕾的"芭蕾舞剧《牧神的午后》（*L'Après-midi d'un faune*）上演，不仅大受欢迎而且拯救了俄罗斯芭蕾舞团的整个巴黎演出季。因为这部作品，尼金斯基遭遇生平第一次汹涌的流言蜚语，他扮演一个半人半羊的农牧神，身穿豹纹紧身衣，将一串葡萄挂在其生殖器上，给人留下一丝不挂的感觉。通过这部作品，尼金斯基一扫《蓝神》中的阴柔之气，重塑雄健阳刚的男子气魄，并且为此沾沾自喜。

通过非个性化的动作和简约的语言，尼金斯基经历了一次彻底的自我转变，由此成为科克托的另一种榜样，即自我完善和更新。现在，科克托意识到自己不能再亦步亦趋地模仿华丽的文风（他甚至已经开始对曾经真心喜爱的诺阿伊夫人的诗歌表达审慎的意见）。1912年，在演出后的一个晚上，当他们正在穿过协和广场（Place de la Concorde）的时候，佳吉列夫对科克托大声吼道："让我震惊！我在等着你让我震惊。"站在佳吉列夫的角度，这不仅仅是一个挑战，也不仅仅是艺术上的最后通牒，在一定程度上，是对一个男人的轻蔑与侮辱，因为这个男人不能打动他（就像一个歇斯底里的男性超人，佳吉列夫甚至曾经指责科克托过于阴柔）。佳吉列夫的话的确戳到了科克托的痛处，从这个晚上开始，科克托个人的创伤性记忆似乎被艺术创作上的伤痛取代了，那个从童年时期就萦绕在心头的、关于父亲变成无能为力的鹦鹉的梦魇也最终得以摆脱。目前最迫切的任务就是回应佳吉列夫的挑战，为了艺术的新生而浴火涅槃。

不久之后，也就是1913年5月29日，科克托观看了斯特拉文斯基的《春之祭》（*Thr Rite of Spring*）的首演。在华丽的香榭丽舍剧院，这场演出仅仅持续了短短35分钟，但却堪称艺术史上的重大事件，科克托第一次亲眼目睹了一场名副其实的丑行。观众的反应绝对堪称震撼，在警察到来之前，佳吉列夫不得不突然亮起剧院的灯光，亲自出面平息铺天盖地的嘘声和咒骂，以及剧院走廊上的骚乱。晚会在波澜不惊的古典芭蕾舞剧《仙女》（*Les Sylphides*）的演出中拉开帷幕，但那正是给观众带来震撼的实质：对主流审美价值全面的颠覆与破坏。除了有伤风化的服饰及异教徒牺牲的荒谬故事之外，《春之祭》将两种不同的现代主义创举进行了大胆的、别出心裁的综合：尼金斯基令人看起来不自然的舞蹈表演与高难度的舞蹈编排；斯特拉文斯基繁复杂乱、变化多端的节奏、和声与大量急促的踢踏舞原声交织的野性的力量。这次演出给予科克托深刻的启示：艺术创造的菁华就在于矛盾与争议。斯特拉文斯基“震撼了”佳吉列夫，很快就成为科克托唯一尊奉的强有力的艺术偶像，一种青春叛逆的象征，原始狂野、意气风发、不拘一格。显然，斯特拉文斯基是一个精力旺盛的人，就像令人着迷的巫师，能够随心所欲地驾驭和驯服各种原始、野性的力量，他强迫科克托彻底摆脱那种软绵绵的神秘的“东方情调”。艺术绝不能只是为了取悦和满足中产阶级的需求，而应该像“春之祭”一样，是“对成规旧俗莫大的羞辱”，像火山爆发一样引发争论。科克托此刻才意识到这是一个崇尚原始风格的时代，不过还为时未晚。从绘画中的野兽派（马蒂斯、德兰[Derain]、弗拉曼克[Vlaminck]）到诗歌领域马拉美天启般的纯洁主义，艺术正在经历一次“新的颤栗”（a frisson nouveau）[1]。科克托面临的挑战在于，他必须把这种新的艺术精神与自己从俄罗斯芭蕾舞团获得的学问和艺术技巧完美地融合起来。显然，与斯特拉文斯基合作，是一条明智的、正确的必由之路。

《大卫》（*David*）源自于斯特拉文斯基之前为芭蕾舞剧《彼得鲁什卡》（*Petrushlka*）所做的配乐，带有非常传统的英雄神话色彩。其基本主题是巡游马戏团，一群杂技演员在帐篷外表演，而真正的节目《大卫》却在帐篷内上演。科克托亲自作词、编舞，担任舞美设计，“大卫”一角由波莱·斯文纳斯（Paulet Thévenaz）扮演。斯文纳斯是一位年轻的画家和舞蹈演员，瑞士人，在刚创办不久的巴黎达克罗士音乐学校（Paris School of Dalcroze Eurythrnics）教书谋生。斯文纳斯不仅教科克托练习柔身体操和编排舞蹈，还鼓励他将自己的身体想象成设备和工具。有一段时间，他也可能就是科克托的

1 波德莱尔的《恶之花》发表之后，一般人认为他故意以病态不健全的感情来描写人生的黑暗方面，受到当时人士猛烈的攻击和非难。但维克多·雨果认为，《恶之花》的内容非常深刻，并致函波德莱尔说：“你在艺术上创造了一种新的颤栗。”

情人，不过还是缺乏足够的细节证明他们之间关系的实质。1914年3月，科克托和斯文纳斯到莱森（Leysin）去同斯特拉文斯基工作。而此时，斯特拉文斯基刚刚从伤寒症中康复过来，并且对科克托仍然心存疑虑，他一直认为科克托不过是一个沽名钓誉的人，虽然对《春之祭》造成的轰动效应很感兴趣，但并非真正对艺术抱有深刻的热情。而科克托则声称自己打心眼里喜欢斯特拉文斯基的艺术创造力，并且想方设法地接近艺术中的先锋派，甚至已经同老鸽舍剧院的导演雅克·科波（Jacques Copeau）及《新法兰西评论》的主编讨论过先锋艺术。斯特拉文斯基则将自己的牌捂得很紧，用富有希望的承诺吊起科克托的胃口。科克托和斯特拉文斯基二人之间微妙的较量与暗战持续了几个月时间，包括那次令人绝望的伦敦之行。斯特拉文斯基对科克托无休无止的巴结、献媚甚至引诱感到非常恼火，科克托虽然明显感受到斯特拉文斯基的反感，但却愈挫愈勇，自欺欺人地认为在正确的方向上有了新的进展。就像一个被肆意抛弃的情人，科克托不断给斯特拉文斯基写信，用一种几近绝望的央求的口吻说“大卫才是我们的选择”，但斯特拉文斯基并不买账，甚至就此搁置这份计划，宣称《大卫》的艺术价值不值一提，远不如佳吉列夫委托他为歌剧《夜鹰》（*Le Rossignol*）创作的音乐（除了其他奖励之外，妒火中烧的佳吉列夫还许诺给更多的钱）。斯特拉文斯基牺牲了《大卫》，也牺牲了科克托。这是科克托和作曲家之间爆发的第一次危机，也是第一次和自己热爱的合作者决裂。

这一次，科克托输掉了很多东西：他不仅失去了同斯特拉文斯基精神上的联姻和艺术实践中的合作，经过《新法兰西评论》那扇微微敞开的门走进先锋派和左岸派团体的梦想也破灭了。从个人的角度，他与斯文纳斯的关系也戛然而止。1914年，斯文纳斯突然抛弃科克托，同科波的舞蹈巡演团一道去了美国，直到1921年英年早逝、客死他乡。此时的科克托心灰意冷，极度绝望地感叹“全完了”！然而，像《春之祭》一样激发年轻、反叛和放纵的情感的强烈愿望再一次帮他渡过难关。现在最紧要的不再是情人和合作者，而是要重新定位自己艺术活动的真正本质。他不会再花七年时间去出版一部诗集。另外，他暂时离开巴黎（回到莱森），培养自己沉默、冷静、节制的情绪，奉行极简主义的美学，首次尝试散文写作。不过，很多先锋派认为科克托并不是在进步，而是反其道而行之。这也意味着他将放弃自己另一个选择认同的人，那就是高贵的诺阿伊夫人，她曾经不遗余力地褒扬他的行为，可是他现在开始公开嘲笑她。不可否认，科克托仍将继续公开声称斯特拉文斯基为大师，但他现在的野心是成为自己的主人，探究自我异乎寻常的秘密。[1]他很快理解了弗洛伊德（Freud）发现无意识理论的重要性，并且如获至宝。据说糖能为梦提供最好的养分，因此他就吃了很多糖，以此作为进入内在世界的捷径。总而言之，他的这种方法可以用自己新小说中那个大胆的公式来概括："无论大众因何批评你，别管他，你就是你。"[1]自此之后，既非出于必须，亦非完全如愿，而始终以半推半就的方式和真假掺半的态度，科克托将永远成为自己"被诅咒的诗人"[2]。

在《波多马克》（*Le Potomak*）的开篇，科克托向斯特拉文斯基致敬，称《春之祭》为"伟大的杰作"和"美丽的田园诗"。本质上，《波多马克》是对资产阶级最直接的挖苦与讽刺，直指两个相互敌对的家族：奢侈浮华、傲慢自大、物欲横流的外省资产阶级莫蒂默家族（Mortimers），残忍、贪婪的欧仁家族（Eugènes）及其追随者哈默斯家族（Humeuses）。事实上，欧仁家族真正映射了科克托的家庭（欧仁是科克托的教名之一，母亲的名字就叫欧仁妮）。小说讲述的是科克托和他的朋友去寻找"波多马克"（转用美国一条

1 此处原文为大写的Master，有"大师"和"主人"双重含义，前者译为大师（斯特拉文斯基），后者译为主人（科克托自己、自我）。

2 "被诅咒的诗人"，生活在社会边缘或者反社会的诗人，吸毒、酗酒、犯罪、疯狂、暴力，往往英年早逝。第一个"被诅咒的诗人"的原型是弗朗索瓦·维庸（Francois Villon，1431—c.1474），还有19世纪的波德莱尔、兰波、魏尔伦也是典型代表。"被诅咒的诗人"这个说法因魏尔伦的同名作品《被诅咒的诗人》（*Les poètes maudits*）而广为流传。

河流的名字），一个不知道长什么样子的水怪，藏在玛德莱娜教堂地下室的水族馆中，有一个管状的凸起。它是一个“驼背的腔肠动物”，有点像电影放映机，储存了很多梦，并不断地通过卷盘向外喷射。同两个正在蜕皮的动物一道，小说中的叙述者三次来到波多马克的洞穴，感觉就像做梦或者下地狱一样。其中一个动物叫珀斯卡尔（Persicaire），另一个叫阿格蒙特（Argemonde）（当珀斯卡尔蜕完皮之后，有人就会死去，另外一个也会醒来）。据科克托说，在《波多马克》之前，他总是醒着的，因此这是他第一次酣畅淋漓的睡眠，可以清楚地认识自己的内在生命和隐秘恶魔。“作品中上演了一出戏剧，”叙述者继续说道，“出生于资产阶级的家庭，我就是一个资产阶级的怪物。”[2]《波多马克》占据了科克托的心，甚或是科克托内心的写照，由于对口腔和肛门的过度迷恋，在科克托的作品中别具一格。科克托静静地观察，看着波多马克消灭和消化那些五花八门的内容，比如用手套做成的食品、一只播放瓦格纳的音乐盒、俄罗斯芭蕾舞团的节目等，就像水螅和粪便一样，所有这些都是科克托现在急于摆脱的影响。小说的结尾处有一些更加痛切的说法，是直接出自他写给纪德的两封信，抱怨斯文纳斯如何抛弃他，比如“一瘸一拐地前进，伸着双手等待那些只属于我的东西”。

《波多马克》表明，科克托越来越多地将个人经历贯注到作品中，但是这部完全原创的自传性小说的总体效果却是一种奇怪的杂糅：它时而像黑色小说，时而像哲学对话，时而像抒情的告白，时而像无意识的流淌，时而像抽象的冒险，旅途中充满了具体的术语、原始的仪式和粗犷的力量。这种看似毫无情节的叙述不仅是各种影响因素的复杂拼贴（纪德、福楼拜[Flaubert]、兰波等），也是各种文学形式的融合，包括格言、警语及打破逻辑顺序和空洞的叙事外壳的短剧和小品。坦率的对话径直变成玄妙的形象，散文突然变成自由想象的诗行，大段的分析同忧郁的副歌及温馨的摇篮曲交替进行，文字充满了随心所欲的双关含义。更令人兴奋的是其中的64幅插图，简洁的几何形状就像一幅幅连环漫画，仿佛具有勃鲁盖尔

（Breughel）[1]的痕迹。这正是它最后成为现代性作品、在认知上偏离意识中心的原因。1916年，科克托给小说附上一段简介，感谢格特鲁德·斯泰因（Gertrude Stein）[2]对他的影响。《波多马克》宣告一种新的"诗艺"的诞生，用一句话概括就是："理念诞生于词句。"但是，《波多马克》在1919年正式出版之后，文学批评家们对作品令人眼花缭乱的拼贴效果困惑不已：难道科克托已经加入了左派？这些都无关紧要，关键是他最终回归了自我，放弃了那些舒适漂亮的符号。他现在更喜欢的捷径就是为文学和个人同气连枝的理想服务：在进行彻底的、自我更新的、连续不断的行动中，拥抱每一种有效的文学形式。科克托作为作家的自我转变刚刚开始不久，很快就被另一种更加紧迫的焦虑打断了：第一次世界大战爆发！

1 全名彼得·勃鲁盖尔（Peter Breughel，1525—1569），是尼德兰文艺复兴时期最后一位大师。他创作的尼德兰农村风俗画，在欧洲绘画史上占有重要地位，有"农夫勃鲁盖尔"的称号。1556年，勃鲁盖尔开始从农村风景画转向带有教育性和讽刺性的人物构图。他借鉴风格荒诞怪异的H.博斯作品，采取幻想的和写实的形象相结合的表现方法，从民间谚语和传说中选材，来表现一个骚乱的世界，画面富于民族活力，并充满了讽刺意味。因此，勃鲁盖尔也曾有"新博斯"之称，所不同的是在他的作品中更多了几分幽默与诙谐，寓严肃主题于风趣的表现之中。

2 格特鲁德·斯泰因 （1874—1946)，旅居法国的美国女作家。在欧美人们把她视为对20世纪西方文学产生重要影响的人物。她的作品永远不会为迎合大众而存在，她的写作直指人类内心深处的思想和情感。著有《地理与戏剧》（*Geography and Plays*，1922）、小说《露西·丘奇温厚地》（*Lucy Church Amiably*，1930）、《三幕剧中四圣人》（*Four Saints in Three Acts*，1934）、为汤姆森乐谱所写的歌剧脚本《毕加索》（*Picasso*，1938)、《法国巴黎》（*Paris France*，1940）和《我见过的战争》（*Wars I Have Seen*，1945）。

第五章

科克托的“一战”

1914年8月与德国爆发的战争，给科克托带来了巨大的变化。看着历史第一次走进自己的生活，科克托重新回归社会角色，成为一个极端爱国主义的法国人，时刻准备捍卫祖国的尊严：高卢雄鸡（Copueteau）。最初，他对战争的看法很单纯，就像一座舞台，充满了华丽宏大的奇观、惊险刺激的魅力和机关重重的陷阱。和朋友在高档的拉鲁饭店聚餐时，他穿着由保罗·普瓦雷（Paul Poiret）新设计的蓝色的飞行员军官服（也许是向当飞行员的兄弟保罗致敬），兴高采烈地模仿臆想中的战争的声音。11月，科克托又遇见了飞行员先驱者罗兰·加洛斯（Roland Garros），罗兰·加洛斯鼓励他学习飞行，甚至将他带上了去阿尔卑斯山执行侦察任务的飞机。结果，科克托将自己的个人签名标志改成了星星符，甚至给自己改名为"让·德·莱图瓦勒"（Jean de l' Etoile）[1]。宣战后不到四个月时间，即1909年11月，科克托就出版了第一期的《快报》（*Le Mot*）[2]。这是他同保罗·艾瑞伯合作创办的一种评论性双周刊物，相当于《舍赫拉查德》在战争时期的续编。他和艾瑞伯共同编辑、共同插图。《舍赫拉查德》中显明的新艺术派和象征主义美学的晚期风格减弱了，取而代之的是强烈的反德国宣传。不过，与这一时期团结在庞加莱元帅（General Poincaré）"正义之战"宣言周围的那些更加激进的杂志相比，《快报》中的民族沙文主义又相对温和、轻松得多了。尽管如此，它还是标志着科克托明确地转向右派，实际上成为科克托民族主义信仰的阵地和堡垒。

1 法语词etoile，即星星、星球之意。

2 Le Mot，法语词，有短信、便条、格言、警语、名言等涵义。

《快报》插图“铁十字架”，科克托（署笔名“吉姆”[Jim]），1915年7月第20期。

《快报》是法国大众文化的产物，发表的是对法国人民的赞歌、军旅诗作和爱国的社会新闻，刊登着霞飞元帅（Marshal）、圣女贞德（Joan of Arc）的图像，着火的兰斯大教堂（Reims Cathedral），以及各种贬损敌人的视觉图片。例如，在第七期上，充满了简单而又严正的警告："外国佬不会喜欢我们的杂志。"《快报》还煽动一些原始的恐惧："德国人要砍断孩子们的双手。"一系列刺眼的卡通和草图，直接取名为“残暴”，包括各种肥胖、愚蠢、性虐待狂的德国佬形象，就像《波多马克》中的欧仁一样，全都刊登在显要的位置，堪称戈雅（Goya）[1]《战争的灾难》（*Disasters of War*）的直接回声。

1 全名为弗朗西斯·戈雅（Francisco de Goya，1746.3.30—1828.4.15），西方美术史上开拓浪漫主义艺术的先驱。早期喜欢画讽刺宗教和影射政府的漫画，贪婪的修道士、强盗、抢劫犯、接生婆，全部被他画成魔鬼的样子。他粗俗但充满真理的画风很受广大观众的喜爱，但为他招来各种审判。

科克托也嘲讽那些畏惧外国人的法国人，与憎恶所有外国人的圣桑（Saint-Saëns）一道，进行长期的攻击与辩驳。除了不遗余力地挖苦瓦格纳，《快报》还坚决放弃了战前俄罗斯芭蕾舞团充满异国情调的审美风格。现在，“异国情调”被认为是不爱国的、堕落的，甚至是罪恶中的罪恶——“世界主义”。双页的整版篇幅都是艾瑞伯、科克托（或者“吉姆”，向西蒙[Sim]致敬）、巴克斯特和劳尔·杜飞（Raoul Dufy）的个人签名。插图都具有高度古典的品质，线条清晰有力，并不强调阴影或者体积的作用。这种风格大量借鉴了与“埃皮纳勒图片”（*images d'Epinal*）相关的单纯和天真。埃皮纳勒图片是指十六世纪以来在洛林大区（the Lorraine）的埃皮纳勒制作的、民俗的、色彩明亮的、具有说教意义的大幅织印广告。在《快报》强烈的爱国主义的语境下，科克托写下了自己广为传颂的话：“在品味与粗俗这两个令人不快的东西之间，存在激情与分寸：如何走得很远而又不至于太远。《快报》希望你走上这条法兰西之路。”当科克托打算刊登立体主义画家阿尔伯特·格列兹（Albert Gleizes）、罗杰·德拉·费雷奈（Roger de la Fresnaye）等人的作品时，遇到了麻烦，因为立体主义被怀疑是德国人的发明。《快报》公开援用立体主义的做法导致了自己的早夭，第十九期出版后，于1915年7月1日停刊。

实际上，什么是科克托个人最直接的战争体验呢？科克托发现自己因为健康问题，不断被部队拒绝，因此感到非常绝望，于是自愿申请参加后备部队，并且由红十字会安排到火车站分发牛奶。9月，他参加了驻扎在兰斯地区（Reims）的医疗救护队，这个救护队有一部分非官方的性质，其中的临时护卫队是由米西娅·赛特（Misia Sert）组织的。因此，科克托亲身经历了德军轰炸兰斯的情境，见证了马恩省（the Marne）的战役。在寄给《快报》的急报中，他公开揭示了他所遇到的伤兵或者垂死者悲惨的命运。当然，这些急报中也包含了救护队遇到的许多关于生命的奇闻趣事。他也向作家和政治家莫里斯·巴雷斯（Maurice Barrès）寻求支持，这个人现在是一个坚定的右翼分子，法国战争宣传的重要撰稿人。巴雷斯两次拒绝卷入这种实用的人际关系，后来科克托在《拜见莫里斯·巴雷斯》（*Visites à Maurice Barrès*，1921）中谴责并且嘲弄了这件事（巴雷斯的失败让科克托明白，永远不要相信那些抽象的理论或者自以为是的意识形态）。1915年，科克托被召回行动，尽管他最终并没能成功加入第十三炮兵团（他最初申请加入的就是这里），而是进了救护部队的第二十二组当了军需兵。1915年12月，科克托离开巴黎，参加了现在由埃蒂安·德·博蒙（Etienne de Beaumont）领导的官方救护队，其中也包括其他文学人士，比如贝尔纳·费伊（Bernard Faÿ）。尽管已经结婚，博蒙依然保持一种同性恋的派头（伪装的人格面具），像科克托一样，对青春、风雅和天赋迷恋不已。这个小组里有淋浴房，科克托和博蒙曾经因为主动向军人"提供"淋浴而受罚。圣诞节期间，科克托驻扎在靠近伊瑟河口（the Yser）的第131防区，红十字会在这里为"祖阿夫"（Zouave）[1]第四兵团和塞内加尔的炮兵及红十字的英国分部服务。科克托对西非的神枪手非常着迷，他们对战争的看法与科克托一样，即一种巨大的假象。在塞内加尔人的影响下，他开始在写给家人和朋友的信中形成一种新的语言切分形式，主要特点是省略的句段、简化的动词不定式和无法预期的文字/意象。尽管军队里严禁照相，他还是用母亲买的柯达照相机拍摄了很多照片。其中一张照片里，科克托在挂着"WC"标志的厕所旁边冲着照相机笑。还有很多照片是士兵们赤身裸体洗澡的场面。[1]

大约在这个时候，科克托被发现与北非部落的一员或者某位阿拉伯士兵有"慷慨"而"仁慈"的罪过（性关系），令他的指挥官非常忌妒和愤怒。1916年4月，在很大程度上，科克托因为这件事被调到了一个新单位，那里没有任何北非人，只有一些规规矩矩的法国兵。

---

1 "祖阿夫"兵，最早出现在法国，是一群为法国效力的外籍兵团（主要为非洲北部的柏柏尔人），自路易·菲利普当政的七月王朝时代建立，到阿尔及利亚独立为止（1831年到1962年）。他们统称为"祖阿夫"兵，"军团就是祖国"成为外籍军团的格言，外籍军团作战英勇，几乎出现在日后法国的每场军事行动中，他们是19世纪中最为杰出的轻步兵部队。

科克托在纽波特附近的战壕里 1916年摄

现在，新单位是机动的部队，还包括一个图书馆和X射线设备。他的道德原则戏剧性地崩溃了。科克托从来没有真正与任何军官或者士兵有过瓜葛，他对这类人的感情是中性的。别忘了，他曾经大肆炫耀从他们那里得到的各种不同的制服，并且被他们低俗的笑话和迟钝的笑声弄得很烦。他第一次发现自己真的被人厌恶。他被派去执行一项危险的任务，顶替一名因为“赌牌行骗”（card-sharping）而被单位开除的士兵。令所有人吃惊，也令所有人失望的是，他最后还是想方设法地活着回来了。要不然就是，当部队向索姆河（the Somme）进发时，他一个人被留下来守厕所和浴室。这时候，关于科克托“一战”经历的故事变得有点复杂甚至模糊不清了。其中一个版本是说在科克托守浴室的时候，一个法国的海军中尉无意中发现了他，并且让他跟着走。他发现自己很快就被驻扎在考克西德湾（Coxyde-

Bains）的海军陆战队接纳了，甚至允许他穿上海军的制服。但是，当被提名授予战士十字勋章后，却发现他并不是一个真正的海军。科克托被两个警察四肢朝天地抬出军营，并且送到了军法处。这突如其来的意外反倒救了科克托的命，因为第二天圣乔治（Saint-Georges）就被炸弹夷为平地，整个驻地的人都未能幸免。不过，对于这场灾难，没有留下任何文献记录。关于这件事情，还有另外一个版本，不过不像第一个那么富有戏剧性。他是被自己外交官的朋友菲利普·贝特洛（Philippe Berthelot）从军法处救出来的。然后，他又被安排重新回到自己原来的单位。在部队经过阿棉小城（Amiens）开往索姆河之前，科克托离开了纽波特–考克西德（Nieuport-Coxyde）。1916年7月初的时候，他开始着手照顾第一批伤员。面对战场血腥的恐惧，他开始经受严重的心灵创伤。7月，战斗还在进行中，科克托就离开了索姆河。月底时，他已经回到巴黎。8月，他正式放弃了自己的职责，并且以身体不适为由转到了军队总部。贝特洛给他在新闻部门，也就是外交部的宣传处安排了一份工作。科克托的“一战”经历到此结束。

现在，神话开始了。一天，科克托遇到了某位“劳尔·卡斯泰尔诺”（Raoul de Catelnau）。这个人好像是从天而降的，声称自己是著名的卡斯泰尔诺将军的侄子。他很年轻，又是著名将军的亲戚，还向人们展示了自己的奖章和战场上留下的伤口，足以让人们相信他并且尊敬他。最终真相大白，这个人只是一个说谎的骗子，卡尔斯泰诺并不是他的真名，他只不过出生在一个名叫卡尔斯泰诺的小镇。然后，这个吹牛的骗子就在这里消失了，不过很快又在别的地方冒出来，吹嘘同样的故事，而且很快获得人们的信任。在《快报》1915年5月1日的一篇文章中，科克托写下了这段个人见闻。为了揭示战争中的虚伪，他在文章结尾处写道：“这个故事也许还会继续。”事实的确如此，多年之后，即1923年，科克托为自己的小说《骗子托马斯》起了一个副标题——“历史”。小说的背景是第一次世界大战，故事发生在弗兰德（Flanders）和香槟（Champagne）这两个著名的战区[1]，一个说谎成性的骗子“造访”小说的主人公纪尧姆·托马斯（Guillaume Thomas），询问他是不是冯特诺伊将军的亲戚，因为他的名字叫托马斯·德·冯特诺伊（Thomas de Fontenoy），托马斯回答，是，于是马上就“变成”他（骗子）。这部小说还受到另外其他真实事件的启发，是科克托亲身经历或者是他亲眼目睹的，包括兰斯大教堂被轰炸期间，即1916年6月的某个时候，一群艺术家到前线慰问，正在领导一个非官方救护队的米西娅·赛特的故事（小说中的波莫斯夫人[Madame de Bormes]），以及马恩战役（the battle of Marne）的故事。科克托将虚构的小说《骗子托马斯》当作某种“寓言式的现实”，当故事中的反英雄在前线被打死的时候，他突然感受到“真实原则”的强大压力：“子弹！”，他告诉自己，“如果我不装死，我肯定完了”。在科克托心中，现实和小说是一致的、同一的。纪尧姆·托马斯真的死了（原文强调）。[2]

科克托的“一战”故事已经非常带有“虚构性”和“神话性”了，因此不能说纪尧姆的故事仅仅只是一个虚构的版本。的确，从另外一些深层的角度来看，《骗子托马斯》完全是自传性的，是对科克托早期的、短暂的爱人之一让·勒·罗伊（Jean Le Roy）的纪念。罗伊是科克托1917年4月在巴黎遇到的，人们对这个志向远大的诗人知道的并不多。据说，罗伊从前线给科克托写信，封口处都印有自己的吻痕。此外，他还给科克托寄了很多年轻的诗歌（1924年他死后才出版的《德国鬼子的骑兵》[*Le Cavalier de Frise*]，科克托深情作序）。他是科克托第一位真正的、年轻的英雄男子和学生，一位战士诗人，用科克托的话说：“（他）年轻、英俊、勇敢、善良、单纯、真诚——富有死神喜爱的一切。”很明显，他的所有欺骗的把戏启迪了托马斯的诞生，一个勇敢、豪侠的年轻人，背叛传统社会的清规戒律，死在

1 香槟，原是法国巴黎东北部的一个省名。因产香槟酒而得名。在第一次世界大战期间，两次马恩河战役、1916年的凡尔登战役、索姆河会战等一系列交锋都在这里展开。

寻梦的途中。他的“骗术”很不老练，但在科克托心中永远是一位真正的诗人。1918年4月，年仅23岁的罗伊牺牲在战场上。在《骗子托马斯》中，一名叫罗伊的海军战士也是23岁，在随部队继续前进的时候牺牲了。正如一个月后，科克托在给纪德的信中所承认的，他感到自己好像被“砍掉了手臂”。

1918年夏天，为了摆脱悲伤，科克托到大西洋岸边休养了两个月。期间，他在毕垓（Le Piquey）遇到了画家安德烈·洛特（André Lhot）和他的妻子。毕垓是一个偏僻的小镇，坐落在波尔多附近阿尔卡雄海湾（Arcachon bay）美丽的沙滩上。赤身享受日光浴，他再次迷上了重读尼采。但是回到巴黎后，由于受到自己的医生凯普麦斯博士（Dr. Capmas）（一个十足的江湖骗子、庸医）的误诊（风湿症和动脉压抑），科克托的情绪再次陷入低落，并且造成了一生中反复出现的梦魇。身体虚弱、情绪低落，科克托觉得自己就要被罗伊去世的悲伤所吞噬了。在散文诗《拜访》（*Visite*）中，这种悲伤得到了最好的宣泄与表达。作为自选集《睡梦中的话》（*Discours du grand sommeil*）的一部分，《拜访》是专门献给罗伊的。《睡梦中的话》原名为《131区》（*Secteur 131*），由科克托1916到1918年间所写的诗组成，主要涉及海军、塞内加尔人和祖阿夫士兵，《拜访》是对过去日子的一种乡愁式的回忆。诗中的叙述者（诗人）想象一个死去的战士（罗伊）像一个走出坟墓的幽灵一样对他说话，并且将他带到了地下的世界。诗人、罗伊、幽灵，各种身份时而统一、时而分散，诗歌的叙述角度也因此前后不停地变换：从“你”到“我”、“我们”、“人们”、“朋友”甚至“敌人”，不断地切换。在这首诗里，科克托的风格是直接的、自然的，诗歌成了他关于生命、爱情、痛苦与死亡等主题的思想仓库。因此，他的诗歌就像战争日记和自我纪事的综合，通过对战壕和生活中痛苦场面的图解，不断地转向绝望和孤独。也许，诗人在战场的恐惧中发现了夜莺深沉的歌声和天使般的力量，但他还是像“绝望的北方”和“胜利的诅咒”一样，在诗歌中将自己托付给无边的孤独，以此批判虚假的光荣理念和战争中盲目的英雄幻想。

通过《拜访》这样的诗歌，科克托第一次深刻地明白，诗歌就是一种“恶心的建筑，始终环绕着空虚”和“没有希望的宗教”，要求一切都为它而牺牲，甚至包括人本能的流畅的语言。实际上，和稍早的一部关于战争的诗集《好望角》（*Le Cap de Bonne-Espérance*）相比，他在艺术上和情感上都获得了巨大的进步。这部诗集有一种特异的嗜好/风格，那就是标记页码，它还曾经试图模拟罗兰·加洛斯驾驶飞机俯冲的感觉。1918年10月，罗兰·加洛斯在一次飞机失事中丧生（传说在他的驾驶舱内发现了科克托的诗）。句子被切分开来，那些拟声的词语、意象和声音，就像飞机的螺旋推进器一样，产生一种纯粹的能量奔流。科克托令诗歌在大喜大悲中循环。诗歌的韵律受节奏和速度控制，每一串像飞机一样自由高飞、俯冲的意象，似乎悬置在语言与沉默、引力与失重、梦幻与清醒之间。1917年，他反复在公众面前读诗，最著名的当属6月在外交官保罗·莫兰德（Paul Morand）家中、在精心挑选的客人面前朗读的那一次，带着自己铿锵有力的声音，科克托就像一位准备离开地面的先知一样，飘飘然的感觉良好。科克托从四面八方向人们发射意象，包括关于毕加索、斯特拉文斯基、索多姆（Sodom）和俄摩拉城（Gomorrah）[1]、加百列（Gabriele）、加尼美德斯（Ganymede）[2]，以及电影的典故（能说出名字的不多），但实际上很多人都摸不着头脑。有的人对这种新的片段式的风格一笑置之，认为只不过是一种混杂的法语（类似于洋泾浜英语[le petit nègre]），或者更糟，是立体派的散文。事实上，还没有人相信科克托突然之间变成了一个十足的现代派。后来，1922年他在诗集的序言中承认与试验相关的一些失败，说他将重新融化这些诗，并且将它们改造成亚历山大体的抒情诗。他希望——他相信自己

1 索多姆和俄摩拉城，黑恶之都。据《圣经·创始记》该城因居民罪恶深重而被神毁灭。

2 加尼美德斯，希腊神话中的牧羊俊童，宙斯化作鹰把他掠走为众神侍酒的侍酒童子。

能够——成为每一个人和每一件事（标准的科克托符咒），但是直到现在，什么事情都还没有发生。

当然，科克托的战争的另一面就是他溜号的经历。有一段时间，也就是1916年6月初，他和自己的新朋友瓦伦汀·格罗斯（Valentine Gross）到布洛涅（Boulogne-sur-Mer）的海滨呆了一段时间。瓦伦汀是他1914年5月认识的，那时她正在看望她的母亲。瓦伦汀比科克托大两岁，庄重严谨、个子高挑、女性味十足（因为她修长、优雅的脖子，科克托叫她天鹅），是一个忠实的艺术家、设计师和插图画家，与《新法兰西评论》的圈子有密切联系。她已经拥有自己的星期三沙龙，并且很快就成为维克多·雨果的孙子艺术家兼设计师让·雨果（Jean Hugo）的妻子。在瓦伦汀的影响下，科克托的艺术个性更加自由，他们为一项艺术计划合作了一系列"一半摄影一半湿壁画技法"的绘画（half-Kodak half-fresco）。瓦伦汀打算通过这个计划把从古至今的舞蹈运动串联起来。在这些绘画与摄影混杂的作品中，苏格兰男子穿着格子短裙跳舞、打网球，并且与古希腊传说与神话中人物融合起来（卡斯托尔和波吕克斯[Castor and Pollux][1]、萨蒂里孔[Satyricon]等），轻松愉快、妙趣横生。在艺术方面，科克托还有很多事情要奋起直追。立体主义已经发展了七年时间，蒙帕纳斯（Montparnasse）已经成为全世界先锋艺术的家，一个大熔炉，兼容了巴黎与西欧、犹太人和意第绪语（Yiddish）的影响。地理上居于从蒙马特到蒙帕纳斯的北—南路线的中点，科克托将以逐个拜访现代主义者为己任，在新的艺术世界推销自己。通过瓦伦汀，科克托见

1 孪生兄弟卡斯托尔和波吕克斯是天神宙斯的杰作。据说有一天宙斯化身为天鹅，与斯巴达公主莉达幽会，结果公主生了两个蛋，一个孵出引发特洛伊战争的美女海伦，另一个孵出这一对孪生兄弟。公主把哥哥卡斯托尔属给自己的丈夫，把弟弟波吕克斯属给宙斯。于是波吕克斯拥有了永恒的生命。长大的兄弟二人都成为勇士，曾在战斗中立下了不少功劳。但在某次战斗中卡斯托尔战死了，波吕克斯非常伤心，他甚至祈求宙斯以自己的性命挽回兄弟的生命，宙斯非常感动，将二人升为双子星座，让他们在太空中长相左右。

到了一些重量级的人物，这些人物后来都是所谓的巴黎学派的中流砥柱（比如立体主义画家乔治·布拉克[George Brauqe]，安德烈·德兰[André Derain]，莫迪利亚尼[Modigliani]，胡安·格里斯[Juan Gris]和基斯林[Kisling]等）。似乎想要弥补失去的时间，科克托迷上了塔巴兰酒吧（Bar Tabarin）的烟雾与恶臭。这里原本是一间旱冰场，所有波西米亚式的边缘生活都汇集于此。也许是为了记录自己的进步，1916年8月的某天，科克托在蒙帕纳斯的街上，抓拍了二十多张毕加索、诗人麦克斯·雅各布（Max Jacob）、基斯林等人的快照，“共同完成”了他的摄影实验。

随后，科克托将会浪漫地谈论蒙帕纳斯高度竞争、高度虚构的世界，就像重新找回来的天堂，一个新的迈松斯-拉菲特。但是，在科克托身上，这只是一次典型的谎语癖行为（mytheomanian），因为非常值得怀疑的是：在现代主义的温床里，那些通过相互倾轧才能占据一席之地的年轻的“蒙帕诺斯”们（Montparnos），是否愿意张开双臂欢迎他呢？或者根本就不欢迎他呢！事实上，蒙帕纳斯对他非常怀疑，特别是当他同保罗·普瓦雷和米西娅·赛特之流身着华贵的服装和皮草走近他们破败不堪的画室的时候。只有一个人例外，那就是莫迪利亚尼，他在1916至1917年间为科克托画了一幅肖像：皱缩的嘴唇、长而钩的鼻子、伸长的脖子，孤傲地坐在高高的靠背椅中，眼睛直直地看着旁边（科克托认为这幅画糟糕头顶，证明莫迪利亚尼实际上很恨他）。另一个人就是诗人布莱斯·桑德拉尔（Blaise Cendrars），他和科克托共同创办了一家出版社“西雷纳特刊”（Les Editions de la Sirène），专门发表阿波利奈尔（Apollinaire）的作品。但是，对于蒙帕纳斯的大多数人而言，科克托只不过是一个肖像模型、热衷于各种活动的普通人，而不是有私交的朋友。他知道自己必须更多地参与、扮演特定的角色（比如贫瘠、轻率、懒惰等），因为这里肯定不是发扬自己个人活力和风格的地方，特别要严格控制自己的同性恋倾向。实际上，科克托似乎在接近左岸的波西米亚风格，但私下里仍然沉醉在自己早期的兴趣和成长的影响之中（比如来自诺阿伊夫人、斯特拉文斯基和皮埃尔·博纳尔等人的影响）。至于他自己的艺术计划，则要雄心勃勃地在梅德拉诺马戏城（Cirque Médrana）与阿尔伯特·格列兹共同演出一版极端现代的《仲夏夜之梦》（*A Midsummer Night's Dream*），并且邀请洛特来设计舞台。但是，最终都归于水中月、镜中花。不过，另一项计划开始在他脑中慢慢形成，这个计划让他重新回到《大卫》，并且很快就占据了他的全副身心。它取决于科克托同两个非常不同的艺术家的合作，其中一个将在他的整个艺术生命中发挥重要的指引作用。

第六章

最伟大的战役

1916年5月从前线回来之前，科克托曾经交给特立独行的作曲家埃里克·萨蒂（Erik Satie）厚厚的一叠笔记，其中记载了他关于《游行》（*Parade*）的各种新奇、紊乱的构思，一些新的令人振奋的充满煽动与刺激的想法。他们是通过瓦伦汀认识的。在科克托眼里，萨蒂不仅是一个羞涩的、多才多艺的天才作曲家，而且非常敬业——他严格按照教师的原则训练自己。[1]科克托之所以被萨蒂吸引，是因为他的音乐与斯特拉文斯基完全不同，纯净、轻快、活泼、明亮，没有时间限制，永不老化，简言之，是对时间的蔑视与挑战。随后，科克托又根据自己的笔记创作了用两种声音演唱的歌词/歌剧剧本。科克托的努力刺激并启发了萨蒂，认为他自己将杂耍剧场与旋律对位法相结合的风格，别具一格的幽默与悲悯，堪称是科克托完美的补充。但是，由于萨蒂是出了名的慢性子，科克托不得不花一段时间等待作曲家的反应和意见。

这一时期，科克托眼中的另一位大师是毕加索。最初，毕加索对科克托心存疑虑，认为他老于世故、追名逐利、行为夸张。过了一段时间之后，他才热情地同科克托交往。1915年秋天，趁科克托从前线回来的间隙，他们在巴黎碰过面。画家埃德加·瓦雷斯（Edgar Varèse）把毕加索带进了安茹路10号，当时的科克托因为重感冒卧病在床。正如司空见惯的那样，科克托后来会对这件事情大加渲染，甚至公开宣称瓦雷斯在1916年春天带他去了舒尔策路上毕加索的画室，尽管对毕加索眼中"黑色的利箭"感到害怕，但他还是参加了"写在群星里的聚会"（a meeting written in the stars）。当然，这听起来很像《一见钟情》/《我们之间》（*coup de foundre*）的翻版，并且有些俄狄浦斯式扭曲的味道。实际上，科克托热情地巴结毕加索，就像毕加索自己在1908年至1914年间讨好布拉克一样，就像一对虚拟情人。很快，毕加索彻底被科克托迷住了。但是，这种强烈的关系自始至终都是建立在讨画家欢心的基础上的。毕加索是一个沉默寡言的人，但是性格强硬，喜欢控制与压迫。相反，科克托总有说不完的话，对强有力的男子总是心怀羡慕。因此，科克托与男子气概十足的毕加索约会，充满了值得吹嘘的阉割情绪，每一次都宛如旧梦重温（他曾经狂热地描述，毕加索总是泪眼朦胧地凝视着我）。科克托描述毕加索的动作，就像“斗牛士优雅的转身”。但事实上，毕加索在科克托面前，始终像一头狂暴的、捉摸不透的公牛。

基于此，科克托邀请毕加索参加自己和萨蒂合作的舞剧《游行》，尽管画家此前从未参与过任何舞台工作。1916年，经过长期的准备，这个计划开始实施。佳吉列夫担任该剧的舞台监督，他正式提名包括舞蹈动作设计师莱昂尼德·马塞思的（Léonide Massine）在内的所有相关人员，然后前往罗马。当时，他的剧团正在罗马演出。于是，《游行》各部门的成员先是在巴黎集中，然后于1917年2月集体转移到罗马。但是，在科克托和毕加索前往意大利之前（萨蒂从未远离过巴黎南部阿科尔–卡尚[Arcueil-Cachan]自己的家），遭遇到各种敌对、欺诈和伤害的情形，科克托后来称之为“伟大艺术的狗咬狗战争”。的确，在科克托看来，三方合作往往会导致偏激和妄想。随着合作进程的展开，毕加索开始专权，牢牢地将整个计划攥在自己手中；最初，萨蒂非常乐意接受科克托有关声音的想法，因为他那时认为科克托是一个“有想法的人”，也是一个“值得尊敬信赖的狂人”。但是，由于受到毕加索的“威逼利诱”，萨蒂慢慢觉得画家才是他心目中真正的大师。在毕加索的授意下，舞剧中取消了对话或者电影风格的字幕，也没有了火车、飞机、枪炮、汽笛混合的声音及未来主义风格的莫尔斯电码信号。科克托想方设法保留了一点属于自己的“音响效果”，即用打字机来模仿发动机嗒嗒的声音。

在罗马的时候，科克托曾再次用关于眼睛的暗喻来讨好毕加索，承认自己眼里完全没有“永恒之城”（罗马），只有新的艺术偶像（毕加索）。他们两个就像一对新婚的夫妇，住在西班牙广场罗斯酒

科克托与谢尔盖·佳吉列夫（右）和莱昂纳德·马塞思

店两个彼此紧邻的房间。由于毕加索与演员奥尔加·科克洛娃（Olga Koklova）有私情（1918年7月，科克洛娃嫁给了毕加索），科克托只好假装去讨好年轻的玛丽娅·查贝尔斯卡（Maria Chabelska），她在剧中扮演美国小女孩一角。白天，《游行》的舞蹈动作在威尼斯广场地下的工作室活跃起来，科克托被毕加索机器一样准确的处理彻底迷住了，特别是他将未来主义元素和古典艺术完美熔合的方式，令科克托叹为观止、神魂颠倒。他尤其称赞毕加索始终不完成艺术的愿望，而事实上毕加索的艺术也是在始终不断地变换形式。的确，面对毕加索疯狂、快捷、流畅的创作，科克托越来越对自己的努力心中没底。他目睹自己的原创歌词一字一句地被抛弃，原创对话被循环往复的节拍所取代，心中很不是滋味，但是又别无办法。1917年春、夏，他们到那不勒斯去旅游，科克托能做的事情就是给毕加索及陪同的佳吉列夫和马塞思照相，甚至为毕加索大师画了一些立体主义风格的肖像。但是，科克托最终放弃证明和纹饰这个合作的过程，随后他宣布：

“由于神秘已经离我远去，我将假装作为他们的组织者。”

科克托深思熟虑地将《游行》称为“现实主义”，言下之意是要与“立体主义”划清界限，并且强调自己的芭蕾舞剧所表现的都是一些极其平常的事情，而非任何深奥晦涩的理论。他打算把《游行》做成一个自认为“小型”的奇观，就像由一系列非连续性的视觉奇观构成的街头展览式表演。这种视觉风格的美学灵感，主要来自法国经典的“埃皮纳勒图片”，此前他已经在《快报》尝到了甜头。的确，舞剧表演应该是“巴黎危机/动荡年代”（*Cris de Paris*）的神奇转换。在那里，巴黎的小摊贩都变成了艺术家，批评家和商人都想方设法引起公众的注意（动词“尖叫”贯穿《游行》）。显然，《游行》也是立体主义与未来主义的直接对话：一方面，科克托按比例减少了未来主义的“音响效果”，另一方面是毕加索碎片化的城市风景、斜交拱的舞台布置，加上他们对手势安排的立体主义指令。吊诡的是当科克托想要对日常的动作进行夸张的表达时，毕加索对这种抽象表现得相当保守。实际上，毕加索关于人物和舞台幕布的设计复现了自己早期的主题和粉红时期的象征手法。科克托真的希望毕加索设计一种“下落的幕布”，以对应电影字幕的机械风格。相反，以十九世纪那不勒斯特有的水粉画为底色的幕布，看起来非常老气，甚至有些多愁善感的笔触，就像一个穿红戴绿的流浪艺人。

1917年4月，科克托独自回到巴黎，在拉普莱斯公寓重新开始。为了赶上首演的日期，《游行》的最后准备成了狂乱激昂的冲刺。然而，即将采取的行动与上一阶段的经历非常相似。为了引导观众的反应，科克托希望按照自己的意愿提前推出节目。就在试演的第一天，他在《求精报》（*L'Excelsior*）上发表了一篇精彩的短文，竭力为自己的作品辩护。他在文中分析了戏剧中现实主义的本质，认为现实的对象一旦被放进非真实的环境，马上就失去了它的现实性。他坚称，《游行》在习以为常的布袋木偶的表面之下，隐藏着丰富的诗意。很快，科克托非常失望地发现，在他亲自请阿波利奈尔撰写的节目开场白中，压根儿就没有提到自己的名字。的确，科克托作为《游行》的创意人、创作者和组织者的独特作用被彻底抹杀了，取而代之的全是毕加索的功劳。阿波利奈尔的做法在很大程度上是出于艺术上的嫉妒心理，因为他不希望科克托比自己更“现代”，特别是在他自己的戏剧《忒瑞西阿斯的乳房》（*The Breasts of Tiresias*）即将完成的情况下。不过，他的开场白至少有一点功劳，那就是使用了一个令人激动的新概念“超现实主义”，作为对科克托“现实主义”的转喻。他希望利用这个概念推动一种“更加复杂的艺术”，使之成为“求新精神”宣言的新起点，将这种精神植入到绘画、舞蹈、雕塑和哑剧表演之中。

1917年5月18日晚，《游行》在夏特莱剧院举行第一次正式的公演。结果正如科克托后来宣称的那样，是一场盛大的丑闻。事实上，早在二十分钟的表演结束之前，很多人已经开始愤怒地嚷嚷：“德国佬！德国佬！”别忘了，德法战争的前线离巴黎只有九十英里，“现代主义”依然被认为是令人作呕的德国货。另外，剧院广告说，这场戏是慈善义演，为的是帮助那些生病的或者受伤的战士。阿波利奈尔曾经在最近的一场战斗中受伤。当时，他不得不头缠绷带，身穿军装，亲自出面安抚愤怒的支持者。但是，骚乱的程度根本不如《春之祭》剧烈，根本原因在于绝大部分老练的观众都来自塞纳河两岸，他们都是科克托精心挑选过的。有一半的观众不过就是想看看科克托到底又弄出了什么作品。有一些零星的嘘声和嘲笑，但是没有任何重大的冲突或者示威，当然更没有科克托后来夸张的“女人们蜂拥逃跑”（保罗·莫兰德简单地总结为“掌声远远多于嘘声”）。如果说《游行》真的带来了什么困扰或者令人费解之处，那肯定是因为其对抗性的美学元素和形式风格。很多富有同情心的观众都想知道，戏剧如何对战争的混乱与野蛮进行转弯抹角的批判。但是，大部分观众不能欣赏演出的“现实主义”，因为他们被毕加索滑稽模仿的立体主义雕塑弄得眼花缭乱。甚至可以这样认为，戏剧的舞台效果根本没有体现出来，罪魁祸首就在工艺上的难度。至于媒体的反应，大都是居高临下的批评。批评家斥责萨蒂的音乐有时天真幼稚，有时过于晦涩（它

科克托在格拉斯的克鲁瓦塞别墅前 1918年

包括借鉴自音乐厅的音步与拉格泰姆音乐形式），并诋毁塞内加尔的塔姆斯[1]。这种指责令作曲家非常恼火，因为科克托曾亲自委托过他。在《每周通告》（*Le Carnet de la semaine*）中，让·浦玮（Jean Poueigh）抨击萨蒂缺乏智慧、技巧和创造性，引发了另一起真正的丑闻。作为报复，萨蒂给浦玮写了一张刻薄而下流的明信片，说他是"混蛋的屁眼儿"，结果浦玮将萨蒂告上法庭，指控他诽谤（过分招摇的科克托惹祸上身，当他用手杖指着浦玮的律师时，警察马上将他赶出法庭，既挨了打又罚了款）。媒体集中火力责骂科克托"干蠢事"，给他扣上"歇斯底里的自由主义分子"这顶高帽。佳吉列夫则被迫在两周之内撤演该剧。

1　原文为tams-tams，即一种锣鼓声。

以现在的眼光看，《游行》绝对堪称是20世纪初期法国先锋派艺术最重要、最具影响力的作品之一。它是第一部真正的现代芭蕾舞剧，利用现代的音乐和舞台布景，给那些老生常谈的主题注入了新的活力，形成了一整套新的芭蕾舞剧传统。1919年11月在伦敦、1920年12月在巴黎，《游行》先后重演，科克托最初的创意，特别是关于声音的构思完全得到了恢复。毕加索和萨蒂居然抵制《游行》重演，但科克托自己觉得非常无辜。佳吉列夫曾经唆使并帮助毕加索删改科克托的原创剧本，因此科克托从来都没有真正原谅过他（此后，科克托与佳吉列夫的关系总是有点紧张）。如果暂时撇开这件事，从个人的层面讲，科克托最终兑现了自己的诺言——令佳吉列夫震惊！后来，舞蹈演员塞尔日·莱法尔（Serge Lifar）说得更直接，宣称芭蕾舞中每一种流行的新事物都是科克托在《游行》中发明的。科克托终于迈出了关键的一步，完全跻身于巴黎的先锋派之列。就在首场演出结束几周之后，在蒙帕纳斯的萨尔·惠更斯画廊（the Salle Huyghens gallery，即雨仲厅）举办的以“七弦琴与调色板”（Lyre et Palette）为主题的晚会上，巴黎先锋派的精英们先是讨好阿波利奈尔，然后答谢毕加索，将科克托的诗与阿波利奈尔、桑德拉尔和雅各布的诗放在一起高声朗读。《新法兰西评论》圈子里的人甚至开始和科克托套近乎，把他当作一位值得重视的真诚的艺术家。诗人保罗·勒韦迪（Paul Reverdy）的杂志《南北》（*Nord-Sud*）也向科克托敞开了大门。在以后的评论性文章中，科克托一次又一次地提到《游行》，将它看作自己艺术生涯中决定性的一步：具有各种自我反射的元素，集中关注男性身体的表演，相互滋养的艺术野心，超越了不同的艺术家和艺术形式。总之，《游行》为科克托以后的作品做好了铺垫。科克托曾经设想并参与了《游行》的每一个环节，从剧本大纲、作曲到舞台布置和舞蹈设计，无所不包。但是，《游行》冗长、拖延的情节/唱段也暴露了科克托性格中其他重要的方面：他需要全面控制作品的生产与接受；他希望塑造自己的艺术形象；他毫不宽容，所有的艺术计划都必须按照他的方式实施。尽管获得了新成就，他还是觉得自己低人一等，遭人误解。但幸运的是，战争就要结束了。甚至早在正式停战之前，一系列相互关联的新情况表明：时间和历史已经站在了他这一边。

第七章

欢乐的家庭

1918年11月9日，恰好是停战协定签订的前两天，阿波利奈尔死于流感和头部伤口感染（科克托的私人医生凯普麦斯曾经赶来抢救，但事实再次证明他既不会诊断也不会治疗，纯属一个江湖庸医）。科克托注意到阿波利奈尔临死前痛苦的表情和恐惧的眼神，随后为其撰写了讣告。实际上，科克托与阿波利奈尔之间的友谊，从来都不是特别深厚，有时还很勉强甚至紧张。他们之间的关系是通过各种不同的艺术计划，一些相互忌妒的朋友（比如罗伊和毕加索），以及相似的傲慢气质而形成的某种战略上的联合。1917年6月，阿波利奈尔的戏剧《忒瑞西阿斯的乳房》完成之后，科克托不得不为自己关于这个节目的诗歌《斑马》（*Zébre*，字面意思是“斑马”，言下之意即“怪家伙”，“奇怪的东西”）作出解释。现在，科克托通过1919年6月8日发表在《日场诗歌》（*matinée poétique*）杂志上、名为“纪尧姆·阿波利奈尔之殇”（*La Mort de Guillaume Apollinaire*）的诗歌，以回忆的方式对阿波利奈尔做了略带嘲弄的评价，说他是一个“郁金香爱好者”。这首诗及发表在1919年2月号《独联体》（*SIC*）杂志上的其他一些赞美之词，可以正确地理解为科克托主动进攻的第一步。他要夺取阿波利奈尔留下的空缺，成为现代诗人的代表。阿波利奈尔曾经是“求新精神”的化身，在法国现代主义的早期阶段，求新精神即使没有得到一贯的尊重，但至少获得了各个派系的一致认可。在巴黎现代派这个水少鱼多的池塘内，要想出人头地，必须经过长期而坚决的斗争。

在巴黎，艺术家的圈子大都群集在保罗·纪尧姆（Paul Guillaume）专门用来朗诵诗歌和演奏音乐的雨仲厅、瓦伦汀·格罗斯在巴黎皇宫中的公寓、奥登路上的“书之友”书店（Aux Amis des Livres）这些堪称巴黎神经中枢的地方，并且形成了以《文学》（*Littérature*）、

科克托与特里斯坦·查拉交织在一起
曼·雷 摄，1922年

《达达》（*Dada*）和《391》（*391*）等杂志为代表的核心阵地。在这个圈子里，科克托完全是一个不受欢迎的人。事实上，尽管科克托已经开始和路易斯·阿拉贡（Louis Aragon）通信，与弗朗西斯·皮卡比亚（Francis Picabia）的关系也还不错，经常和他一起参加达达派的活动，但是安德烈·布勒东从不允许他走进《文学》杂志，《391》杂志也将他拒之门外。更有甚者，1919年底在圣拉比尔附近的塞尔塔咖啡馆举行的会议上，布勒东为了夺取先锋派的领导权而展开惨烈的竞争，他甚至以保证事业的纯洁性为借口，禁止阿拉贡和科克托见面。1919年12月，布勒东在写给特里斯坦·查拉（Tristan Tzara）的信中说："我的看法是——绝对公正无私的，我发誓——他（科克托）是这个时代最令人厌恶的家伙"，最后还刻薄地加了一句，"憎恨并非我最强烈的立场"。布勒东个人对科克托的厌恶情绪，近似于虐待狂一样恶毒，源于个人之间的忌妒心理、意识形态的傲慢态度及同性恋恐惧症三者致命的结合。褊狭小气的布勒东憎恶科克托的早慧、巧智、幽默、轻巧的社交和如鱼得水的巴黎人做派。但布勒东最讨厌科克托的地方在于：在他看来，科克托玷污、削弱了“达达”，却被一般大众当作最为重要的先锋艺术家，而其他人（包括布勒东自己）却备受冷落。尽管没有发表任何重要的声明，布勒东已经以阿波利奈尔天然的继承人和新学派的领袖自居（毕竟，阿波利奈尔选择了布勒东为自己的作品集作序，而并没有选择科克托）。除非达到自己的艺术目标和事业野心，布勒东将会毫不退缩地完成自己的使命，彻底追查自己的天罚。

不管他如何看待达达主义的放纵、野蛮、异想天开，科克托还是怀着高度忠实的心情去体会这场运动的精神。他不仅与人合编了《达达文选》（*Anthologie Dada*），而且参加了1920年1月举行的达达日场演出，像个达达派的托钵僧一样跳舞。雅各布、勒韦迪、桑德拉尔、布勒东、皮卡比亚、萨蒂和查拉也参加了这场表演。有时，他甚至开始像个达达的“性变态者”一样行为，制作一些生殖器崇拜的下流画面和卡通作品，比如将皮卡比亚画成一个色情的消防员，挥舞着像男性生殖器一样的消防水龙头。因为这样或者那样的行为，科克托很快就形成了众所周知的“反查拉”形象。但是，在美国摄影师曼·雷（Man Ray）1922年拍摄的那张令人愉快的照片中，科克托与查拉相互缠绕成一个巨大的螺旋结构（科克托在上，查拉在下），形成一个没有恶意的男性玩笑。但是，科克托很快就对达达主义各种患有强迫症的大吹大擂、鬼话连篇感到厌烦了，特别反感达达派尖刻伤人的话语和无理取闹的辱骂（1920年5月，在嘉和厅[the Salle Gaveau]举行的一次表演中，菲利普·苏波[Philippe Soupault]用刀狠狠地刺破一个印有科克托名字的气球）。他给皮卡比亚写信，正式宣告与达达主义运动彻底“决裂”：“我之所以反对达达主义，乃是听从身体的召唤，而不是反对您，也不是反对查拉或者其他任何人，我会留住神圣的记忆与友谊。”在这个态度轻浮、情绪无常、知识分子常常相互敌视与背叛的世界里，有一个毋庸置疑的事实：科克托往往能够保持自己完整的个性不受污染，因为他始终努力将友谊的原则与职业问题区别对待。但是，皮卡比亚并没有将这封信刊登在《391》上面，而是通过一家新杂志《食人者》（*Cannibale*）发表出来，同时发表的还有他自己极尽挖苦与讽刺的评论（科克托后来写道，是皮卡比亚最先用“巴黎人”[Le Parisien]这个词来刻画他，这是一种存心的侮辱）。

面对这种赤裸裸的敌意，科克托终于明白，先锋派这个圈子就像一个鸡窝，有很多雄鸡都在旁边打转，如果他也想作为一只雄鸡挤进去，那就必须另辟蹊径。换句话说，就像阿波利奈尔当年所做的那样，他必须通过其他艺术形式才有可能引领先锋派的潮流，而不能在诗歌这棵树上吊死。通过《游行》，科克托结识了很多年轻的作曲家，他们像学生一样聚集在自己的大师埃里克·萨蒂身边。特别值得一提的是两个年轻的音乐家，少年天才乔治·奥里克（Georges Auric）和弗朗西斯·普朗克（Francis Poulenc），他们像讨好萨蒂一样对科克托大献殷勤，希望获准为科克托的一些诗文谱写音乐。同时，在里约热内卢，法国大使保罗·克劳戴尔（Paul Claudel）的秘书、年轻人达纽斯·米霍（Darius Milhaud）参加了《游行》的演出，并获得很大的成功，从此激发了音乐的热情。这三个年轻的音乐家，加上亚瑟·奥涅格（Arthur Honegger）、路易·杜瑞（Louis Durey）和杰尔曼娜·塔耶芙尔（Germaine Tailleferre），都已经参加了不少在巴黎简·贝托（Jane Batori）的老鸽舍剧院举行的节目。1918年1月，他们第一次同台演出。最后，他们被音乐家、新闻记者亨利·科莱（Henry Collet）称为“六人组”（Les Six）。其实，这六个人彼此完全不同，也没有共同的美学纲领，不过，都曾公开表现出对萨蒂的爱戴和对德彪西的反感。他们的音乐都是一些精炼的短曲和悦耳的和声，通过一些突然转换的音调来表达不同的情绪。他们意识到自己的音域有限，但是科克托喜欢听到的一切，根本原因在于这些音乐印证了自己逐渐形成的观念：“音乐要用心来听用手来做”已经不合时宜了。科克托主动为他们代言和宣传，几乎整个小组都在为他的诗歌谱写音乐。尽管科克托与米霍、奥里克的合作更加广泛，但是最令人印象深刻的却是普朗克的作品《帽徽》（*Cocardes*）。

实际上，科克托与音乐家的直接合作，远远超过了同一时期的任何一位法国作家，尽管他将所有关于“可唱性”（singability）的问题都抛给了作曲家，而且并不打算提供任何“音乐的”（musical）语言（他曾经从佳吉列夫那里知道，一件多媒体混合的作品必须由独立自主的成分构成）。六人组对科克托的愿望做出了完美的回应。在科克托自己的想象中，这种合作与回应完全是兼容并包的，绝无宗派主义的倾轧，是一条通往现代主义的新路径。事实表明，在文学圈子里遭遇挫败之后，科克托给自己找到的绝非安慰性的奖励，而是货真价实的快乐与成就。自从布勒东对科克托的音乐和同性恋“禁运”后，科克托所有的音乐都最终成为“自娱自乐”，而查拉至今还没有从乱糟糟的噪音中摆脱出来。凭借自身的条件，科克托完全可以成为一个音乐家，而且还有一副男高音的嗓子，但是，他始终把音乐看得非常严肃、难以超越。六人组的及时出现，代表了一种理想：从真诚的友谊中诞生的不是一种新鲜的现代音乐，而是一种新颖的合作的信仰。多年以后，科克托在回忆六人组时（直到1930年代，科克托还是很喜欢和六人组一起照相，尽管杜瑞早在1921年就离开了），特别强调他们之间的相互理解和自由精神：“友谊让我们走到一起，没有半点勉强，每一个成员都根据自己的能力全面发展。”[1]

最初，六人组曾被桑德拉尔称为“新青年”（Nouveaux Jeunes），对科克托起到“早叫鸡”的作用（利用科克托名字的谐音，Le coq-tǒt，字面意思即the early cock、早叫鸡）。战争刚刚结束的时候，旧有的权利和既有的秩序都陷入混乱之中，一切事物似乎都要推倒重建，六人组集体陷入了青年崇拜。这种情况启发科克托，写下一篇关于新音乐及新音乐对年轻人的重要意义的论文《公鸡与小丑》（*Cock and Harlequin*），1918年春天发表在科克托自己的《西雷纳特刊》上。《公鸡与小丑》是一篇长达74页的关于音乐革新的感人的宣言，充满了关于音乐、写作和绘画的格言警语。论文的副标题是“关于音乐的笔记”（Notes around music），秉承了尼采《瓦格纳事件》（*The Case Against Wagner*）的精神，是一本充满论战的小册子。其中的插图包括毕加索设计的两幅公鸡与小丑的“花押字”[1]，以及毕加索早些完成的科克托身穿军装的素描。论文主要是为奥里克而作，并且得到了奥里克的积极支持。科克托明确地将奥里克设想为“德国的逃犯”（逃脱流行的德国美学），在《公鸡与小丑》的开篇提出一个简单的口号：“公鸡万岁！断绝小丑。”然后号召彻底放弃流行的“日耳曼–斯拉夫音乐迷宫”（Germanico-Slavo musical labyrinth），换言之，即彻底放弃战前流行的浪漫主义和印象主义美学（特别是以德彪西的音乐为代表）。这种音乐充满了暧昧、不必要的混杂和异国情调，完全是瓦格纳的“余波”。科克托极力主张，一种新型的现代主义同时应该是非常古典的，并且从民族主义的角度设想为“真正属于法国的法国音乐”。现在，法国音乐的榜样就是萨蒂，他利用明朗畅达、一丝不苟的乐谱，“清晰、简化、加强坦率的节奏”。真正被写进乐谱的是“日常生活的音乐”，从最丰富多样的本土和通俗资源中汲取灵感（咖啡馆、音乐厅、露天集市、马戏团和乡村舞蹈等等），最重要的问题是速度与幽默，即小调式，而非任何宏伟崇高的观念。《公鸡与小丑》以令人吃惊的口号、矛盾和夸张开篇，各种原创性的思想如水银倾泻般地汹涌流淌，活力四射的文风充满磅礴的气势和优雅的神韵，并且很快成为科克托评论风格的标志。通过层层递进、断断续续的思想，论文不仅抓住了自己正在推动的现代音乐，而且第一次发现了自己强有力的口述方式。这种音乐既利用各种现代的切分音技巧，又注重陈旧的题材和简洁的手法。科克托像子弹发射一样使用了一连串即兴乐节和装饰节拍、重复段落和即兴突转。论文还包括他许多著名的格言和警语，比如，“艺术是栩栩如生的科学”、“不拘一格的鉴赏力在于明白可以走多远而不至于太远”。此外，《公鸡与小

1　原文为Monogram，花押字，交织字母，姓名的起首字母交织组成的图案，用作标记。

丑》也呈现为科克托经典的自我定位与自我改造。在那篇包罗万象的附录中，科克托不仅对《游行》做了更加广泛的“事后调查”，而且对《春之祭》进行了深入研究，似乎打算重新包装，使之成为艺术上的传奇。当科克托谈到《春之祭》懒散的魅力甚至“做作的神秘”时，他是在向斯特拉文斯基作最后的报复吗？当然，他是在责骂斯特拉文斯基过分沿袭德彪西和勋伯格（Schoenberg）的路线。不过，科克托马上又通过一条限定性的脚注修正了这种说法，似乎因为斯特拉文斯基是一个朋友，他不能过于直白地责骂他。

事实表明，《公鸡与小丑》不仅大受欢迎，而且对所有的年轻音乐家产生了广泛的影响，而不仅仅局限于六人组。另一方面，像雅克·艾米尔·布兰奇这样更加保守的艺术家开始怀疑，科克托正在被毕加索拉近左派；像普鲁斯特那样的现代主义者们尽情地享受这只特立独行的“公鸡”简洁、敏锐、辛辣的“叨啄”。然而，纪德的反应是典型的骑墙派，模棱两可。在《新法兰西评论》1919年6月号上，纪德发表了一篇致科克托的“公开信”，似乎有点屈尊俯就地表扬科克托对《公鸡与小丑》“随心所欲”的方式，同时也对论文最后一部分中科克托为《游行》“非严肃”艺术进行的辩护予以尖刻的批评（纪德也许根本没有看过）。纪德不仅声称科克托对自己要求过高，自信心过度膨胀，而且在另一封信中强调他的“双重性格”：个性上非常迷人，艺术上缺乏创造、矫揉造作。在公开信正式发表之前，科克托已经风闻其中的内容，并且受虐狂似的接受了纪德的邀请，跑到纪德的家中听他读最后的定稿。根据纪德的描述，科克托的反应完全是歇斯底里的，但是当科克托请求他修改时，他拒绝了。8月，受本能的驱动，科克托在《新作》（*Les Ecrits*）上进行了恶毒的回击，但是语气已经缓和了许多。在原稿中，包含了许多对纪德恶语相向的“猛药”，比如“你是牧师还是酒徒？”科克托与纪德两人之间龌龊的争斗必须从文学政治的角度来阅读，因为《新法兰西评论》正在收编布勒东和达达派，它的主编雅克·里维埃（Jacques Rivière）很喜欢煽风点火、挑起矛盾。然而，其刺激、愤怒的程度，只有在年轻的

“说谎症患者”（protégé）身上才能得到全面的理解。那些年轻的说谎症患者周旋在科克托和纪德之间，一旦觉得委屈或者遭遇挫折，马上就会临阵脱逃。1917年12月初，后来成为纪录片导演的年轻人马克·阿勒格莱（Marc Allégret）犯了一个致命的错误——对科克托赞誉过高，无意中点燃了纪德莫名的妒火，开始怀疑科克托想要勾引自己年轻的宠儿。纪德后来承认，这才是他长期对科克托心怀敌意并且导致二人恶战多年的根源所在。二人在1922年宣布休战，但是科克托直到1949年才真正与纪德和解。在长期进行的个人诋毁与艺术争斗中，他们不断地恶语相向或者反唇相讥。纪德在1926年出版的小说《伪币制造者》（*The Counterfeiters*）中，将科克托刻画成诡计多端的、弄虚作假的罗伯特·巴萨旺爵士（Count Robert de Passavant）。这只不过是众多案例中的一个。但是，在新时代的顶点上，同六人组一道颠覆既有的等级秩序，获得更大成功的人不是纪德，而是科克托。科克托正处于上升的势头，他要把“喧嚣的二十年代”的精灵收于囊中。

第八章

法兰西的精灵

在1920年代初期的那段日子里，当美国的爵士乐、惊喜派对和黑人节日横扫巴黎的时候，人们发现科克托经常出现在玛德莱娜附近都彭路上一家新开的酒吧。酒吧是路易·穆瓦斯（Louis Moysès）开的，名字叫拉加耶（La Gaya）。到这儿来表演的音乐界名流很多，包括在国家音乐学院受训的钢琴家让·维纳尔（Jean Wiéner），非裔美国人班卓琴演奏家、萨克斯演奏家万斯·罗瑞（Vance Lowry），他们的演出为科克托新兴的日常生活美学提供了声带资源。这个酒吧也经常举行周末聚会，科克托和物以类聚、人以群分的反达达团体——保罗·莫兰德称之为“互敬会”（Société d' Amiration Mutuelle，简称为SAM）——在这里聚会作乐，体验各种新鲜的美式鸡尾酒。互敬会的成员包括六人组、吕西安·都德、瓦伦汀和让·雨果夫妇、演员皮埃尔·贝尔坦（Pierre Bertin）、玛丽·洛朗桑（Marie Laurencin，以前是阿波利奈尔的伴侣）、钢琴家马塞尔·梅耶（Marcelle Meyer）和业余画家伊雷娜·拉古特（Irène Lagut）。这些奢侈放纵的晚会在很大程度上取决于科克托的习惯和节奏。通常先是在科克托或者米霍的公寓，之后去哪儿都很自由，比如蒙马特的一家饭馆、梅德拉诺马戏城、皇冠游乐场的街头市场、女神游乐园、专看美国电影的林荫大道、露娜公园或者魔术城这类的娱乐地带……科克托很快就成了《果敢报》（*L'Intransigeant*）[1]的爵士乐评论家，他甚至亲自出面，帮忙从伦敦请来了比利·阿诺德爵士乐队（the Billy Arnold jazz band）——第一支在法国的音乐厅演奏的爵士乐

1 《果敢报》，20世纪20年代法国一家激进的报刊，其它译名还有《坚持报》、《强势报》、《决不妥协者》等。

团。他甚至长期在拉加耶的晚会中即兴创作/表演爵士乐，并且很快获得成功，以至于人们传说他成了夜店的经理。1920年12月，皮卡比亚组织了一场由奥里克和普朗克领衔表演的音乐晚会，科克托也登台表演长号、大鼓、响板、簧管和喇叭。在阿拉贡看来，科克托已经把自己变成了一位“交响乐诗人”（a poète orchestre）。

科克托鼓足勇气、竭尽全力，一定要在文化的判断力和敏感性方面树立革命性的榜样。从1919年3月到8月，他为《巴黎–谜底》（*Paris-Midi*）[1]撰写了一系列关于艺术、音乐和诗歌的短小精悍的文章，敏锐地捕捉到有利于爵士乐发展的环境气氛和右岸计划（后来，这些文章以《白卡》[*Carte blanche*]为题发表）。从一个议题到另一个议题，科克托不断地与无忧无虑的“逍遥”斗争，而且总是比自己的同辈人早走一步。如果能够凭借一己之力或者个性的力量战胜同辈的人，科克托会感到孩子般顽皮的快乐。他认为自己的作用就是为读者照亮和启蒙艺术的世界，因为这个世界包罗万象，各种各样的文化形式，不论高雅的还是低俗的，都尽在其中（他将卓别林当作自己的新榜样，赞扬他是真正世界性的艺术家，能够获得所有人的爱戴）。他预告冉冉升起的明星，报道最近的演出、画展、开幕式和其他令人感兴趣的事情，将1919年7月14日的胜利庆典这类当下事件和让·罗伊、《游行》、蜜斯丹格苔这些更加个人化的主题交织起来。同时，他对法兰西的命运、艺术和艺术家的价值，特别是像《克朗代克的卡门》（*Carmen of the Klondike*，1918）这些美国电影的力量和“轻浮”提供思考和判断。这是一种足智多谋的、令人头晕目眩的把戏，科克托的主要读者群对先锋派各个山头之间的幕后斗争越一无所知，效果就越好。在感谢自己的消息来源时，科克托也暗示自己与那些看不起他的人有直接的交往，并且作为一个完全被承认的先锋派成员为他们的利益说话。唯一让这些成就受到玷污的事实就是科克托挥之不

1 另有译名为《巴黎–南方报》。

去的民族主义情绪和仇德心理，因为他在法国的无畏冲动、即兴创造与德国的尊重传统、墨守陈规之间进行了带有倾向性的对比，例如嘲笑现代德国只会像大猩猩一样模仿美国，像低等动物的消化道一样囫囵地吞下乱七八糟的东西，结果既不拥有美国的直率和单纯，也没有得到法国“富于创造的登喜路”（fertile dung-hill）。无论他如何质疑自己的祖国：死亡崇拜、偏颇不公、蔑视青年……但这一切总是可以弥补、救赎和改善的，因为一个真正艺术家与社会抗争，就是为了发挥自己个人的影响，这是完全值得尊敬的。

这一时期，科克托自己的主要艺术活动配得上如此伟大的抱负吗？1920年，科克托出版了一本诗集，书名很简单，就叫《诗，1917—1920》（*Pésies，1917—1920*），收录了六十三首诗。这部探索性的作品描绘了一个新的形象化世界，特别是从自然中发现的各种物质和具体形式（陆地、海洋、太阳系等等）。同时，作品为了获得立体主义的共时性，打破了人们关于时间和地点的标准的结构形态。同年，科克托还与安德烈·洛特一起出版了《中途着陆》（*Escales*），这是他第一次与画家合作。该书的印制版式非常精美奢华，包括安德烈·洛特的30幅单页插图和7幅水彩画，诗情画意的文字配以黑白相间或者以蓝色、白色、灰色衬底的彩画，描绘了一个名声不好的红尘世界：酒吧里的裸女、香烟店、徘徊在港口的水手、蒸汽船和音乐厅等。总体效果华丽明快，甚至有点有伤风化，内容混杂，涉及许多神话（美人鱼[the Sirens]，尤利西斯[Ulysses]，阿弗洛狄忒[Aphrodite]和纳尔卡索斯[Narcissus]），纽波特驻扎的海军枪手全部死去，女黑人和各种各样的妓女招蜂惹蝶、淫荡不堪，“美丽的季节”散发出“致命的魅力”和梅毒（该书有一个特殊版本，原计划设计一个“秘密的展览”，包括一些更色情的诗歌与绘画）。

然而，科克托又为舞台创作了自己最重要的、奠基性的戏剧。1920年2月21日，《屋顶上的牛》（*Le Boeuf sur le toit*，又名《无所事事的酒吧》[*The Noting Doing Bar*]）第一次演出，它是科克托对日常生活进行转换的第二部重要作品，即非崇高的、和民间传说无关的、无关异国情调的奇观展示。故事发生在禁酒时期（1922—1933）美国的一家非法售酒的夜店，换句话说，戏剧的场景设定为美国禁酒时期的一家非法售酒的夜总会。这部哑剧风格的芭蕾充分发扬了科克托关于暴力、机遇和惊喜的“精简的戏剧”观念。顶着用纸糊的巨大的非人化的假头，演员和职业小丑们扮演了一系列定型的形象，比如衣服领口开得很低的女人，红棕色头发的女人，黑人拳手，等等。表演与米霍的音乐主题浑然一体，像杂耍和闹剧，像桑巴舞旋律之间的回旋曲。“埃皮纳勒图片”再次成为科克托的视觉资源，由劳尔·杜菲设计服装和面具[1]。戏剧效果恰似一场现代的“现实主义梦幻”，舞台上的每一个人都行动缓慢，与激烈、狂暴的音乐形成强烈的反差。第一次正式演出之前，为了预先防止混乱，科克托先走到幕前讲话，请观众代表走上舞台，以期获得大家的支持。面具是根据科克托的要求设计的，但是尺寸太大，看起来有点失败。除此之外，整个演出在全场观众眼里非常成功，并且受到评论界的赞扬。1921年7月，该剧穿越海峡到伦敦大剧院演出。不但有一套英国的演员阵容，而且起了一个英语名字《无所事事的酒吧》（*The Nothing-Doing Bar*）。现在，科克托成为宣传海报上的“巴黎人”，并且开始着手监管自己“伟大的巴黎成就”。

继《屋顶上的牛》之后，科克托又推出了“悲喜剧”《埃菲尔铁塔新人》（*Les Mariés de la Tour Eiffel*，英语译名为《埃菲尔铁塔婚礼》[*The Eiffel Tower Wedding Party*]）。根据科克托的设想，该剧是希腊悲剧和岁末综艺表演之间的某种秘密联姻，将歌厅音乐和杂耍表演融合起来。全剧缺乏一个中心的主题，只是由一系列幽默讽刺的滑稽片段构成，表现了一场小资产阶级的婚礼在7月14日的不幸遭遇。正如《屋顶上的牛》一样，舞蹈演员和其他参与者的表演给该剧

1 劳尔·杜菲（Raoul Dufy，1877—1953），法国画家，除绘画外，他的艺术领域涉及挂毯、壁画、布料图案设计和陶瓷制作，是流行设计的先驱者。

《埃菲尔铁塔新人》中的新婚夫妇，1921年7月在巴黎演出。

赋予了哑剧风格，但是，他们又通过舞台两边放置的两个巨大的留声机播放录音，像合唱队一样解说演员的动作和“性质”（在表演的过程中，科克托也会客串其中某个角色）。演员自己并不说话（受无声电影的影响），只是戴着怪异的面具像木偶一样活动，似乎在嘲弄他们自己。彻底抹去戏剧幻觉和个人主义的痕迹（主要角色的名字都很有意思，比如像绵羊一样甜美的新娘[the Bride sweet as a lamb]，像克罗伊斯王一样富裕的岳父[the Father in Law rich as Croesus]，像蛞蝓一样伪善的的岳母[the Mother in Law phoney as a slug]），科克托试图重新点燃奇迹的感觉和原型的人性（大部分动作和反讽都围绕双关语展开，法语中的cliché含有“陈词滥调”和“底片、快照”两层意思）。后来，在出版《埃菲尔铁塔新人》时，科克托写了一篇全面的声明和序言，用辩解的方式宣称，由于《埃菲尔铁塔新人》的面世，标志着法国在芭蕾舞剧、歌剧、喜歌剧和通俗喜剧的边缘，诞生了一种新的戏剧类型，这种戏剧表现了现代的诗歌精神，鼓励将梦幻剧、舞蹈、杂技表演、哑剧、歌剧、讽刺杂咏、管弦乐队和演讲进行新的融合。科克托指出，这是"对诗歌进行立体的、深度的表达"，第一次使用了自己的重要术语"戏剧之诗"（poetry of the theatre）（与"戏剧中的诗"[poetry in the theatre]相对）[1]。1921年6月，《埃菲尔铁塔新人》在香榭丽舍剧院举行盛大的预演，不出所料地遭到由查拉领导的反科克托的达达派的示威，他们的嘘声既压过了皮埃尔·贝尔坦在留声机里的声音，也淹没了马塞尔·赫朗（Marcel Herrand）在舞台上的声音。但是，示威并不能阻止演出的顺利进行，各方面的精诚合作为演出提供了成功的保障：瑞典玛丽罗尔夫芭蕾舞团（Rolf de Maré’s Swedish Ballet）的舞蹈，伊雷娜·拉古特受到勒·杜瓦涅·卢梭（Le Douanier Rousseau）启发安排的舞台设计，让·雨果设计的服装和面具，最重要的是六人组全体成员专门创作的不拘一格的音乐（最出名的要数米霍混杂的赋格曲《婚礼上的屠杀》[*Massacre at the Wedding*]和奥涅格的《葬礼进行曲》[*The Funeral March o the General*]）。科克托将《埃菲尔铁塔的新人》视为一部开山之作，它不像任何既存的作品，科克托也不欠别人的任何东西。

科克托的艺术与社会之星升得太高了，到了1922年1月，受他吸引前来参加聚会的人越来越多，拉加耶酒吧前面门庭若市，原来还比较宽敞的地方一下子变得很窄，不能容纳四方高朋。也许是因为感觉自己和酒吧正在变成一种社会活动甚至事业机构，科克托最终决定离开这里的社交娱乐晚会。很快，莫耶斯又在玛德莱娜和安茹路之间的博伊斯–丹格拉斯街（the rue Boissy-d’Anglas）开了一间有歌舞和滑稽短剧助兴的新餐馆酒吧，名字就叫"屋顶上的牛"，维纳尔又来到这里表演，比利时钢琴家克莱蒙特·杜塞（Clément Doucet）和万斯·罗瑞也欣然前往。"屋顶上的牛"很快就成了另

酒吧“屋顶上的牛”的海报（科克托在公牛的眼睛里）

一个神话般的酒吧和俱乐部，那些最好的、最著名的和最传奇的人都云集于此，包括舞蹈家卡莉亚蒂丝（Caryathis也就是未来的埃莉兹·茹昂多[Elise Jouhandeau]），担任六人组的非正式舞蹈演员。这个“牛”酒吧甚至成为了流行语中的日常词汇，比如“斐尔安波夫”（faire un boeuf）（意为获得巨大成功），或者“埃菲波夫”（un effet boeuf，不可思议的印象），同时，它还保证科克托始终居于巴黎社会和文化生活的中心。可以肯定的讲，“屋顶上的牛”是一家媚上欺下的势利之地，招徕一群新的奢侈的波西米亚人，感兴趣的是名利而不是艺术。在这里，最要紧的是美貌、天赋和名望，甚至还有鸦片和同性恋，因为与拉加耶酒吧相比，“屋顶上的牛”更加公开地成为同性恋经常出没的地方。实际上，这是一个相当艳俗、放荡的低级娱乐场所，允许——甚至积极地鼓励——狂饮作乐和放浪形骸。一个比利时的编年史家用一个新鲜的标语来形容科克托——“一杯鸡尾酒，一个科克托”，由于科克托从来都不是一个真正的酒鬼，因此相当讽刺。然而，科克托现在就是——巴黎接受祝酒的人（受到高度敬仰的人）和时髦艺术的“牌子货”。他不仅与正在形成的新社会步调一致，而且非常个人化地体现了“求新精神”，吸引不少外国作家和艺术家到巴黎来追寻“现代”的足迹。被这个新兴的“欧洲的欢乐”所吸引的人包括阿莱霍·卡彭铁尔（Alejo Carpentier）、马雅可夫斯基（Mayakovsky）、埃德蒙·威尔逊（Edmund Wilson）、克莱夫·贝尔（Clive Bell）和艾孜拉·庞德（Ezra Pound）。1921年秋，艾孜拉·庞德为《微批评》（*Little Review*）修正了让·雨果翻译的《好望角》的校样。

最后看来，一切情况似乎都实现了科克托的预期，但是，不管在社会和艺术上的成就多么辉煌，他还是被各种严重的怀疑和不确定性彻底击败了。皮卡比亚为科克托画了一幅著名的油画《卡可基酸酯眼睛》（*L'Oeil Cacodylate*），就挂在“屋顶上的牛”酒吧的上面，像八爪鱼（具有控制权和广泛联系的大人物）一样俯视着狂欢的人群。这幅画的标题影射一种宣称可以再生力量的专利药。科克托也曾在自己的照片周围题写“忧郁的王冠”（crown of melancholy）。对大多数人而言，这种表情仅仅只是一种公众姿态。但是在他最亲密的朋友眼里，这恰好表明科克托的个体生命与幸福感觉还远未满足。的确很明显，就在他忙碌的社会活动背后，萦绕着各种骚动的、甚至令人生畏的感情。即使在家里，科克托也会将自己隐藏在苦心经营的诗人的自我形象背后，看似亲切随和，实则总像在舞台，戴着人格面具，表演着各种不同的角色。每当邀请客人参观自己的卧室时，他都会滔滔不绝地描述每一件东西的由来，讽刺一些著名人物，而且不允许任何讨论。实际上，科克托的房间各种东西乱糟糟的，完全没有收拾，就像一个轻便设备的收容库，与当时各种流行的时尚一致（比如各种闪闪发亮的游戏用品、诗意的小摆设和神秘的崇拜物），泄露了科克托心中对艺术和生活日渐膨胀的空虚感。因为，尽管他的艺术身份已经扩张到许多令人兴奋的新领域，但是他的诗——这种最先让他扬名立万的艺术形式，再也没有发现相同的读者，他担心自己正在丧失文学的感觉。但是，贯穿整个时期，从1919年的诗歌朗诵会到纪念阿波利奈尔，都有一个十几岁的孩子守候在科克托身边。科克托曾经在《白卡》的某个章节提到过他，称他是“我们年轻诗人中最年轻的”。这个天才的男青年很快就会接管科克托的“新主人”的位置。他会——他也能——为科克托的生活提供新的方向，并且成为科克托生活的中心吗？

第九章

拄拐杖的少年

1919年6月，在麦克斯·雅各布的怂恿下，雷蒙·拉迪盖（Raymond Radiguet）第一次来到安茹路10号。拉迪盖面色苍白，说话细声细气，弯腰驼背并且目光近视，家庭男仆西普里安的妻子在向科克托通报时说，就是一个“拄拐杖的少年”。对科克托而言，拉迪盖的到来，绝对是一次“奇妙的意外之喜”。听说这个十六岁的羞涩的年轻人正打算出版自己的第一部诗集，科克托顿时欣喜万分。就像自我经历的重现，科克托认为拉迪盖是一个真正的少年天才。同时，由于拉迪盖性格内向、严肃拘谨、沉默寡言，科克托又将他当成自己精神之镜的另一面。拉迪盖钟爱老成的思想，不喜欢年轻人，对平易的魅力和率性的才气心存疑虑（科克托恰是这些方面的典型），科克托从他近视的目光、散乱的头发和皲裂的双唇中觉察到不经意流露的轻蔑与自傲。在让·雨果眼里，拉迪盖仅仅只是郁闷和自傲，他的各种判断却相当成熟、稳重，令人刮目相看、印象深刻。但是，在曾经短暂聘用过拉迪盖的诗人安德烈·萨尔蒙（André Salmon）看来，他就像一个不懂事的孩子，可能对自己的天赋毫无自觉或者感觉迟钝，冷酷无情、残忍粗暴、以别人的痛苦为乐。科克托后来这样写道，拉迪盖的情感非常坚韧残酷，甚至不怕用钻石划伤自己的心；他冷酷的傲慢在他写给布勒东的回绝信中显露无遗，拒绝老诗人的施舍，拒绝他充当自己的保护伞。拉迪盖打扮得像个花花公子，看起来显然是个靠不住的家伙：穿一件树脂色的夹克和皱巴巴的黑裤子，但衣服太大太长，不得不一次又一次地卷起袖子；趿拉着一双磨破后跟的鞋子，戴着一顶德比草帽和一副单片的近视眼镜。科克托对这一切都不以为意，但却被他粗犷的体格和忧愁天使般的面容，雕塑般的希腊脸庞和猫头鹰一样的眼睛，毫不妥协的超凡气质和无所畏惧的进取精神所深深吸引。同时，科克托也很羡慕拉迪盖对事物进行细致观察和具体分析的热情，以及将注意力集中于自身的超强能力。简言之，科克托在拉迪盖身上看到了成熟男子和青葱少年、邪恶堕落与天真无邪、脆弱无力与坚忍不拔的完美结合。事实上，科克托一生都无法真正洞悉拉迪盖性格中的保护层，也未能完全理解他与生俱来的聪颖和超前早熟的智慧，使这个年轻人显得更具迷人的魅力。科克托面临的最迫切的使命就是精心雕琢这块璞玉，以免重蹈自己曾经的歧路。

为了便于替萨蒂、六人组及重演的《游行》撰写宣传文章，科克托将拉迪盖安顿在附近的苏荷内街（rue de Surène）上的一家旅馆里。很快，拉迪盖的父亲开始怀疑他们之间的关系超越了友谊的界线，科克托的母亲也认为他们在从事某种为了赚钱的性交易（她自始至终将拉迪盖当作邪恶的受到诅咒的精灵）。11月，科克托不得不给拉迪盖的父亲写信，保证他和拉迪盖之间没有任何见不得人的事情发生（这封信可能是他与拉迪盖合写的）。科克托甚至自相矛盾地建议心爱的拉迪盖离开巴黎，重新回到东南十四公里之外的圣莫尔德福斯小镇上（Saint-Maur-des-Fossés）。事实上，科克托从一开始就扮演着无事不管的教父和导师的角色。在1919年夏天短暂离开巴黎的那段时间，他不断给拉迪盖写信，尽管始终满怀敬意，但语气却越来越热情友好，希望进一步交换诗作和更加亲密的通信（“亲爱的先生……”科克托和拉迪盖始终采用非常正式的称呼，甚至“您”这样表示尊敬的形式）。为了替拉迪盖找到工作，科克托甚至不惜走后门，鼓吹菲利普·贝特洛是“诗人”。在一次逃脱服兵役之后，拉迪盖成了“互敬会”羽翼丰满的一员和六人组真正的吉祥物。在酒吧“屋顶上的牛”这类公开场合，拉迪盖和科克托是最奇特的一对，他巴不得人们认为他与科克托有染。这段时间，拉迪盖在生理上突然对成熟女性特别着迷，同时对自己超越其他男子的性能力有充分的自觉，并且有意识地开掘它。

1920年5月，为了回击那些冷落或者拒绝自己的刊物，科克托和拉迪盖合作创办《雄鸡》（*Le Cop*）杂志。尽管在折叠的形式、断简残篇的文章和色彩驳杂的版面样式等方面有模仿皮卡比亚的《391》

的痕迹[1]，但《雄鸡》在很多方面完全超越了前者：令人眼花缭乱的、才华横溢的反达达主义的巧智，从容洒脱无拘无束的观念，旨在颂扬“纯粹”法兰西精神的高级思想与赏心乐事。6至7月间，杂志的版式和风格都因陋就简、质朴无华，简单地印制在比较亮色的纸张上，并没有任何装饰。第一期是淡红色的，封面上的文章是奥里克的《你好，巴黎！》（*Bonjour*，*Paris!*），在杂志里面，紧接着是萨蒂的关于杂志宗旨的宣言；拉迪盖质疑法国作为知识分子的职责，间接抨击斯特拉文斯基，同时赞扬他的劲敌勋伯格。每一期杂志都将创刊号上的标语“回到诗歌。摩天大楼消失。玫瑰花儿重现”演化成另一句口号，作为最基本的主题。第二期是淡黄色的，封面画着一只公鸡，配上“我醒了”的字样，特别刊载了奥里克的一小段文字，他强调：美国人的爵士乐可能已经唤醒了法兰西，但是现在“我们”必须“重塑民族主义”。科克托自己也激情振奋地宣称，他就是一个“极右分子”，领导着一个“反现代联盟”（an Anti-Modern League）。第五期（1920年7—9月号）被称为“巴黎雄鸡”（*Le Cop*）。在最后一期（1920年11月，出版商弗朗索瓦·伯恩诺德不再资助），作为一个自封的“非原创的”斗士，拉迪盖写下了“给伟大的诗人们的建议”及他最著名的格言（引语中的引语）：“为平庸而奋斗”，公开否定佳吉列夫对科克托的要求。最后一期还包括一则宣言：第三个科克托正在诞生，更多科克托即将到来。

1920年8月，在第一次共同游览圣洛佩（Saint-Tropez）小城附近的卡尔基亚纳（Carqueiranne）之后，科克托又带着拉迪盖来到毕垓。在这里，科克托希望用更多的时间来照顾并控制拉迪盖，以便更好地培植他的天赋。他们居住的尚蒂克勒旅馆（Hôtel

1　1915年，达达主义的代表人物皮卡比亚与杜尚、曼·雷等人在施蒂格利茨开办的“291”画廊内共同展出作品，并在他主办的《291》杂志上投稿，发表新达达观点。1916 年，皮卡比亚回到欧洲，在巴塞罗那开创了一份目的在于反对一切的杂志《391》，并在纽约、苏黎世和巴黎断续出刊。

Chantecler），只不过是夹杂在松树与茅屋中间、在土丘和沙地上用木板搭建的小屋。由此开始了所谓的“毕珐岁月”，在此期间，科克托和拉迪盖与世隔绝地共同生活，享受彼此在情感和理性方面的亲近与共鸣。他们的关系类似一种“相互激励与启迪的共同体”，彼此将对方当作一场旨在回归传统美德的新运动中的双子星，热爱诗意的节奏、隐喻和简约之美。拉迪盖的房间（他们在旅馆中的房间始终是分开的）到处都是法国的古典作品（拉封丹[La Fontaine]、龙萨[Ronsard]等），他们共同为萨蒂根据贝纳丹·圣皮埃（Bernardin de Saint-Pierre）作品改编的喜歌剧《保尔和维吉妮》（*Paul et Virginie*）谱写了音乐，在马拉美的启发下创作了音乐滑稽剧《未被赏识的士兵》（*Le Gendarme incompris*）。拉迪盖冷静的沉思和分析能力对科克托产生了重要的稳定作用，使他突然发现自己可以阅读波德莱尔之前的法国诗歌，并且领略到新的艺术魅力。对于科克托（30岁）和这个邋里邋遢、有时桀骜不驯的男孩而言（科克托昵称为“鲍比”[Boby]），在他们热烈而且多产的对话中，明显缺乏温柔的爱抚和甜蜜的“废话”。事实上，从拉迪盖的角度看，他们之间的关系似乎总是“发乎情，止乎礼”的。但是，正因缺少性爱的情色因素，他们的关系变成一种纯粹的精神上的合作，真正达到“亲密无间”的程度。通过某种有节制的妥协，鲍比甚至像科克托一样，开始尝试一种更加精炼简洁、充满死亡意识的写作风格；另一方面，科克托也摆脱“快乐需求”的束缚，写作方法与主题都变得更加“粗鄙下流”、放荡不羁。

1921年初，他们住在卡尔基亚纳，情况依然循着相同的脉络发展。蓄着胡须，呼吸着地中海的空气，科克托着手发展自己“无始无终”的风格与美学。拉迪盖则写作一些规范、古典而且甜美的韵文和诗歌，歌颂维纳斯和大海。在这个自然和谐的天堂，拉迪盖心甘情愿、心满意足地让科克托为自己画全身像。科克托不愿用讲述别人的方式讲述拉迪盖，他也不会用给其他人画裸体像的方式画拉迪盖。他画的拉迪盖总是穿着衣服，似乎没了衣服就会玷污他的纯洁。事实上，与他替无名人士和某些天赋超群的年轻男子画的情色肖像不同，科克托在表现对自己意义重大的“他者”时，用笔总是那么温和，光线明媚喜人，没有半点挖苦和讽刺，画像更加人性，比真人更加漂亮。他非常善于捕捉处于兴奋状态的男性体态，他对爱神厄洛斯（Eros）（男子性爱本能）的钟爱，通过发自肺腑的对人体艺术的爱好与冲动来实现，容不得半点私心杂念或者委屈妥协。在他那些私密的绘画中，每一个男子都不一样。在给拉迪盖画像时，程度更甚。在某些肖像中，拉迪盖看起来是在炫耀唯我独尊的男子气概，就像一个斗牛士，表情倨傲，眼神挑逗。唯有通过画笔，科克托才可以进入并占有拉迪盖沉睡的身体。当然，科克托对男子的爱恋模式早已成型：放弃自我、存在和男性气概，全身心地“成为”（与“占有”相反）他者。心情好的时候，写作与合作都进展顺利，艺术方案得到有效的实施，欲望被转移到审美的层次。科克托也喜欢从安全的距离去爱，而不强求爱的回报。这是一种以深刻的思想共鸣、热情的理念交流和无私的信仰支持为基础的净化与升华形式，是一种理想状态。心情不好的时候，科克托才思枯竭了，拉迪盖突然谁都不想理，为了缓和气氛，科克托就讨好地与他做爱。更糟糕的是，很多时候科克托就像一个被抛弃的情人，除了无辜地等待和忍受拉迪盖占有狂的焦虑和恐慌，没有其他任何办法。如果体格强壮、敢作敢为、特立独行的拉迪盖都不爱他，那么就没有谁会爱他了，甚至他自己都不会！

1921年4月中旬，科克托和拉迪盖回到巴黎。现在，拉迪盖觉得科克托的关心密不透风、令人窒息，于是第一次想到要为自己寻找一个远离科克托的自我空间。他开始酗酒，找女人，放纵行乐。1921年夏初，他们来到奥弗涅大区（the Auvergne），与奥里克和贝尔坦住在一起。拉迪盖想在这里放纵自己。科克托原本打算对拉迪盖听之任之，但很快就改变想法，并且重新把拉迪盖带到毕垓。于是，拉迪盖重新开始写作《肉欲之魔》（*The Devil in the Flesh*，法语为《魔鬼缠身》[*Le Diable au corps*]）。第一次世界大战期间，拉迪盖与一位身在战场的军人的年轻的妻子发生了一段不正当关系。拉迪盖根据自己的经历创作了这部小说。捧着《肉欲之魔》的手稿，科克托宣称，（小说的）原创性表现为努力像常人一样写作，而恰好不在于超越别人。这段时间，科克托编写了《职业的秘密》（*Le Secrets professinnel*），通过这本书讨论关于“真实”的信念，认为如果诗歌源于古老的题材和日常的现实，那么它对那些特权的精英而言，也是一种宗教信仰的、禁欲苦修的秘密。但是，随着日子一天天过去，拉迪盖对自己的监护人、精神导师及其神经质的控制欲越来越不耐烦。有一次，科克托甚至把拉迪盖锁在自己的房间，让他重写被自己烧掉的那部分手稿。正如拉迪盖向自己的新知己奥里克所说的，很多时候，对于一个自己没有兴趣的老男人，他真的很难爱得起来。他下定决心不辞而别，和雕塑家布朗库西（Brancusi）一起消失了二十多天，先去了马赛，然后是科西嘉岛，在自己和监护人之间激起了更强烈的忌妒和更生疏的距离。

两个男人之间不对称的欲望结构，激发了科克托的诗作《清唱》（*Plain-chant*，1923），也许，这是他迄今为止“收到”的最私密、最感人的爱情诗（科克托在向雅各布致谢时谦称，对于这首用古典的韵律和节拍写成的长达四十页的抒情诗，他除了自动地“接受”，其他什么都没做）。尽管采用了各种不同类型的韵脚，超过33段独立的诗行也借鉴了科克托早期的诗歌，甚至包括毕加索和“六人组”的作品，但诗歌中关于爱情、友谊、相互协作、诗意灵感等主题却是前后连贯、协调一致的。这一切，都是为了向这个年轻的“天使”表达敬佩和爱意。在暗暗黑夜里，在他的思虑中，“天使”和诗歌的叙述者相互叠加在一起，几乎变成“唯一的机器”。在诗歌中，叙述者尽管有点轻微的类似偏执狂的恐惧，时刻担心爱人会在睡觉的时候逃逸到另一个世界，但他始终神志清醒（“如果看见你在睡梦中微笑，我会杀了你！”“我将死去，你却要活着，这让我从梦中惊醒”）。这里有一种强烈的渴望，渴望彼此融合在一起：“你用一点点力量，紧紧地抱住我。/为什么我们不是同一株植物，披着同一张茎皮？/相同的热量，相同的颜色。/谁的唯一的花朵，将是我们的亲吻。”[1]很多漫漫长夜，科克托默默地看着熟睡的拉迪盖张着嘴巴，一首“情歌恋曲”从心中升起，慢慢成熟，最后成就了《清唱》。[1]诗中有很多关于单人床的情色隐喻，但科克托并未借此表现任何性欲的满足。就像那个夏天科克托趁拉迪盖甜美小睡时为他留下的那一幅幅令人难忘的画像一样，这一行行极富肉欲之美的情诗，径直通向一种概念美学（缺席，时间，寂寞，不可思议的观念之美、思想之美）。

在此期间，科克托还出版了另一部重要的诗集《词语》（*Vocabulaire*），其中包含许多明显的关于同性之爱的典故和隐喻，是他“用两双手写作”的最佳证明。在标题中使用“词汇”而非“句法”，诗集《词语》既使自己像一部新的《诗艺》，又像是科克托模仿龙萨和阿波利奈尔转向正统诗歌新古典主义风格的前奏。科克托的天使观念，不但促使他将自己袒露无遗，而且将隐藏的东西公诸于众。科克托渴望成为普罗米修斯，能够照亮世界不断流淌与变迁的秘密。最成功的一首诗《正面与反面》（*L'Endrioit et l'envers*）是《坟墓》（*Tombeaux*）系列的一部分，其中萨福（Sappho）、苏格拉底和衲尔卡索斯都谈到了同性爱的欢乐。[2]在这里，同性恋爱与死亡和变态（性）联系在一起。尽管万物终将死亡，但诗人却从生命的劳绩中获得安慰，用自己独特的感受去拥抱世界的美丽。该系列中还有一首诗《雪地里的鸟儿》（*Les Oiseaux sont en neige*），简直就是同性爱的颂歌，其中“蝴蝶的画谜，我一看就明白”令人印象

---

1 “情歌恋曲”（Chant d' amour），取自法国作家让·热奈特（Jean Genet）拍摄的一部电影《情歌恋曲》（1951），黑白片，片长25分钟。在这部半自传性作品当中，热奈特糅合了自己早些年在北非服役、监狱生涯和同志历程的体验，赤裸裸地讴歌了同志情欲。故事重点讲述了监狱内囚犯与囚犯之间的试探、沟通和情爱，影片交织穿插热内对其他囚犯肉体和情感的赞美，大胆、细致地刻画了被层层围高墙所隔离男人之间那种浓得化不开的情欲。或许也只有在监狱这样极端封闭的环境下男人与男人之间的情欲才能够得到如此彻底的张扬。

2 萨福（约前620—前565），出生于勒斯波斯岛的希腊女诗人；衲尔卡索斯希腊神话中的美少年，因迷恋水中的倒影，相思而死。

深刻。[1]整个诗集中的语言，富有清新优雅的音乐性。但令科克托倍感失望的是，《词语》并未引起更多人的注意，甚至那些早就准备追随科克托的艺术路线的人也缺乏警觉。

带着再一次令人寒心的误解，科克托和拉迪盖回到勒拉芳杜（Le Lavandou），那里的阳光提供了可靠的安慰。除了再次改变风格外就别无他法，于是科克托开始构思第一部正规的小说《无赖》。在小说中，一个虚构的替身将会泄露科克托自身的脆弱与失衡。与此同时，拉迪盖已经全身心地投入到《奥格尔伯爵的舞会》（*Le Bal du comte d'Orgel*）中。毫无疑问，这是关于奥格尔伯爵的妻子和弗朗索瓦·德塞于斯（François de Séryuse）之间纯洁的精神之恋的故事。这两个故事几乎都不动声色地描绘了欲望的几何结构，以及爱人"曾经沧海"之后的无助。拉迪盖的写作方式相当简练、紧凑：1. 摹写，以便给自己一个平台；2. 在可以摹写的时候证明自己。此时，他把拉拉法耶特夫人（Madame de Lafayette）的《克莱芙王妃》（*The Princess of Cleves*）作为自己的榜样。在这个艺术创作上相互启迪的美好夏天，拉迪盖向科克托展示应该如何阅读，科克托向拉迪盖演示应该如何写作。现在，科克托坚持要对《奥格尔伯爵的舞会》进行修剪，因为他已经把它当作自己的宝贝。他们还能一起走多远呢？

1 原文为Rebuses of butterflies, you are transparent to me，按字面暂译为"蝴蝶的画谜，我一看就明白"，内涵待考。

第十章

奇迹之年/悲伤之年

就艺术而言，1922年是科克托创造奇迹的一年。在勒拉芳杜，夏日的阳光和煦，拉迪盖情绪平静，科克托心情愉快、创作顺利，不仅完成了《清唱》，还写了两篇小说《骗子托马斯》和《无赖》（据他自己所言，前者花了一个半月时间，后者仅仅用了三周就完成）。其他作品还包括：一部三幕剧的悲歌《可怜的水手》（*Le Pauvre matelot*）和改编的《安提戈涅》（*Antigone*）。《可怜的水兵》是科克托最感人的故事之一，打算用米霍的音乐来演绎。《安提戈涅》，是科克托第一部“重要的”戏剧，12月20日在查尔斯·杜林（Charles Dullin）的拉特里耶剧院（Théâtre de l' Atelier）首演。该剧采用奥涅格创作的音乐，可可·香奈儿（Coco Chanel）提供的服装，但演出时再次遭到一群超现实主义分子的阻挠与破坏。通过舞台后挡板上的一个小孔，科克托手持扩音器，像一个隐身的解说员，对捣乱分子予以言语尖刻的回击。尽管遭遇了这种令人不快的小插曲，但该剧最终获得了巨大的成功，连续演出一百多个晚上。显然，《安提戈涅》中的人物不屈不挠、毫不妥协的性格是吸引科克托的重要根源，但真正激励科克托并且下定决心改编的原因，还是它的形式构成。这是一出真正加快节奏、去粗取精的索福克勒斯戏剧。大刀阔斧的删减之后，只剩下纯粹的精华。很多时候，甚至直接把一句话精简成一个短语。不管科克托第一次进军古典作品取得的成就如何（纪德就认为科克托的改编还是油嘴滑舌，缺乏真正的索福克勒斯的韵味），它都将给巴黎的戏剧舞台带来历史性的转变。通过科克托、季洛杜（Giraudoux）、纪德、阿努依（Anouilh）及后来的萨特（Sartre）等人的作品，巴黎的舞台逐渐将注意力转向古典戏剧，在历史中汲取滋养。同样，古典戏剧也在这个过程中向现代化迈进。

但是，普鲁斯特也在1922年逝世。11月18日，科克托获准去瞻仰普鲁斯特的遗体。在他后来的描述中，灵堂的场景仍旧历历在目，普鲁斯特著作等身，那些伟大的作品堆在他身旁，“就像战死沙场的将士手腕上嘀嗒作响的钟表”。在发表于《新法兰西评论》的那篇简短而深情的悼文中，科克托盛赞普鲁斯特独特的声音，好像来自他的存在和灵魂深处。没有重复“马塞尔”漫长的个人故事，而是怀着恭敬的心情和略带责备的口吻，科克托重申普鲁斯特是“我们大家的朋友”，给大家带来欢乐而且人情练达。为此，科克托做出了关键的区分，尽管他自告奋勇地答应给《在斯万家那边》（*Swan's Way*）联系出版商，但他从未真正从内心深处认可普鲁斯特的文学价值。在1913年《求精报》上发表的那篇最早的小说评论中，他曾经将普鲁斯特的小说描述为“一幅充满幻想的巨大的彩饰”。普鲁斯特在小说中描写的奥克塔夫（Octave），是一个聪明绝顶、不择手段、沽名钓誉、一心向上爬的年轻人，一个懒惰、粗鄙的花花公子，含沙射影地暗指科克托。尽管普鲁斯特在小说的结尾借助叙述者之口透露，奥克塔夫后来成为一个伟大的作家，“他的作品给当代艺术带来的革命性影响，绝不亚于俄罗斯芭蕾舞团”。但科克托还是一直对此耿耿于怀。如果说科克托从未将普鲁斯特作为自己的文学榜样，原因很可能在于普鲁斯特创作实践的根本性质，特别是他对生活经验与艺术实践之间关系的态度。科克托认为普鲁斯特被误导了，一心为了创造艺术杰作而怠慢了生活。另外，在他看来，普鲁斯特从未真正经历过或者理解过爱情和友谊的真谛，因此写不出“爱”，转而进行嘲笑和挖苦。就此而言，普鲁斯特准确地对应了自己小说中同名的叙述者“马塞尔”，没有任何值得讽刺的距离。因此，尽管对欲望、幻想和性欲倒错的心理进行了盛气凌人的分析，但普鲁斯特的作品在根本上是脆弱的。最后，在科克托眼里，普鲁斯特为了创造小说的价值，不惜出卖与他关系密切之人的真诚和友谊，泄露朋友的隐私，所有的人物原型都可以轻松地在小说中辨认出自己。总体而言，普鲁斯特的作品是对真实世界的滑稽模仿和牵强附会。科克托在致雅各布的信中谈到普鲁斯特对阿尔贝婷（Albertine）和同性恋的“假慈悲”，甚至在1952年的日记

科克托和拉迪盖在毕垓
1920年代初

中还说他的小说“令人恐怖的荒谬”。这种站在“伦理—美学”立场上对普鲁斯特的批评，在《陌生人日记》中达到了顶点，科克托只用了一小段文字（差不多只有一句话）轻描淡写地说道：“普鲁斯特装出一副法官的样子，让他作品中的诗意失去更高的意涵，他疯狂忌妒的光辉无法照亮我们（同性恋）的世界。”[1]尽管从未浓墨重彩地描述过，但科克托相信，自己和怀中的新伴侣拉迪盖所选择的方向，肯定是与普鲁斯特背道而驰的，真正代表了法国同性恋现代主义的本质与精神。

那么，科克托自己的两部新小说又怎样呢？让科克托感到非常自豪的是，通过《骗子托马斯》中年仅十六岁的主人公纪尧姆，他可以在现实的战争背景中，准确而令人信服地讲述自己的遭遇和恐惧。纪尧姆简直就是科克托的化身：迷恋各种假扮和自我改造的游戏，以至于成为喜欢冒名顶替的骗子；属于“格格不入”的边缘群体，像个孩子一样感到恐慌。“无法接受现实”/“无法融入现实”是他生命中唯一恒定不变的元素。换言之，他在面对现实的时候总感到无能为力。吊诡的是，只有当他喝得酩酊大醉的时候，才能触摸真实的世界。结局无可避免：天真无邪的昂里埃特（Henriette）真实的身影渐渐开始模糊，最后变成自己想象中的幻影时，他才开始爱上她。小说的开篇就笼罩着死亡的阴影，纪尧姆一旦脱下面具，就无法摆脱死亡的宿命。另一篇小说《无赖》，是对科克托与生俱来的、本质的空虚感更加深入、透彻的观察的分析。小说原题为《悬殊》（*Le Grand écart*），意指舞台上的区域分割，因此与戏剧表演有关。间距（écart）一词还有其他的涵义，比如偏离，突然改变方向；一个经验丰富的女人和一个涉世未深的年轻男子之间的分别和距离；打牌时拿出藏在袖子里的牌。故事的背景是当代巴黎，一段关于雅克·弗雷斯蒂尔（Jacques Forestier）的故事，他是一位英俊的、靠依附他人为生的艺术爱好者，年轻时终日寻欢作乐，“只争朝夕”。就像他的作者一样，雅克饱受性格分裂的折磨，既忧郁又幽默，既优雅又邋遢，既伪善又真诚，但总是很焦虑。有时候，他会突然因为一句话而意志消沉甚至泪流满面。为了使自己变得更加名副其实，他不惜采用一些欺骗和计谋。每天至少应该接受十次审判。除此之外，小说中还出现了一个渴望被理解的母亲和自我贬抑的父亲，饱受雅克痛苦的折磨。科克托自己俄狄浦斯式的过往经历也得到了生动地再现。小说中暗示，雅克尽管非常喜欢男性和女性美丽的身体，但由于对他深爱的女性杰尔曼娜（Germaine）具有强烈的认同感，因此他在骨子里面还是一个男同性恋者。出于情节安排的考虑，科克托精心地改造了客观真实和心理真实，将另一个角色“小科潘”（Petitcopain，原意为“小朋友”）设计成雅克的“另一个自我”（知心朋友）。他讨好斯托普威尔（Stopwell），并且被一个既完美无缺又冷酷残忍的男子践踏和抛弃（这是在影射拉迪盖）。小说中所有的人物都是性格分裂的、极端自恋的，因此完全就是科克托自我的投射。

总体而言，《无赖》读起来就像是科克托自身经历的浓缩。在小说中，科克托的想象力未能彻底改造那些经历，常常令人联想起他早年与街头歌女玛德莱娜·卡莉耶之间的风流韵事，以及1906年他在埃尔多拉多剧院同歌舞演员让娜·雷内特的媾和私通（包括雷内特与女演员贝尔特[Berthe]之间的同性恋关系）。与卡莉耶一同出现（小说如此让我们相信），雅克在临阵退缩之前（“就像从伤口抽出的利刃”，科克托曾经这样描述自己的“真实”体验），爱上了那个把他带到门口的女孩。似乎是为了安慰自己的母亲，科克托在1922年7月的信中解释说，雅克并不是他自己，只不过在很多方面“像”他而已，比如都比较富有、心地单纯，既胆大妄为又多愁善感，与社会底层有各种联系等。[2]但是，与《骗子托马斯》一样，《无赖》在批评它的主人公时毫不手软，他人格不健全，有一种自我异化的感觉，过度沉迷可卡因，被推向了自杀的边缘。这种勇敢的、不容置疑的自我描述，触及到的正是科克托自我性格中的关键之处。这部小说通篇炫耀的一种想法，即雅克应该“像”他认为漂亮的那些人，而不一定要博得他们的喜欢。同时，也像是在警告科克托自己那些真实的男性交往，“认同”只不过是“占有”的代名词。最后的结论：他（雅克）意识到，生活在这个世界上，他必须接受社会的安排，但是他的内心无法承受。[3]这种想法贯穿在科克托所有的思想斗争中，一旦失去虚幻的理想，科克托就必须和现实世界妥协。

1923年秋天，《骗子托马斯》和《无赖》相继出版，但都没有给读者和评论家留下深刻的印象。首先，小说中充满大量的形象，但写作风格惜墨如金、引经据典、含沙射影，近似一种速写，被认为是对早先影响科克托的那些大人物（虚假的崇高）的胆大妄为的甚至是相当粗野的反应。并且，这种写作风格贴满了立体主义拼贴技巧的标记。抛弃了浪漫主义和自然主义的倾向，客观地、不动感情地叙述，小说被简化成一系列像小宠物一样的幽默角色名字（萨普里斯夫人[Mme Supplice]，斯托普威尔，小科潘等）。同样，《骗子托马斯》也因为炫耀“才气”而为人诟病，有些人甚至指责科克托出于某种不正当的愿望，污辱了军人对伟大战争的记忆。在真实事件与叙事方式之间存在某种令人心烦意乱悬殊，批评家不能欣赏这一点，因为通过这种方式，真实事件被重新整理出来，为进一步强化另一个世界无处不在的恐惧（受伤的士兵堪比埃尔·格列柯 [El Greco][1]笔下“骨瘦如柴的僧人”，就像加在黑人音乐上的坏疽疸，成为一种真正的伤痛）。甚至那些“屋顶上的牛”的朋友也不能领会科克托锲而不舍地、赤裸裸地描绘那些影响小说人物命运的人类环境及其存在主义的怨怼情绪的严肃性。他们在私下里说，科克托真的有点跑题：小说的风格太牵强，故事结构太虚弱，人物形象太苍白。在下一步行动中，科克托觉得有必要公开捍卫自己的两部小说及自己的声誉。通过发表在《新文学》（*Nouvelles littéraires*）杂志上那篇长长的、令人陶醉的文章，科克托宣称:（小说）的关键始终是“要足够迅速、锋利，一步跨过笑声和眼泪”，这是科克托关于最好的作品的理想与典范。

1923年初，拉迪盖的第一部小说《肉体的恶魔》所造成的反响却大不相同。在小说正式出版之前，他们就展开了潮水般的宣传攻势，包括在高蒙电影公司（Gaumont）拍摄的三段宣传性的新闻短片。片中的拉迪盖正在格拉塞出版社（Grasset）的办公室签署两部小说的合同，这在法国出版界是史无前例的事情。科克托主动请缨，自愿充当拉迪盖的代理人，亲自组织推销与宣传活动（大量散发传单，声称拉迪盖写这本小说时年仅十七岁）。仅仅第一个月，小说就卖出了46000本，完全消除了人们最初对拉迪盖的厌恶与疑虑——他仅仅只是对战争和军人英雄主义不负责任的嘲笑。小说中的爱情故事只剩下了骨架，语言坦率直接、几近残忍，没有叙述者的陶醉感（采用回顾的形式，就像玩世不恭的告白）。这种“虚假的自传”沿袭了科克托简略、晦涩的风格：句子短小、急促、惜墨如金、转弯抹角、晦涩难懂。在科克托眼里，尽管它（故事）一直都在那儿，但还是给人面

1 埃尔·格列柯，西班牙著名画家。

目一新的感觉（他赞扬拉迪盖刮掉了污痕与锈迹，让陈词滥调熠熠生辉）。5月，小说获得了新苗奖（Prix du Nouveau-Monde）（科克托是评委之一）。一夜之间，拉迪盖成了法国文学界一颗耀眼的明星。科克托感到欢欣鼓舞、心满意足，但拉迪盖还是像平常一样无动于衷（事实上，只有科克托一个人把他当作天才）。在进一步脱离科克托的轨道、搬到卢森堡公园对面的福依约旅馆（Hôtel Foyot）居住之前，拉迪盖与比他大20岁的英国怪人比特里斯·哈斯廷斯（Beatrice Hastings）放纵了一段时间。他现在越来越依恋自己的新酒友，曾经的飞行员和作家约瑟夫·凯瑟尔（Joseph Kessel）。他也去“屋顶上的牛”，但是怀里的人却换成了年轻的波兰女孩布隆娅·帕尔默特（Bronya Perlmutter）。他还公开宣称，如果只是为了不当“科克托夫人”，他甚至打算同布隆娅结婚。似乎已经摆脱了科克托的羽翼，拉迪盖正在努力将成功的果实收归自己名下。但是，在那个科克托熟悉的悖论中，拉迪盖对他越不理不睬、轻蔑冷淡甚至傲慢无礼，他就越觉得拉迪盖独特、纯粹，可遇不可求。1923年2月，他们第一次去伦敦旅游，然后去哈罗公学（拜访雷金纳德·布里奇曼[Reginald Bridgeman]），最后到了牛津。一路上，两个人就像一对主仆：都觉得对方必不可少，但又彼此厌烦，相互印证了对方的孤独。

1923年5月末，紧接着德·博蒙的化装舞会之后，拉迪盖离开巴黎去毕垓重新开始创作《奥格尔伯爵的舞会》。除了同科克托关系紧张之外，还有一系列令人心烦意乱的事情，使这个夏天从一开始就充满了不祥之兆：差一点溺水身亡、理发师不慎割伤他的右耳。债务、酗酒、失眠……各种令人懊丧的事情都开始发挥作用。拉迪盖觉得自己被彻底耗尽了。4月，同科克托、奥里克等人在卡玛戈（Camargue）参加圆桌交流讨论会期间，当他与别人对话时，死亡的阴影预先降临。夏天，他突然对个人秩序和自我控制表现出新的激情，并且开始用牛奶代替烈酒。《肉体的恶魔》的结尾有这样一句话：“一个生活乱七八糟的人在临死之前，总会整理好自己周围的世界。他的生活变了。他将自己的文字整理归类。”拉迪盖也去拜访了自己的出版商贝尔纳·格拉塞（Bernard Grasset），把自己的领带送给他作为“纪念”，将自己所有的文件分门别类放进这本新书中。然后，就是在波尔多的一家餐馆吃完饭后，拉迪盖染上了伤寒——几乎肯定是因为吃牡蛎染上了引发伤寒症的沙门氏病原菌。返回巴黎后，他原本打算完成《奥格尔伯爵的舞会》，后来却不得不住进了医院，但是为时已晚（科克托以前那个庸医曾经诊断为流感）。12月9日，拉迪盖知道自己将不久于人世。如果科克托对这种预言提出质疑，拉迪盖只是简单地回答：命令已经下达，我听见了！拉迪盖被酒精浸透的脆弱的身体很快就开始发热。12月12日，拉迪盖正如自己预言的那样，在医院的病房里，独自一人在剧烈的痛楚中猝然死去。只留下极度痛苦的表情蚀刻在脸上。也许曾经在晚上苏醒过来，意识到真的走到了生命的尽头，他肯定被吓坏了！

突如其来的噩耗令科克托悲伤不已、感情上完全乱了方寸。他彻底从交往圈子里退出来，留下香奈儿去安排葬礼并且清偿剩下的医疗费用。他既没有向拉迪盖的遗体告别，也没有参加大雨中大拉卡斯墓园（Père-Lachaise）长长的送葬队伍。实际上，当人们聚集起来向拉迪盖表达最后的敬意时，科克托一个人待在自己的卧室，痛苦得想要自杀（拉迪盖白色的灵柩车上装饰着一束红花，因为他还没有满21岁，所以仍然被当作未成年人）。正如他在之前的一次谈话中承认的，他将自己所有的财产/幸运都押在“拉迪盖号码”上了。早在5月份，他曾经在法兰西学院谈论拉迪盖，为拉迪盖的传奇铺路（将自己热爱的对象公诸于众）。现在，拉迪盖已经回到天堂，正如他的到来一样不可预知，科克托觉得自己也将成为往事。事实上，情人或者宠儿不断英年早逝，使科克托开始怀恋二三十岁这段生命经历。自此之后，他总会将目光投向过去，悲伤、叹息、后悔，甚至以某种方式保存自己曾经创造的那段黄金岁月。的确，他将用自己剩下的生命来赞美拉迪盖的遗产，将他视为艺术自由的化身。但是，最艰难的事情依然需要面对：没有拉迪盖的独自生活！在之后很长一段时间内，它将成为科克托日常生活的创伤。

第十一章

迷失在荒野

由于拉迪盖突然去世，科克托的情绪彻底崩溃了。他对拉迪盖的思恋与哀悼长达三年之久，产生的后果首先是艺术创作完全停滞。科克托给朋友写信说自己没了“儿子”，但实际上他失去的是一个生活中的伴侣和精神上的配偶。他曾经打算让拉迪盖创作一部文学上的杰作，并且为了伟大的艺术的荣誉，他们之间形成了独具一格的联系与纽带。在这一点上，科克托是最诚恳的：“我培养拉迪盖，通过他去实现我自己做不到的事情。”[1]拉迪盖的去世，意味着他突然失去了基本的认同感和正当性，他觉得自己一下子回到了起点：孤独寂寞、残缺不全、脆弱不堪、心无所依。很快，一种负疚感袭入内心：“拉迪盖像流星一样迅速升起，但星光转瞬即逝、灰飞烟灭，我尽到了自己的责任吗？”正如他自己所言，这种自责就像一台“没有麻醉剂的手术”，令人痛彻心扉。对于拉迪盖的全部作品，科克托肩负着不可推卸的道义责任。现在唯一能减轻自己痛苦的办法，就是帮忙出版拉迪盖五花八门的文字，首先从未完成的《奥格尔伯爵的舞会》开始。编辑《奥格尔伯爵的舞会》，是科克托与拉迪盖最后一次痛苦的“合作”（最有意思的是两首色情诗《自由诗》[*Vers libres*]和《两小无猜》[*Jeux innocents*]，被科克托永远锁在了抽屉里，因为这两首诗的出现，足以证明拉迪盖是一个目空一切的异性恋者）。科克托早先曾被有些人戏称为“奇观与酒吧的戏剧”（le bluff sur le moi），现在他的敌人重新给他起了个名字“屋顶上的寡妇”（Le Veuf sur le toit）。当然，部分问题在于他现在已经三十多岁，但是依然固执地认为自己还是一个年轻的精神领袖，能够在学识和道德方面起到鼓舞作用。这时，六人组已经解散了，桑德拉尔已经逃到了南美洲，毕加索也改弦更张、与超现实主义者打得火热。科克托如何才能逃脱与时间的无情竞争呢？只有麦克斯·雅各布总是那么同情而警觉，他嘱咐科克托重新回到天主教的立场，并且向上帝祷告。以后他也许会按照雅各布的话去做。但是现在，他仍然要从一些舞台表演的合作中找到些许安慰，包括改编莎士比亚的《罗密欧与茱丽叶》（*Romeo and Juliet*）和参与佳吉列夫的舞蹈轻歌剧《蓝火车》（*Le Train bleu*）。在《罗密欧与茱丽叶》中，科克托亲自扮演茂丘西奥（Mercutio）的角色。《蓝火车》是科克托与佳吉列夫的最后一次合作，由舞蹈家安东·道林（Anton Dolin）主演。科克托知道自己在这部戏中的分量无足轻重。鸦片也在这时候第一次真正走进科克托的生活。

1924年1月，科克托在蒙特卡洛结识了音乐学家路易·拉卢瓦（Louis Laloy），他是《喜剧》杂志的音乐评论家和巴黎歌剧院的总监，他很快开始向科克托提供鸦片（拉卢瓦就是《鸦片宝典》[*Le Livre de la fumée*，1913年]的作者，这是一部非常流行、影响非常广泛的吸烟指南）。在第一次世界大战的前线，科克托肯定尝试过鸦片，和拉迪盖在一起时也有可能吸食过。回到巴黎后，拉卢瓦在贝尔维（Bellevue）有自己专属的鸦片烟馆，随时可以向科克托提供毒品。今后，鸦片将会成为科克托欲罢不能的嗜好。但是，科克托刚刚开始吸食鸦片时，并不是特别适应，效果也不理想，因为他总是慌慌张张、急于求成，希望马上得到解脱（正如他后来所言，鸦片是一种活生生的物质，性急吃不了热豆腐）。但他坚持住了。因为鸦片，拉卢瓦、奥里克、普朗克和科克托组成了一个小团体。1924年2月，萨蒂在《巴黎杂志》（*Paris-journal*）上发表了一篇文章，愤怒地指责他们是“一群性欲的、非性欲的、令人作呕的家伙”（这篇文章加深了科克托与萨蒂之间的裂痕）。现在，科克托与马塞尔·乔治（Marcelle George）一起，专心致志地吸毒（乔治以前曾是罗兰·加洛斯的伙伴）。科克托的整个身体开始慢慢地改变，轮廓更加柔软、圆润，同时更加消瘦、憔悴；鼻子变得更尖了，身子也被掏空成为凹形。对科克托而言，鸦片成了一种新的非自然的存在形式，似乎可以减轻他的痛苦，不再那么急切地渴望被人爱，或者心急火燎地想要出名。通过创造一种不偏不倚的、无欲无求的、没有时间紧迫感的状态（阿波利奈尔有一个非常著名的说法，那就是“温柔而贞洁的毒药”），鸦片堵住了空虚，缓冲了人与外在世界的对抗。同时，鸦片还唤醒了科克托仪式化的一面，他最喜欢的吸烟方式就是用传统的竹制烟管。在毒品的刺激下，科克托的第一批画作表现了自己与朋友们亲密无间的特写，充满了不愠不火的色情。但是，这些散漫的形象并没有任何真正的含义。随着时间的推移，有了成功治疗和故态复萌的经验后，科克托将会坚持重新界定并细致描绘自己关于毒品的思想和情感。对于毒品，他俨然已经成为最有说服力（并且最客观）的发言人。

就在此时，由于拉迪盖留下的障碍已然消散，科克托开始接触一群新的年轻男子。他们拐到安茹路来向科克托致敬，为他提供支持和帮助。在这帮“新青年”中，最先到来的是年仅十七岁的莫里斯·萨克斯（Maurice Sachs，真名叫艾汀豪森[Ettinghausen]），科克托请他做兼职秘书和临时跑腿的人。萨克斯是一个头发黝黑、胖墩墩的、常常情绪失控的男孩子。显然，他身上没有一点拉迪盖的影子，根本不是科克托喜欢的那种类型。但是换句话说，他并非没有一点魅力，科克托把他当成了《罗密欧与茱丽叶》中的小男童塞居尔（Ségur）。刚刚克服对纪德的迷恋，萨克斯开始努力追求一种完全不同类型的新偶像，科克托拥有东方人一样的面容，几乎就是圣贤与先知的融合。刚开始，科克托还是有点高兴的，几乎成了萨克斯的父亲、母亲和老师三种角色的结合。但是，问题在于萨克斯从小养成了骗人的恶习，并且被满腹自我厌恶的情绪笼罩着（大约十二岁的时候就开始阅读萨德[Sade]的作品，构成了他人格成长期间的经验）。他将会像寄生虫一样依靠科克托生活许多年。现在，他常常忙于吸收科克托的衣着，模仿科克托的笔迹，一有机会就积极主动地巴结科克托的母亲。

另一个走进科克托生活的年轻人就是让·布尔古安（Jean Bourgoint）。布尔古安只有十九岁，个子很高，蓝眼睛，是一个希腊式的美男子。他现在和姐姐让娜（Jeanne）住在一起，就像一对精神上的双胞胎。让娜也长得非常漂亮。与萨克斯一样，布尔古安不仅穷得身无分文，而且不会做事。但是，他拥有一张精明、机智、可爱的面容和英俊、潇洒的外表，显示出真正值得喜爱的潜力。科克托是在第一次去医院治疗之前遇到他的，并且在他的脸颊上亲了一口，留下了浓重的鸦片的气味——正如事实证明的那样，这是一次致命的亲吻——布尔古安马上就倒在了毒品（鸦片）和科克托的符咒之下，两个人也很快就睡在了一起。在科克托的故事中，如果萨克斯将会扮演一个明显属于反派的角色的话，那么布尔古安就堕入了牺牲品的范畴——一群迷人而又脆弱的年轻人将科克托奉为偶像，最终付出了惨痛的代价，要么不可救药地自甘堕落，要么执迷不悟地吸食毒品。当然，任何事情都有两面性。一个不容否认的事实是，这些轻浮的、反复无常的年轻男子很清楚他们与科克托在一起会有什么样的后果，而且他们自身就有自我毁灭的倾向。和萨克斯一样，布尔古安也是一个寄生虫。由于生性懒惰和笨拙，他没有什么个人野心，只想在科克托的生活中起到某种程度的作用。如果这点都做不到的话，他也要活在科克托的作品中。

1924年夏天，科克托和奥里克来到靠近尼斯的地中海边，住在一个还不是很出名的小渔村维勒弗朗什–西–梅尔（Villefranche-sur-Ner）。然后，他独自在一家靠近码头的魏尔肯小旅馆（Hôtel Welcome）住到10月份。他坐在桌子旁边，看着穿衣镜中的自己，一次又一次地给自己画像，并且在这些画上留下了各种标题、说明、注释或者“独白”。结果，在1925年以小摹本的形式出版了一本包含三十三幅作品的自选集，书名叫做《捕鸟人让的秘密：独白》（*Le Mystère de Jean l'Oiseleur*：*monolgues*）（“让”影射科克托自己，一般英文统一译作《捕鸟人的独白》[*The Mystery of Jean the Bird-Catcher*：*Monologues*]）。这本书用一篇单调、苍白、不祥的引言开头：

> 那些允许男人表演、形成拥戴、享受派头的事物，已经慢慢沉入我暧昧模糊的意识深处，在那里取代所有指引我生命的东西，使我处于孤独寂寞的境地……我并不为此而自豪，我被死亡包围。

那些信手写在画面边缘的简短文字，代表了科克托在拉迪盖死后，第一次认真写作的努力。当然，早在20世纪10年代中期，科克托已经完成了一批自画像。但是，那些作品大都是匿名的，风格近似立体主义，特点并不鲜明。现在，科克托直接通过镜子仔细地观察自己，裸体！不加任何掩饰！当然，这总会给他自己的作品带来大有裨益的作用，主要归因于相伴而生的复杂的自我认同过程。正如他后来所说的："画画（自画像）是我治疗灵魂疾病的唯一方式，画画的时候，我会忘记一切。我变成自己正在画的东西。"[2]最后，科克托成了自己的模特儿，将各种不同的角色、人格和自我想象逐一扮演。每一幅画，包括那些奇奇怪怪的线条、草稿或者样图，都代表一个不同的科克托：天使、主教、诗人、占卜者、瘾君子……结果，每一个例子都是一次试验，对文本和图画进行新颖的、别具一格的布局安排。关于鸟儿（oiseleur）或者捕鸟人的主题，曾经在《无赖》中灵光一现，它在形式上与意大利文艺复兴时期的画家保罗·乌切洛（Uccello）有联系。乌切洛的名字就具有"鸟"的意思。如果作者科克托是驯鸟人，那是因为有非常多意识流的宝藏，像鸟儿一样翱翔、盘旋在他的笔记中，希望从鸦片带来的混沌中振作起来。"捕鸟人"还有另外一层含义，那就是"同性恋者"，因为在俚语中，鸟（oiseau）就是男性的生殖器。因此，这部作品从根本上应该被视为一个同性恋者的自画像（自我描述），科克托在其中掺杂了许多迷人的天使（脱衣舞女）和阳刚的爱欲对象。最重要的是拉迪盖（其中一幅插图的标题是：我照顾自己的天使）。

科克托吸食鸦片的影响是显而易见的。他的面部已经塌陷，皮肤也出现粗陋的线条，像用刀子刻出来的僵硬的几何图形。对于那些熟悉的符号（圆顶礼帽、蝶形领结、玫瑰花），这些自画像是一种完全

自画像：《捕鸟人让》
选自《捕鸟人的独白》
1925年

相反的自我形象，或者自我形象的另一面（从字面意义可用镜子来解释）。画像完成后，科克托写了很多字迹整洁、清晰可辨的文字加以衬托。这些文字，从一个短语，比如“捕鸟人让”，到简单的段落，不一而足。这些段落不乏关于文学的本质、文化的价值、歌厅音乐的深刻洞见，也包括对纪德、作为艺术家的“科克托”，以及他的“明星朋友”（龙萨、莫扎特、毕加索、拉迪盖等）一针见血的评价。科克托在这里也提到了对二十四岁的美国空中杂技师、女模仿者巴贝特（Barbette，真名范德尔·克莱德[Vander Clyde]）的第一印象，她是巴黎卡西诺娱乐场（Casino de Paris）的大明星，她高空走钢丝的艺术对科克托启迪颇深。[3]作品中充满了对“自我展示”这种现代主义行为充分的自我意识，因为科克托对这个自我戏剧化的过程所牵涉的关系一清二楚。有一个句子是这样说的：“坐在一面镜子和一个速写员之间，我比任何人都清楚你自我暴露时的尴尬。”接着又更加自我

挖苦地说:“这种非真实的现实玷污了我的很多表演。”最后，他怀着令人惊讶的坦诚、直白和忍辱、顺从的心情宣称:

> 至于文字和面目之间可能存在的任何关系，画面线条可能表现的任何忏悔与诗意，都必须体现为疾病/邪恶的符号。将近十二年了，这些疾病一直迫使我违背自己的意志。

当然，“十二年前”回应的是佳吉列夫对科克托傲慢的怒吼:“让我震惊!我在等着你让我震惊。”正是因为这句话，科克托个人的创伤性记忆似乎被艺术创作上的伤痛取代了，那个从童年时期就萦绕在心头的关于父亲变成无能为力的鹦鹉的梦魇也最终得以消除。现在回想起来，用艺术成就来缓解记忆中的伤痛仅仅只是一种幻觉，艺术可以用来止痛、解毒，但是不能真正消除症状。难道他的艺术抱负只是自我麻醉、自我欺骗过程中的一场辉煌灿烂的表演?实际上什么也没有改变?甚至其中还带有更深刻的疾病/邪恶的种子?科克托再次毫无保留地追问自己，他的这种胸怀和能力既令人敬畏又令人迷惘。他总是非常聪明，敢于承认自己行为的怪癖;一旦出现问题，就马上改变。用这本书的标题来说，这永远都是让·科克托的秘密。

科克托在《捕鸟人的独白》中灼热、焦渴的表现，很可能是鸦片作用的结果。鸦片让他直接面对自己的意识，带给他一套全新的生命节奏(人体周期)，使他能够更加深入俄耳甫斯的洞穴和普罗米修斯的主题。当然，这并不是超现实主义的未知世界，因为科克托更喜欢梦幻般的经历或者醒着的梦幻，而不是布勒东像清教徒一样刻意避免使用毒品，对睡眠进行庸俗化的表现。然而，与布勒东对做梦过程的态度一样，科克托也对“那个人”在梦中的绝对存在非常迷恋。科克托在水晶般透明的物质中看到了“他”，并且像恋物癖一样崇拜“他”(科克托甚至收藏了很多水晶镇纸，在其中凝视/沉思“无穷的交集”)。在当时知识界关于“无意识”的论战中，科克托的兴趣不在于对弗洛伊德所谓的原始场景的解码，也许是因为他害怕心理分析会干预甚至篡改自己神经质的状态，妨碍并阻止他重新生成的创造性。然而，令人啼笑皆非甚至感觉残酷的事实在于，鸦片在帮助科克托开掘丰富的幻想世界的同时，也让他变得虚弱、病态、甚至阳痿无力。1925年初，科克托决定到私立医院瑟姆乌尔班（the Thermes Urbain）去检查，开始他第一次重要的戒毒治疗。整个过程由麦克斯·雅各布出面安排，香奈儿差不多负责了全部费用。关于这次治疗，科克托给雨果夫妇的说法是，一种奇怪的、骇人听闻的“没有痛苦的折磨”。在治疗期间留下的素描画（后来集结出版时起了一个委婉的名字《诊所》[*Maison de santé*]）毫不掩饰地表现了科克托在不同阶段的痛苦。很多时候，画中的科克托都一丝不挂，名副其实地经受折磨。“我痛”是其中一幅画的标题，既简单又无情。在另外一幅画中，电极器的垂花装饰反映了医院针刺淋浴和电子浸泡的治疗程序。双手被无情地呈八字形拉开，科克托的背上布满了各种怪诞的符号和红斑。所有的素描画都与眼睛和视觉有关，特别是吸毒成瘾者的瞳孔。另外，病人的血液与血管也是重要的表现对象。这些画面再次强调口唇的象征（其中一幅画中，科克托正在吃生鱼）和阴茎的符号，不时给人留下受虐狂的性经验印象（说明文字大都是“我的天使，快来帮我”这一类的）。四月底的最后一周，当科克托离开瑟姆乌尔班医院的时候，他甚至觉得自己的性欲又恢复了。但令人感到讽刺的是，他现在看待布尔古安的眼光全变了。他认为布尔古安就像一条笨手笨脚的热带鱼，没有半点性感的魅力。其实，科克托之所以这样，很可能是因为布尔古安不会写作。为此，布尔古安彻底崩溃了，据说他连续好几个月，每天晚上都挥舞着白色的手绢，向科克托悲伤的告别。现在，带着拯救布尔古安同时拯救自己的良心的思想（他声称至少有六个男孩因为他的原因选择了自杀），科克托进入了生命中的一个新阶段。这肯定是一个非常茫然的阶段，但是科克托真心希望摆脱鸦片的折磨，并且安全地告别自己的大天使拉迪盖。

第十二章

驮着主子的蠢驴

1924年6月初，科克托和奥里克住在雅克和拉伊莎·马里坦夫妇（Jacques and Raïssa Maritain）在巴黎近郊默东（Meudon）的农舍里。马里坦夫妇是上流社会皈依天主教和改变信仰的人，在默东拥有自己的宗教分部（牧师会）。雅克给人的印象庄严堂皇、气度非凡，是一位新托马斯主义的哲学家，在天主教工艺技术学院（Institut Catholique）当教授，对先锋派艺术家表现出真诚的兴趣，特别是那些能够对纯精神问题提出模糊看法的作家和艺术家，比如乔治·鲁奥（Georges Rouault）、马克·夏卡尔（Marc Chagall）和保罗·克洛岱尔（Paul Claudel）。马里坦对纪德和《新法兰西评论》周围的人有所了解，但是对他们那些不知名的记者及其左倾的现代主义观点没有什么印象。另一方面，天生右倾的科克托则代表了一种更加具有吸引力的主张，马里坦1919年出版的《艺术与经院哲学》（*Art et scolastique*）曾经引用了科克托的《公鸡与小丑》中的好几段格言警语，并且深为赞赏。反过来，马里坦对布勒东采取否定的立场及他对拉迪盖的作品的价值的认可，都深深地打动了科克托。因此，他们两个人最终相遇，似乎是不可避免的宿命。在马里坦夫妇温暖而轻柔的家庭氛围里，科克托感到非常舒适。不久，他相信自己最近和拉迪盖的经验，包括他自己最初高远的希望和理想，很快就会得到人们的理解和赞扬。他甚至坚信拉迪盖就是上帝派来帮忙改善世界的。科克托向天主教文学界记者亨利·玛希斯（Henry Massis）解释："整整五年时间，我放弃了自我，希望通过拉迪盖来完成一个试验，一个单凭我自己乱七八糟的设备永远无法实现的梦想。"科克托还说，他和拉迪盖曾经一起创造了一些"不可见的"、"神圣的"事物。[1]

马里坦为人细心、敏感、理解力超强，工作时像职业分析师一样有条不紊。他耐心地倾听科克托诉说内心的苦闷，之后才暗藏玄机地提出一种切实可行的替代方案，以便填补鸦片和大麻造成的“虚幻天堂”及其不可阻挡的螺旋下降（堕落）。至于科克托，他天生就对任何能够产生改变和转化的可能性非常感兴趣，回归（宗教）信仰也就意味着回归童年的天堂，何况在维勒弗朗什（维村）的那个夏天，他已经开始重新阅读圣人的故事，包括安娜·凯瑟琳·艾默里奇（Anne Catherine Emmerich）神秘玄奥的《耶稣的故事》（*Life of Jesus*）。1925年3月，科克托开始参与编辑马里坦创办的杂志《诺索铎》（*Le Roseau d'or*）。一天，刚刚吃过晚饭，正准备去默东讨论杂志编辑计划时，科克托第一次邂逅了佩里·查尔斯·亨里昂（Père Charles Henrion）。佩里既是马里坦的朋友也是他的学生，精神抖擞，朝气勃勃，曾经在撒哈拉沙漠的部落里传教，当时刚好从撒哈拉回来。这个布道者个子很高，皮肤黝黑，穿着带有头巾的白色长袍。在白色长袍的胸前绣的是一个深红色的十字架，设计在心的上面，用来吸引那些可怜的异教徒的眼睛。难道佩里突如其来的回归是马里坦在幕后安排？科克托对此有些怀疑，而且也许他是对的，但是他也彻底被这种体验吸引和催眠了。他发现佩里为人单纯、高贵而优雅，具有罕见的讲故事的天赋。好像是拉迪盖在天堂里向他召唤。在某种意义上，佩里身上具有某种与科克托早期的精神导师斯特拉文斯基和毕加索一样的令人震惊的气质，并且拥有相似的高度和境界。对科克托来说，这是一个重要的艺术—精神事件，具有丰富的涵义。马里坦动情地感叹：“我知道查尔斯就是为你而来的。”

1925年6月18日进行祷告，第二天又参加了领圣餐仪式，科克托最后很快就回归了圣礼。实际上，迅速改变信仰或者重新皈依宗教，在当时形成了一股风气。除了克洛岱尔，其他信徒还包括《新法兰西评论》的雅克·科波、皮埃尔·勒韦迪（Pierre Reverdy）、纪德以前的情人亨利·戈恩（Henri Géon），以及拉缪（Charles-Ferdinand Ramuz）。据说，作为异教徒的纪德都打算步他们的后尘。很快，聚集在“屋顶上的牛”周围的那些年轻的唯美主义者们也开始效法科克托，从穿衣打扮的风格到言谈举止的方式都要模仿，一窝蜂地变成忏悔者。皈依宗教或者改变信仰成为一种流行的风气，也算是一种绝妙的讽刺，它甚至使各种以前毫不相干甚至相互敌对的人相聚在一起，比如徘徊在安茹路10号的年轻人和查尔斯·莫拉斯（Charles Maurras）身边阳刚、雄健、精力充沛、积极好斗的年轻的天主教徒。莫拉斯是教会的忠实支持者（尽管他本人是不可知论者），极右派“法兰西行动”的创始人之一。至于麦克斯·雅各布，他认为科克托回归宗教是基督精神（仁爱美德）的集中体现，他们之间的友谊也得到更深入的发展。出于对新人、儿童和天使共同的喜爱，他们自称为“新浪漫派”。最初，萨克斯认为科克托的行为是一种背叛，但他自己也很快就被迷住了。萨克斯当时年仅十八岁，科克托将他送到默东，仅仅六周时间，他就转变了信仰并且宣布放弃“犹太人的罪孽”（他在8月29日接受了天主教的洗礼）。1925年平安夜，科克托和他的两个新“圣子”萨克斯和布尔古安一起接受了圣餐。然而，萨克斯甚至比自己的榜样（科克托）走得更远。一周之后，他进入了巴黎的一家卡迈尔派神学院（Carmelite seminary），并且得到一件黑袍法衣。无论走到哪里，甚至包括在维勒弗朗什的海滩，萨克斯都穿着这件黑袍法衣。科克托还是住在马里坦的农舍里，他是不是应该感谢萨克斯使他能够继续扮演某种领路人的角色从而确保自己正确的精神道路？当然，科克托认为人多力量大，并且相信自己重新获得的信仰最终能帮助他们走得更近，当然不是与萨克斯，而是与拉迪盖。

现在，科克托成了马里坦最大的指望。他希望科克托作为他们那一辈的代言人，宣扬一种现代主义的新的基督教信仰。现在，他们显然急需某种重要的公开声明，以便超越去年布勒东影响广泛的《超现实主义宣言》（*Manifesto of Surrealism*）。最大的指望就是科克托的下一部文学作品。科克托正在酝酿一个非常简单的观念：诗歌=恋爱=忠诚。不过，即使在这种情况下，科克托也从未将自己视为天主教的作家，他所拥有的任何忠诚永远都是一件非常私人化的事情。因此，家庭化（私人风格）的天主教现代主义的语言是什么呢？在维勒弗朗什，科克托只花了几周时间就给出了自己的答案《致雅克·马里坦的信》（*Lettre à Jacques Maritain*）。加上附言总共四十页，分为十三部分，《致雅克·马里坦的信》打算高度赞美艺术家戒毒和回归圣礼的快乐。因此，它需要鼓励其他艺术家回归宗教，摆脱超现实主义者的恶性美学影响。实际上，这部具有自传色彩的作品，很多时候读起来更像一篇公开的忏悔，很快就被人们抛诸脑后，没有起到任何实质性的作用。重新审视并且重新塑造自己从1912年以来的生活与事业，科克托希望通过自己的天性和行为中色彩斑斓但并非总是令人信服的那些方面来“轰炸”读者。当然，这些“炸弹”甚至包括科克托心甘情愿的自我孤立（他说，“我想方设法地逃避公共空间”）。信中，有很多地方涉及他的戒毒治疗、佩里·查尔斯·亨里昂的到来、雅各布、萨蒂、“天使”拉迪盖、甚至俄国十月革命，字里行间体现一连串的口号：“我应该接受您的箴言（马里坦的），‘我是一头驮着主人的驴’”。关于鸦片的主题，科克托泄露了自己当时积郁心中的困惑：一方面为鸦片辩护，认为使用得当还是有好处；另一方面，拿鸦片与耶稣进行比较，斥之为蛊惑人心的“魔术师”。但是不管怎样，科克托在这里承认鸦片不是一种努力的生活，而是一种逃避的方式（我之所以躲进鸦片，恰似弗洛伊德躲进疾病）。科克托使自己的位置接近于“神”（“我是他/上帝的诗人”），并且引经据典地自许是为了神的事业。在上帝/神的眼里，这份事业已经起步——自二十三岁起，他就开始精心呵护这种无法名状的直觉。如果他已经给人留下了一个孤独的、令人厌恶的形象，那么基督又何尝没有呢？的确，在他此前吸毒和鸡奸的生活作风背后，潜藏着“奇迹中的奇迹”，一种神圣的“为了爱而爱”。他所有的恶习都只不过是一种美德本身具有的小小缺陷，就像以前的鸦片一样，现在上帝正在亲切地安抚他、调整他的新陈代谢、鼓励他成为一个真正的人。因此，他主张建立一所“不受欢迎的学校”和一种新的“为了神的艺术”，并且亲自担任学校的校长。

简言之，《致雅克·马里坦的信》就像一次厚颜无耻的自我辩护，一篇极端的公开声明，表明科克托既需要别人的认可与褒奖，又

科克托在吸鸦片
1937年

需要免除所有的罪责。令人颇感意外的是，人们对这部作品的反应非常糟糕。在一些天主教的杂志中，有一些零零散散的伪善的欢乐，欢迎浪荡子科克托回头是岸，重获自己孩子般的灵魂。但是，一些重要的天主教作家，比如弗朗索瓦·莫里亚克、保罗·莫兰德这样的不可知论者，都怀疑科克托的归宗行为既不成熟也不严谨。给人的感觉是：科克托又一次轻而易举地进入了一个新领域，把守护天使当成了雌雄同体的高空杂技师，肆无忌惮地挪用他们的名义和资源。有些人曾经非常崇拜科克托，视他为举世无双的诗人，可是现在也对科克托草率地回归宗教感到惋惜，认为宗教只不过是一个传统的精神安慰之地。最失望的人可能要数安娜·德·诺阿伊夫人，她认为科克托的做法只不过是一种令人失望的转头（背过脸去）。天主教的右派则认为《致雅克·马里坦的信》过于文学化、过分异端，充满了伪善，最后成了超现实主义者挖苦与讽刺的活靶子。超现实主义者攻击科克托和克洛岱尔是误入歧途的反革命的“卑劣低俗的爱国诗歌的作者”，厚颜无耻地从现行政权那里牟取利益。后来科克托宣称，他原本打算把自己的这封信变成一束“炸弹”，去炸毁法国天主教信条中那些过度粉饰和道德完人（泥菩萨）的内容，以便恢复教会失去的魅力，但是结果却南辕北辙。马里坦迅速做出反应，写了一篇苍白无力的《答科克托》（*Réponse à Jean Cocteau*），根本没有领会科克托的意思，只不过三下五除二就拆掉了“炸弹”的导火线。最后，科克托不得不承认《致雅克·马里坦的信》没有发挥任何作用，恰似“抽刀断水水更流”，甚至认为这根本就是一个巨大的错误。马里坦也意识到，如果单纯从实战的角度看，科克托也许对自己的事业没有什么好处。但从内心来讲，马里坦又非常希望科克托放弃自己同性恋的敏感和嗜好。现在，科克托可能对自己被控诉的“恶习”感觉相当复杂。但是，科克托毕竟是科克托，在这种公众的责难与苛求日渐严峻的气候下，他还能像个“诗人—魔法师”一样认为自己的孤独和倒霉最终会成为自我救赎的关键，并且相信自己和拉迪盖会再次发现对方。

但是，科克托也不得不正视许多不太令人高兴的个人情况。他自认为忠实可靠的非传统的“家庭”正在迅速地瓦解。莫兰德正在全世界周游，六人组已经开始分化，萨蒂则刚刚过世（尽管他们之间的关系曾经相当紧张，科克托还是在《埃里克·萨蒂的榜样》[*L'Exemple d'Erick Satie*，1925]中不无献媚地赞美他是一个“智慧的大师”，在艺术上自由洒脱，没有任何羁绊）。更近一些的“家庭”成员，布尔古安正准备参军，萨克斯在经过了激烈的宗教体验之后，开始严肃地反思：现在的主子到底是不是自己理想中的偶像。在维勒弗朗什，格伦韦·韦斯科特（Glenway Wescott）认为科克托是一个堕落的天使，特别是他的《致雅克·马里坦的信》堪称伪善的极致，因为他曾经亲眼看到科克托在修改这封信的校样时吸食鸦片，而信中则极力鼓吹禁欲和戒毒是回归圣礼的前提条件。1926年夏天，当科克托再次住进魏尔肯旅馆的25号房间之后，他很快就故态复萌，每天至少抽十管鸦片。现在，维勒弗朗什成了吸引各种各样的同性恋波西米亚艺术家、没落的欧洲贵族和英国怪人的磁场。也就是在这里，科克托第一次遇见了克里斯蒂安·贝拉尔（Christian Bérard）。后来，贝拉尔不仅成为著名的艺术家和舞台设计师，而且是科克托最重要的朋友和不可或缺的合作者。在这段时期内，科克托始终将自己表现为一种烈士——因为鸦片、因为忧郁、也因为爱——却很难界定这在多大程度上属于故作姿态。他宣称自己仅仅是“为了爱而爱”，但这最终被证明是没有希望也没有回报的选择。就拿他与作家马塞尔·茹昂多（Marcel Jouhandeau）的例子来说，科克托希望他作为自己高尚正派的邻居，但是这个天真无邪的愿望却遭到恶意的误解，茹昂多再也不愿意和科克托往来。强烈地希望回归世俗（在这一阶段，科克托与上帝的关系完全是相互作用的，科克托抱怨说，“我讨厌上帝，他抛弃了我”），科克托曾经短暂地向当时流行的印度教领袖瓦尔马约希（Varma-Yoghi）求助，但是徒劳无益。实际上，尽管科克托通过各种方式为自己打气，但他还是深深地感到自己走进了死胡同。他曾经垂头丧气地向雅各布抱怨：“我的生活陷入了挣扎。”同时，他还发现自己不得不吞下自己酿造的苦酒，接受自己挑起的各种怨恨。他不再是独一无二、不可或缺的，除了作为超现实主义者的替罪羊，一无是处。毫无疑问，这正是他自己定下的二十二条军规，因为现在到处流行着太多真—假科克托、太多捏造的事实、太多虚假的自我，经证明每一个都不太受欢迎。由于他不能忍受被人厌恶的感觉，他开始在自己的悲惨遭遇里苦中作乐。很多时候，自我尊重的缺乏径直演变成纯粹的自我厌恶（后来，他甚至完全背离自己的原则去赞扬布勒东1928年发表的小说《娜嘉》[*Nadja*]）。

由于科克托转变信仰和皈依宗教的时间过于短暂，尤其是拥抱“圣父”的行为最后成了先锋派的消遣和娱乐，人们很可能会认为他纯粹是为了追名逐利。然而，科克托与天主教的信仰重订的“婚约”对于科克托的成长是非常有帮助的，他从中得到了一条至关重要的艺术经验：寄希望于马里坦这样的人，一厢情愿地认为他们能够使文学（真正的牺牲）与传统的宗教和谐共处。这样的想法不仅是一种错误，甚至是在亵渎神圣。文学要求有自己世俗的惯例与仪节，无法容忍任何对比或者妥协。科克托声称，佩里·查尔斯·亨里昂甚至曾经提醒自己要“保持自由”，因为他知道真正的艺术家不可能永远接受教会的束缚。至于自己的学生布尔古安，他热爱科克托的方式，是科克托永远无法回报的。1932年，布尔古安得到了让·雨果的照顾。之后将近十五年时间，他都住在让·雨果在马斯拉夫科（Mas-la-Fourques）乡下的房子里。将自己全部世俗的财产都托付给科克托之后，布尔古安放弃了自己的姓名，到勃艮第的一家特拉普派修道院当了一名修士帕斯卡（Brother Pascal），在北喀麦隆一个麻风病人聚居地当了一段时间的非神职传教士。他长期沉默的誓言仅仅只被打破过一次，即在科克托死后，布尔古安完全发自内心的祭奠与礼赞，赞美科克托是真正的“菩萨心肠”。[2]

第十三章

奇迹，还是假象？

同马里坦的决裂，重新点燃了科克托的艺术创作激情。他为新版的《骗子托马斯》创作了许多插图；为斯特拉文斯基根据索福克勒斯改编的新作《俄狄浦斯王》（*Oedipus Rex*）谱写了歌词（由于相互猜忌，两个人又不断地争吵）；以及大量的诗歌，最后集结成《歌剧，1925—1927》（*Opéra*，*1925-7*），自称是一名鸦片瘾君子的作品。科克托认为《歌剧》是第一组真正能够体现自己精神本质的诗歌，我们也终于明白拉迪盖之死多么深刻地改变了科克托的想象世界。现在，诗人成了幻想家，诗歌成了一种神秘的活动。对科克托而言，如果诗歌永远是对潜藏日常生活表面之下具有存在意义的真实性的表达，让隐藏的真实变成可见的现实，那么他现在用充满理论色彩的诗行证明了这个观点。比如，在最开头的那首诗中，“秘密的意外和神圣的过错/深思熟虑，我从他们身上获益，我承认/我所有的诗全在于此：我追踪不可见的真实”。诗歌在这里造成的气氛具有强烈的戏剧性和深刻的悲剧性，因为诗歌现在成了一种危险的活动，一条“罪恶的大道”，侦探和罪犯都齐聚于此。在这些诗歌中，科克托引入了一群五花八门的古代人物和神话角色，包括斯芬克斯、埃及法老、一个穿着俄狄浦斯的服装被一群人围着嘲笑的男人、俄耳甫斯（Orpheus）、提图斯（Titus）和贝丽奈西（Berenice），以及目光短浅的麦洛维纳斯（Venus de Milo），他们还会在科克托后来的作品中出场。其中，有的诗致力于表达某种带有轻度紊乱的鸦片的幻觉，有的诗表达超脱与克制的忧伤。《红盒子》（*Le Paquet rouge*）用麻风病的隐喻来描述自我分裂，科克托再次表示自己不只是简单的与众不同或者是格格不入的异类，而是一个艺术的骗子或冒名顶替者，其中有一种强烈的羞耻感：

> 我是一个麻风病人……没读过书，愚昧无知。我不认识数字，不知道日期，不知道河流的名字，不懂得活着或者死亡的语言……另外，我盗用了一个出生在M. L.十八岁就夭折的天才诗人J. C.的身份……快把我锁起来并以私刑处死。

另一首诗《诗人之死》（*La Mort du Poète*）表示叙述者的死亡是因为“你，法兰西，你讥笑、嘲弄、侮辱并且毁灭了我……我死了”。紧接着是报复，“我将高兴地掐死你，我不会一个人死去”。另一首诗的标题道出了一切：《无人的土地》（*No Man's land*）。毋庸讳言，批评家们很难理解或者欣赏这种富于激情的、令人痛苦的自我拷问，因此他们严厉地斥责科克托过度极端的文字游戏。

不过，即使在刚刚与马里坦决裂后的那个时期，也有一个更加容易理解和更加积极正面的结果，那就是戏剧作品《俄耳甫斯》（*Orphée*）。该剧于1926年6月在巴黎的艺术剧院上演，由著名的导演/表演搭档彼德夫斯夫妇（the Pitoëffs）出品，让·雨果负责舞台设计，香奈儿设计服装。作为一部短得只有“一幕内容加上一次幕间休息的悲剧”（实际上包括十三个简短的场景），《俄耳甫斯》是科克托第一部真正意义上的严肃戏剧作品，同时包含了喜剧元素和悲剧元素，非常注重舞台布景和表演的细节。戏剧场景设定在一间现代公寓里，镜子这样的日常用品成了仪式性的符号，该剧保留了俄耳甫斯古代神话的几个主要情节（最重要的段落包括欧律狄克[Eurydice]的双重死亡和从地狱的跨越）。但是，科克托将原作中的色雷斯诗人换成了一个容易激怒的、优柔寡断的作家，他不仅被传说中的怪兽围攻，而且受到内心邪念的困扰，面临着灵感枯竭的重大危机。俄耳甫斯开始依靠一种奇怪的、颠倒的肯陶洛斯（Centaur）[1]，在舞台上由一位演员戴着马头面具来扮演。人们看到的是一个滑稽可笑的动物在

1 原文为Inverted form of Centaur。Centaur，译为肯陶洛斯，希腊神话中人面马身的怪物。科克托在这里设计了一种颠倒的形式，即马面人身的怪物。

表演熟悉的音乐厅保留节目——人身马面不断地点头和踏蹄，像人一样清楚地说话。肯陶洛斯成了俄耳甫斯的宠物马或者“达达”，由此利用视觉上的双关设计对达达进行尖刻的讽刺。由于马的邪恶影响，俄耳甫斯作为一个不受尊重的诗人被酒神巴克斯（Bacchantes）的女祭师们强行斩首并且化成了石头。最后，当他与欧律狄克及仁慈的安琪儿赫尔比斯（Heurtebise）重聚时，俄耳甫斯向上帝祈求，声称灵感是“像马一样的魔鬼”。当场景转入到反映他们个人变化经历的天空时，他们三个组成了一个看似圣洁而感人的“三口之家”。这种带有宗教色彩和保守思想的结局，反映了科克托对天主教信仰的短暂回归，从超现实主义诗人向得体正派的信仰者转变，这是让马里坦最高兴的事情。科克托自己也谈到这部戏剧包含了很多奇迹和诀窍（例如，赫尔比斯有一段时间悬在半空中），但它也突出了其他一些有关科克托个人经历的元素：邪恶的马让人想起拉迪盖在雨果家中暴躁地拍桌子；酒神巴克斯的审判源于达达对科克托恶意的责难。

显然，《俄耳甫斯》是一个同性恋作者对古典神话故事想象性的变形，科克托甚至宣称他之所以找那个非常漂亮的女子来扮演死者，是受到了异装癖演员巴贝特的启发。赫尔比斯作为守护天使的形象也是为了纪念拉迪盖吗？也许吧！别忘了，他就是爱与拯救的化身，而且可以突然消失（当他被指控谋杀诗人的时候）。他也与《赫尔比斯神》（*L'ange Heurtebise*）中的赫尔比斯有明显的联系。《赫尔比斯神》是《歌剧》中最长也最成功的诗篇，它描述的是一种被“狂暴的男性权力”控制的同性爱幻想，同性爱幻想既是精神的又是暴力的，因为“狂暴的男性权力”既指强烈的创造精神也指年轻的男性情人（类似的诗句包括：“天使赫尔比斯，令人难以置信地/粗暴地跳到我身上，一点都不优雅/不要跳得那么厉害/粗野的男孩，快感如花/最高的境界”，或者“欲望的幸福多么丑陋”）。也许，通过欧律狄克，赫尔比斯爱上了俄耳甫斯，俄耳甫斯也爱上了赫尔比斯。在这个问题上，该剧并不是特别明确，科克托似乎还在黑暗中寻找某种精神的统一性。《俄耳甫斯》充满了影射、嘲讽、狂欢的语言及对自以为

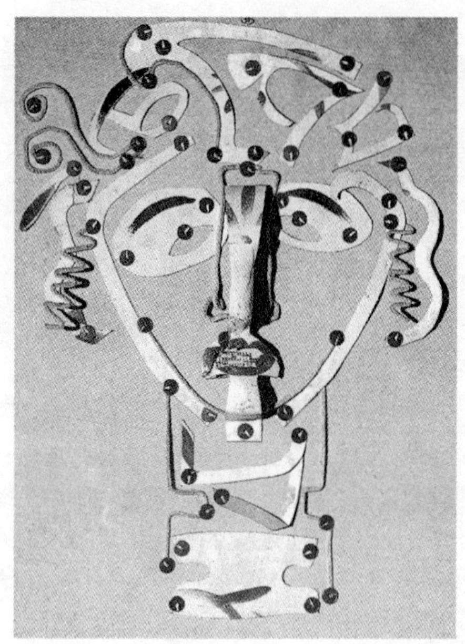

科克托《图钉头像》，1926年，多种媒介。《造型诗》展中的实物诗。

是的小团体傲慢无礼的玩笑（剧中那匹马的名言之一“欧律狄克夫人返回地狱”[Madame Eurydice reviendra des enfers]，每一个单词的首字母拼起来就是merde，即“狗屎”），科克托希望以此来讨好同性恋的观众，为同性恋艺术家争取新的社会地位。当审查官追问俄耳甫斯被砍掉的头颅时，他甚至拿出像名片一样的东西，炫耀自己的出生地和巴黎的住所。很快，科克托在安茹路上的公寓就被年轻人挤爆了，他甚至不得不详细清点自己的损失，比如写给出版商罗兰·索赛尔（Roland Saucier）的亲笔信。当然，科克托为这种徘徊流动的同性恋环境（充满了各种阴谋诡计和半公开的秘密）带来了声望，尽管他曾经陷入自己设下的某个圈套——发起一场运动来反对佳吉列夫御用的作曲家弗拉基米尔·杜可斯基（Vladimir Dukelsky）。有一天晚上，杜可斯基口吐狂言，大声斥责“巴黎人堕落的靡靡之音”。科克托作为曾经的音乐界的领袖，出于本能，予以回击：“迪马，我们巴黎人送你一堆狗屎。”当科克托继续发表公开反俄罗斯的高谈阔论的时候，杜可斯基立即要求与他决斗，要在科克托的家乡对其予以羞辱性的重击。第二天，科克托写信给佳吉列夫为自己开脱，并且暗示杜可斯基才是懦夫。

接下来的圣诞节期间，就在那场重要的展览之后，科克托遇见了一个年轻人，在他的生命历程中迎来了一个全新的阶段。展览的名字叫做“造型诗”（*Poésie plastique*），包括科克托非同寻常的混杂的雕塑和拼贴的构造（构成派的雕塑，实物诗）。那个年轻人叫让·德布尔德（Jean Desbordes），穿着一件海军制服，因为他作为一个陆基水兵正在协和广场上的海军部服兵役，他刚好二十岁，说话温柔动听，双颊是经典的高颧骨，面色柔润，很容易让人想起拉迪盖。德布尔德似乎没有什么特别与众不同之处（从某种角度看，他矮小而且单薄的身材给人留下一种银行小职员的印象），并且很可能缺乏真正的聪明和个性。然而，他的仁爱、温柔和多情溢于言表，却没有半点女里女气的嫌疑。更重要的（正如他后来证明的），他是一个高雅、正派、诚实的人。在科克托看来，他和德布尔德的相遇乃是神迹的安排。那一天，德布尔德也给他带来了一份打印的手稿，难道他是拉迪盖的化身？科克托宁愿相信这是真的，不过，当他阅读手稿时很快就修正了这个观点。德布尔德的手稿真是一团糟，只是一些关于梦境段落的无序的表达。但是科克托从中发现了一些零星的天才的痕迹，于是决定教会德布尔德如何开发自己的梦想（白日梦），而不是听之任之、坐视不管。科克托很快就迷上了德布尔德，并且重新给他起了个名字叫“让–让”（Jean-Jean）以便和布尔古安（当时正在鲁尔[Ruhr]的军营里）区别开来。他也让德布尔德住在玛德莱娜附近的旅馆里（就是拉迪盖曾经住过的那个房间）并且定期在一起吸食鸦片。在他为德布尔德画的许多素描中，充满了柔情和欲望杂糅的情愫，呼应了1922年拉迪盖睡眠的形象。不过，因为德布尔德的水兵制服、他勾魂摄魄的双唇，以及他就是科克托的情人这个简单事实，现在这些画的效果更具有同性恋和同性爱的色彩。

依靠自己的影响与名望，科克托帮助德布尔德早早地摆脱了兵役。由此，德布尔德可以继续写作，并且为科克托的作品唱赞歌，比如《致雅克·马里坦的信》。然而，在大多数人看来，这种关系不能太当真。德布尔德的名字（Desbordes）听起来就像第二人称单数的一般现在时动词“泛滥”（déborder），象征这个花花公子作家的散文连续不断地流溢，这种方式让科克托感到耳目一新。总体而言，德布尔德的文章完全是对科克托与拉迪盖合作结晶的模仿。但是，德布尔德与拉迪盖有显著的不同，他与科克托的母亲关系非常好，经常给她写信表达自己对她的儿子的感激之情，感谢他交给自己“非常必要的事情”。最终，德布尔德热情的倾述汇集成了一本书《我崇拜》（*J'adore*），1928年6月，科克托组织了一次隆重的宣传活动来发布此书。经科克托许可，德布尔德穿着水兵服的海报被贴到各个书店门口。科克托为这本小说写了一篇不吝溢美之词的序言，他在其中告诫法国的年轻人，并且将德布尔德视为安提戈涅的小兄弟，坦诚地描述自己和德布尔德的私人关系和工作关系。小说本身也是一篇毫无保留、没有束缚的赞美世界之爱的泛神论颂歌，是一系列多神教的田园诗，其新教徒的写作风格明显受到纪德《地粮》的影响。小说充满了赤裸、粗鄙的性爱描写及类似的激情话语：“我的心中充满了爱，我的两腿潮湿。”还有更形象的，比如：

> 当我什么都不想，我听到爱正在升腾，我感到自己的性一触即发……我从一切中获得爱，我可以感觉空中的每一滴精液，我永远都能得到它。万事万物滋养了我。

科克托赞扬《我崇拜》一书具有“清晰畅达的流淌（倾述）”和“强烈激情的喷射（呼喊）”，将德布尔德视为天真与朴素的化身。在科克托看来，这种受到心灵控制的身体之爱构成了一种新的无政府主义者——没有禁忌的爱神。通过一种典型的自我认同，科克托开始

科克托为情人德布尔德所作的画像 1928年，纸上钢笔画

幻想自己是一位高贵的野蛮人。

在马里坦看来，《我崇拜》完全是一部可恶可耻的荒谬的独白，是对他公然的刺激与挑衅。小说中公开提到马里坦，目的就是为了消灭他。他很快联合了其他几位天主教作家谴责德布尔德是乔装打扮的魔鬼，用写作来亵渎基督："他们（德布尔德和科克托，也许是所有的同性恋作家）崇拜，他们确实崇拜！神，还有生殖器（及印刷的书页）。"作为回应，科克托只是简单地声明："不，让·德布尔德就是爱。"当然，科克托在小说的序言中已经预先料到/防备了类似的批评："我只根据心来判断。"他知道将自己推进了危险的境地，但是没有别的路可走：个人生活和艺术创作不可分割地交织在一起，同性恋作家自然会承担风险，因为在公众眼里，他们即便不算丑行，但永远都令人困惑与难以理解。他现在发起了一场运动，尽力去影响每一个

他所知道的同性恋天主教人士，以及每一位富有同情心的文学人士和批评家，尽管收效甚微。

1927年夏天。科克托和德布尔德第一次一起去了尚蒂伊（Chantilly），然后到了尼斯，快到年底的时候，他们住在夏布利（Chablis），科克托在这里写作了《白书》（*The White Book*）。这部自传性短篇小说吸收了科克托童年时期离家出走到马赛（小说中换成了土伦[Toulon]）的很多元素，以及最近的关于拉迪盖的死亡（小说中神秘的作家H，因肺病而早夭）、布尔古安和萨克斯转变信仰的故事。这是他自己首次公开承认的同性恋小说，被公认为《我崇拜》的姊妹篇。但是，它在再现德布尔德对性感的自信和虚假的宗教信仰进行奇怪地综合的同时，也泄露出深刻的廉耻之心。他为同性之爱进行辩护，说它是年轻人天真、善良、混乱、迷惘的心灵世界最自然的组成部分。小说中，那个反英雄的叙述者谈到了他对几个男孩和年轻男子的爱，转述自己童年时期的几段故事，提到了他父亲隐性的同性恋倾向，然后描述两段自己并不快乐的恋爱，一段是与一位拉客的女孩，另一段是与女孩儿的哥哥。每一个阶段都以死亡或者痛苦的分离结束：天赋禀异的、勾引男子的达吉洛斯又一次死在医院；惨遭抛弃的花花公子阿尔弗雷德（Alfred）在马路上哭泣；“巴斯德昌”（Pas de Chance）被抛弃在旅馆的床上；年轻女子S小姐的哥哥举枪自杀。同性之爱注定要失败和失望，甚至死亡都无法避免。然而，这里似乎还有一种对罪恶的性欲的社会性惩罚，叙述者最后感觉到就连修女也抛弃了他，打算淹死自己。

《白书》第一次出版时并没有署名，而是通过萨克斯暗中操作的。两年之后再由希格尼出版社（the Edition du Signe）出版，并且添加了“作者的说明”。这本书的出版方式始终影响着外界对它的接受与批评。实际上，人们花了太多的笔墨质问科克托的欲望，而不愿承认科克托就是该书的作者，尽管该书包含了不可辩驳的证据（作者的手）。在第二版的开头，科克托声明自己很高兴通过各种手段来“支持”这种“为了清理长期没有垦殖的领域（比如同性恋）而展开的匿名的努力”（白书，*The White Book*，在英文和法文中都可以指官方的会议档案或者白皮书）。当然，科克托在这里夸大了扭捏、羞怯与困惑的程度。然而，小说更高的文字价值在于清晰而缜密地描述了科克托最深层的情感和性格特征。通过叙述者对他所经受的“折磨”的说明，科克托对自己的心理状况和情感状况，以及他注定总会失去心爱之人的悲惨事实，进行了出色地、简洁的分析：

> 我被爱劫掠和蹂躏。甚至当我很平静的时候，我也要缩成一团，生怕这平静会失去。这种焦虑阻止我从平静中获得一星半点的快乐……等待是一种折磨；拥有则是另一种折磨。因为我担心失去自己的所有……[1]

在叙述者和创作者（科克托）之间，最具有说服力的认同行为——浴室中那个非常逼真的场景，一个男子与镜子中自己的影像做爱，而不知道镜子背后还有一个人在看——可以视为科克托将单纯的色情转换成诗意现实的生动写照。基于这个理由，《白书》可以被视为纪德的《田园牧人》（*Corydon*）的迟到的艺术回应。《田园牧人》是一篇为同性恋辩护的重要作品，1911年第一次出版时也是匿名发表的。然而，与《田园牧人》不同的是，科克托自我意识的、游戏的、充满“力比多”的文字将同性的性爱礼赞为“最公平的性爱”，并未隐藏任何旨在影响社会道德或者性爱习惯的重要主张。不过，它最终拒绝逆来顺受的反抗性态度将视野拓展到了更加普遍的生活与艺术的各种关系问题上，由此引入了伦理—情欲的思考方式。以兰波作为比喻，叙述者强有力地声明：“年轻人必将做得更好，并且记住这句话：爱就意味着重新被创造。社会接受艺术领域的危险体验，因为它并不太把艺术当回事。但是社会严厉谴责真实生活里的危险体验。”[2]就像科克托所有优秀的作品一样，《白书》预示了真实的同性恋生活向艺术的转换，并且主动对同性恋恐惧症的主张——同性恋的生活应该和同性恋的艺术分隔开来并且彻底划清界限——提出质疑。

到了1928年春天，科克托已经成了可以在香奈儿位于圣奥雷大道的私人宅邸过夜的重要客人。尽管在萨克斯滥用了香奈儿的名气来组建自己新图书馆的基金之后，一切情况都偏离了既定的轨道，但实际上，她还是在资助科克托吸食鸦片。至于德布尔德，他现在正打算从社交活动中退出来，并且很快就要在姐姐的照料下接受戒除鸦片毒瘾的治疗。12月，科克托宣布要为德布尔德树立一个好榜样，他到圣克卢郊区（Saint-Cloud）一家由索利耶医生（Dr. Sollier）开办的诊所检查，准备接受第二次重要的戒毒治疗。这次治疗时间将会持续三个多月，成为科克托生命计划中最有助于成长、最丰富多产的阶段之一。

第十四章

身体与诗人之血

在圣克卢的诊所待了不到一周时间，科克托就开始在笔记本上记录自己的戒毒体验。后来，这些体验笔记集结成《鸦片：戒毒日记》（*Opium*：*journal d'une désintoxication*）出版，并且正式献给德布尔德。在科克托眼里，德布尔德天生地流露出一种令人彻骨的愉悦，一种吸食鸦片也无法全部满足的陶醉（原文如此强调）。日记长达一百多页，表述方式有点像托马斯·德昆西（Thomas de Quincey）的浪漫主义和威廉·巴勒斯（William Burrough）晚期现实主义的折中。这份高度个人化纪事性散文，简直堪称另一部“白皮书”，科克托将自己对于鸦片的迷恋与恐惧之情全都记录其中。科克托解释说，在药物的迷醉下，最初的感觉好像经历着人生最美好的时光，伴着一种飘飘欲仙的陶醉感，自我向最深层的存在敞开。但是，鸦片作为一种“活的物质”，像所有的药物一样，要索取高昂的代价。诚如他所言，吸食鸦片的人最终都会被鸦片吃掉。科克托同时附带的素描，表情都是夸张而且痛苦的，就像经受折磨时产生的幻觉。但不管怎样，科克托的画面始终是清晰简洁、笔力犀利的，就像被打碎的珊瑚的鳞片。所有的人物形象中都带有阳物崇拜性质的管子一样的形状，而这些管子就是由鸦片烟管链接起来的，代表“用慢镜头作回放的痛苦的喊叫”（戒毒治疗就是“慢动作创伤”）。[1]其中还有一些在经受折磨时令人恐怖的画面：赤裸的身体，四肢拉伸，被固定在解剖台上；迷醉的瞳孔从眼窝中脱离出来；尖叫变形的嘴巴；被斩断的脑袋；电刑时眼睛从蒙面的黑纱布凸露出来。

《鸦片》完全是一部原创性的、毫不妥协的现代作品，充满了科克托特有的夸张、幻想、偶然和自我投射，它也是一次深刻的、可靠的医学观察，对吸毒上瘾的过程进行不动感情的、客观公正的、足以消除谬见的解释和说明。凭借如雨后春笋般不断扩张的敏锐而透彻

科克托与清洁管的形象
曼·雷 摄 1926年

的智慧，科克托宣称鸦片用丝绸一样缓慢的速度，将人推到半梦半醒之间。吸食鸦片就是“离开生命的快车，一路走向死亡”。《鸦片》的文字既晓畅又节制，以至于人们觉得纳闷，科克托经历过那么多发自肺腑的极端体验，比如“意识错乱”，或者“神经失调”，却没有陷入更深的混乱，他是如何做到的？为什么？另一方面，《鸦片》像电影慢镜头一样徐徐展开，对生命与创作、伦理与美学之间深刻的关系进行敏锐而透彻的观察。尽管涉及许多个人轶事和艺术方面的掌故（比如普鲁斯特、纪德、莫伊赛斯[Moysès]、爱森斯坦[Eisenstein]、布努艾尔[Buñuel]、王尔德、卢梭、柏格森[Bergson]、马拉美、里尔克等），其风格却是极其简洁凝练、朴实无华，甚至几近无情的。科克托希望借此达到一种超越文学的“数字”形态。此即意味着使用非连贯性的句子，非推理性的、突变性的格言警语，以及夹叙夹议的语段。被编织到各种判断和沉思中的是杂七杂八的个人的逸闻趣事和毫无保留的忏悔，关于治疗的进展情况，各种自由的联想，关于梦的笔记，连续不断的自我评价与自我归档（科克托已经开始谈论自己的“历史分期”）及科克托所谓的关于当代毒品的“报道”。这些“报道”可以作为初食鸦片的新手指南，他们还意识不到鸦片的慢性毒素是一种最危险的速度形态。《鸦片》中像气泡一样不断涌现的、生动活泼的、交叉启迪的各种语句和思想，将会成为科克托后来关于自我、身体和梦想的作品的温床。

科克托第二次戒毒的经历堪称绝妙的讽刺。对他而言，一切事情都是有利的而且一帆风顺。香奈儿为科克托支付全部治疗费用。尽管香奈儿曾经礼貌地建议，但科克托自己却并不愿意离开戒毒所。早期超现实主义作家雷蒙·鲁塞尔（Raymond Roussel）也在一同接受治疗，像纪德这样的大人物都定期来探视他们。最重要的是，这些经验正在为一套全新的作品奠定基础。首先是一本小说，它已经贯注了科克托的大部分心思。《鸦片》的结尾部分简直就是为《可怕的孩子们》（*Les Enfants terribles*）做的广告。科克托声称，这完全是自己“无意识的自我”口授给他的，以每天七页的速度，他只需十七天时间就可以“誊写”完毕（科克托宣传机器永不停歇！）。《可怕的孩子们》讲述一个像天使般可爱的年轻人保罗（Paul）和自己漂亮的妹妹之间乱伦的爱恋与忌妒的故事，很明显受到了布尔古安和让娜的启发。同时，科克托也加进了很多自传性的成分（将近四十年的成长记忆），比如沾满鲜血的左轮手枪；蒙蒂耶城里横行霸道的同学达吉洛斯（Dargelos）打雪仗的场景，永远都是乱糟糟的卧室。他还营造了一个与世隔绝的“树屋”，将时间和空间都悬置起来，从中可以看到所有他居住过的旅馆或者公寓房间的特点。在这个成人不受限制的庇护所里，四个少年成了自己秘密社团的新成员。社团建立在各种符咒、神话、密语、暗示和影射的基础上。保罗和伊丽莎白（Elisabeth）同他们的朋友热拉尔（Gérard）和阿加特（Agathe）串通一气，通过将客体纳入他们私人的神话，创造一种“半意识的”、

"游戏的"境界。表现得更多的是爱唱反调的本能而非完善的性格，这两兄妹越来越像演员，正在上演"他们自己的杰作"，体现出一种就像鸦片烟瘾君子的幻觉一样的神秘节奏。通过简洁紧凑、高度压缩的文字，科克托敏锐地捕捉到仪式、图腾和戏剧的神秘世界及厌恶、叛逆、自恋、自大的口无遮拦和行为失检。伊丽莎白穿着白色的裙子，是一个"刻板的处女"，她好像生活在母权制社会，占有欲极强，像斯芬克斯一样要求绝对的服从。她渴望与自己虚弱的哥哥融为一体，并且幻想哥哥死亡，热切地期待那个与哥哥彻底的相互拥有的时刻。双双死亡的行动解开了双重交织的叙事链条，随着最后拉开的卧室场景，他们的童年结束了。在故事的结尾，垂死的保罗想象自己隐隐约约看见了达吉洛斯"友好的表情"，这个明显理想化的结局表明，科克托又在努力摆脱被男性情人和伴侣抛弃时留下的伤害。

《可怕的孩子们》在1929年正式出版后，马上受到批评家和读者的一致好评，《新法兰西评论》甚至称赞它是一部杰作。它将迅速成为新一代年轻人至关重要的参考文献之一。准确地讲，年轻人为了赞美青春的个性、天真、单纯、自由，贬抑社会的保守和平庸，因此将《可怕的孩子们》奉为圣典。不过，我们再一次被告知，科克托的艺术创作深深地扎根于他个体生命的现实，艺术创作越成功，个体生命付出的代价就越大。现在，由于滥用药物（毒品），让·布尔古安也不得不到一家诊所接受戒毒治疗，而他的妹妹则从一名优雅高尚的模特儿彻底堕落为妓女（关于她堕胎、酗酒、吸毒、治疗、情人自杀等各种流言满天飞）。在即将到来的圣诞节之夜，在维奥莉特·穆拉特公爵夫人（Princesse Violette Murat）举办的舞会之后，布尔古安的妹妹自杀身亡，大概也是因为服毒。穆拉特非常富有，经常向瘾君子提供鸦片，科克托曾形容她是一个过度肥胖的怪物。科克托发现自己有时会因为关于伊丽莎白的描写而备受指责，说他是不良影响和消息的源头（尽管他很明智，从不公开评价让娜之死）。

最终从戒毒所挣脱出来之后，科克托首先去了波拿巴路上的一家旅馆，然后在玛德莱娜后面维翁路（rue Vignon）9号的一间小公寓安顿下来。在同母亲居住了近40年之后，他突然通过这次简单的搬迁离开了她。但是，在没有鸦片刺激的日子里，每当面对现实世界冷冰冰的面孔时，他也会感到极度的灰心丧气、意志消沉、甚至担惊受怕。由于身体虚弱，面色惨白，他决定和德布尔德去维勒弗朗什避暑，但这次旅行很快就变成一系列见惯不惊的、因忌妒而生气最后又言归于好的情感纠结。德布尔德沉湎于男男女女之间的胡作非为，成天开车四处游荡，甚至将科克托的车撞到了墙上。

11月，科克托开始着手指导贝尔特·博维（Berthe Bovy），排练她在《人类之声》（*La Voix humaine*）中的独角戏。《人类之声》是他在戒毒期间构思的第三部作品，在《鸦片》的结尾称之为“毫无美感的戏剧”。实际上，它只是一幕的独白剧，灵感直接来自于德布尔德给予他的挫折体验。剧情是这样的：一个精神濒于崩溃的女人正在给她交往很久的男性情人打电话，她依然对男子一往情深，但是男子明天即将迎娶另一个女人。这场戏就是他们的分手表演。在电话的另一端，男子假装是一个人，但实际上他与自己的未婚妻在一起，他的懦弱与仁慈成为虚伪和欺骗的动机。科克托绝妙地演绎着凄凉无望但又不可逃避的宿命。作为现代交流工具的电话强化了这种奇异的反讽。摈弃各种常见的舞台技巧和打乱时空顺序的手段，《人类之声》也许是科克托最动情、最人性的戏剧。1930年2月，《人类之声》在法兰西喜剧院（the Comédie-Française）举行首次预演，贝尔特·博维穿着长睡衣在克里斯蒂安·贝拉尔设计的重重帷幕的舞台上开始独白，可是，很快就有人在观众席上大叫：“卑鄙！下流！够了！够了！电话的另一端肯定是德布尔德！”这个捣乱的人叫保罗·艾吕雅（Paul Eluard），很快就被科克托狂热的追随者找到，并且赶出剧院（这场闹剧最终在剧院经理的办公室得到了妥善、友好的解决）。显然，艾吕雅的爆发可以从艺术嫉妒心的角度来解释：就像其他超现实主义者一样，艾吕雅认为现在的科克托太幸运了，已经成功地打入戏剧的核心领域。的确，《人类之声》在批评和商业两方面都造成不小的轰动，因此，来自娱乐圈的很多演员和歌星都渐渐聚集到科克托身边，与他在文学圈子里的形单影只形成鲜明对比。当然，对于这段丑闻，也还有一些个人恩怨方面的因素，因为瓦伦汀·雨果和自己的丈夫分手后，艾吕雅现在已经成为她的新伴侣。不久，瓦伦汀就成为艾吕雅和科克托争夺的对象。但是，瓦伦汀最终选择的是艾吕雅而非科克托。她私下里指责科克托忘恩负义，并且不准他进她的家，而她的家就在科克托维翁路9号公寓的对面。科克托对这次"决裂"感到非常痛心，因为自《游行》之后，瓦伦汀是他唯一愿意亲近的女人（除自己的母亲之外）。也许，在艾吕雅看来（肯定并非只是他一人），《人类之声》的问题在于科克托塑造的那个被抛弃的女人能够被接受和理解的程度，这在异性恋的语境中并不是完全讲得通的（科克托自己也承认很难把握）。实际上，《人类之声》是对一段真实的同性恋情略加修饰的演绎，制度化的婚姻的局限性并非关注的重心（至少在当时如此）。

在《鸦片》的结尾，科克托曾经表示，他的下一部重要作品将是电影，这次他说到做到了。他曾经在1925年时制作过一部滑稽喜剧风格的短片《让·科克托的电影》（*Jean Cocteau fait du cinéma*）。一方面是受到了年轻演员法比安·哈兹扎（Fabien Haziza）的启发与鼓励，并由他主演；另一方面哈兹扎有一段时间做过他的情人（就像这部电影一样，哈兹扎很快就销声匿迹了，没有详细的资料可以证明他们到底是何种关系）。科克托对电影绝对情有独钟，视之为第十位缪斯之神、纯粹诗歌的载体和顿悟力量的源泉，现在要召唤自己所有的天赋拍摄一部电影。结晶就是第一部多媒体电影《诗人之血》（*Le Sang d'un poète*）。重新开掘那些已经凝结成科克托神话的熟悉的主题，影片纪录了诗人的烦恼忧伤、艰苦磨难、童年的影响，以及为了不朽而必须经历的种种转变。作品起源于电影传奇的性质：富有而且高贵的电影爱好者查尔斯·德·诺阿伊子爵（Vicomte Charles de Noailles）和他那富于冒险精神的妻子玛丽·洛尔（Marie-Laure）像对待布努艾尔一样，给了科克托一百万法郎，支持拍摄一部短片（布努艾尔拍出了超现实主义的经典电影《黄金时代》[*L'Age d'or*]）。

“诗人”（恩里克·里弗诺饰演）正在喜剧旅馆透过钥匙孔偷窥 《诗人之血》（1932）影像截图

影片的演员大部分是非职业的，比如由智利花花公子恩里克·里弗诺（Enrique Rivero）扮演诗人，德布尔德穿着路易十五的服装扮演诗人的朋友，美国模特儿李米勒（Lee Miller）扮演人类的雕像，黑人爵士舞演员费拉尔·本加（Féral Benga）扮演守护天使，巴贝特扮演一名观众。弗朗西斯·罗斯（Francis Rose）是科克托维勒弗朗什团体中的一员，由他扮演阴阳人。初试身手的摄影师乔治·佩里纳尔（Georges Périnal）纯粹是随意找到的。由奥里克为影片作曲，最后的剪辑则由科克托亲自操刀。

我曾经在别的地方认真研究过这部令人着迷的黑白短片，既包括它处境艰难的制作，也包括它在艺术和技术方面的创新。它是法国生产的最早的有声电影之一，科克托通过它来试验电影作为媒介的各种潜力。[2]在影片开头，科克托就像戴着面具的造物主，收回自己张开的手臂，俨然成为这场仪式的主人，热情地欢迎观众进入他的私人俱乐部——疯狂戏剧旅馆，各种活报剧、时事讽刺剧、滑稽哑剧、电影特技（慢镜头与倒放[1]、叠印等），以及“辛酸的恶作剧”，像一连串即兴表演一样在里面上演。《诗人之血》是一部名副其实的感官电影，常常显得怪异、刺激、恶心：脱离身体的嘴唇在诗人的手心里喋喋不休；人类的血肉之躯与冰冷肮脏的墙壁直接碰撞；在纵情狂饮的时候，达吉洛斯带着口腔期的满足感舔湿嘴唇的特写；鲜血从猎物口中渗出时发出的声音，就像做爱过程中的呻吟；一个男子暴露的肌肉，背上汗珠滚滚……与其他关于鸦片、白雪、稀泥等粗犷、原始的影像混杂交织在一起，给人一种感官刺激的、充满情欲的震撼。另外，在一个紧凑、集成的镜头中，科克托让画面运动、发声、刺激，最终将它变成一个具有多重结构、肌理和标定的表意符号。最初，观众绞尽脑汁也很难明白这些高度风格化的寓意画的含义，镜头本身似乎也受到了影响，很多时候的节奏都相当慢。实际上，由于其中有太多科克托个体生命的痕迹，比如父亲自杀的记忆，跟罗兰·加洛斯学习开飞机、品尝鸦片的经历等，批评家不得不动用大量复杂的理论来进行分析阐释。在一部分人看来，影片中的诗人在打牌的时候开枪自杀，应该解释为科克托对自己异性恋爱活动失败的反应，因为在上一个段落中，诗人失去了年轻男子给他的红心“爱司”[2]。在另一些人眼里，《诗人之血》毋宁是一种对无法兑现的爱情的净化与升华，也即科克托对拉迪盖等密友的感情的理想化表达。特别是影片的最后一段，通过展示一个青春形象的力量如何征服另一个形象，塑造了一个同性恋艺术家的完美典范。同性恋癖好者的创伤及其致命的后果，可

1　倒放，即反转动作摄影（reverse motion photography），使胶片倒转拍摄的一系列图像。正常放映时，其效果是显示倒回的运动。例如：蛋黄蛋清“回到”蛋壳里。

2　在西洋纸牌游戏中“ace of hearts”，即红心A，“爱司”有知心朋友，特别亲近的人、好友等含义。

以与从小给诗人带来精神创伤的神秘的艺术创造力对应起来（这两个形象是通过两个单独的天使的象征来表现的）。评论家米洛拉德（Milorad）对科克托知根知底，他认为最根本的问题在于少年的死亡（象征的）和父亲的死亡（真实的）：科克托所有的作品，取代了一种真实的情结——俄狄浦斯的弑父情结——表达了一种弥补俄狄浦斯原罪的努力。尽管曾戏谑地暗示弗洛伊德曾为影片写过一篇完整的文章，但科克托自己却拒绝提供任何深入的阐释。

这一切与科克托同德布尔德之间的个人恩怨有什么联系呢？1930年6月，科克托与德布尔德、贝拉尔去土伦避暑，最先是住在剧作家爱德华·布尔戴（Edouard Bourdet）和他妻子丹尼斯（Denise）豪华的乡间布兰奇别墅（Villa Blanche）。由于新婚的奥里克的到来，他们渡过了一段愉快的时光，谈论戏剧，打扑克，玩“比尔博凯”[1]，沉湎于异性装扮的小品，纵情于赤身裸体的游戏。但是，当德布尔德开始与那个26岁的水手私通之后，他与科克托的关系就冷淡疏远了。那个水手自称叫巴德昌（Pas-de-Chance）（字面意思是“不走运”）（真名叫亨利·费弗[Henri Fefeu]），人们经常看到他与德布尔德在土伦港周围寻欢作乐，而科克托则一个人带着刚刚收养的宠物马达加斯加小猴子散步。这是一幅非常奇怪的画面：巴德昌敞开自己布满文身的胸膛；科克托穿一件黑色领子、打着领结的白色自行车衫。如果他愿意，科克托也会像个孟浪的女子！巴德昌兑现了自己的名字（Pas-de-chance/No Luck，不走运），因为小偷小摸的行为被警察逮捕，他同德布尔德的这段绯闻也就戛然而止。这个结局并未给科克托带来任何解脱，而是更进一步将他打入海边交际社会的底层，每天甚至要抽三十管鸦片。1931年，科克托患了伤寒，在医院住了一

1　比尔博凯（bilboque），一种游戏，用一根长细绳把一根小棒和小球连结起来，小球上有一个小洞，将小球抛起来后，马上用小棒尖尖的一段插入小洞将小球接住。在波兰导演基耶斯诺夫斯基的影片《蓝》中，捡到朱莉项链的那个男孩就玩过这个游戏。

科克托与他宠爱的小猴子
土伦港 1931年

周，最后在布兰奇别墅休养康复。一年之后，他在关于水手的绘画中，用别墅的门廊做装饰，感激之心溢于言表。很快，德布尔德又和一个老女人住在了一起。在科克托看来，问题不在于他们之间的爱情缺乏互惠与回报，而是对德布尔德感到惋惜，比拉迪盖差得太远了。科克托和德布尔德之间没有真正的创造性的艺术激情可以转换成艺术符码与象征，这在自我封闭的《人类之声》中已经注定了。1933年，他们就彻底各奔东西了。

更有意思的是，科克托之后的写作很少涉及德布尔德，甚至一点都没有提及。曾经轰轰烈烈开始的第一段成熟的同性恋关系，并没有成就一段“伟大的友谊”，相反，留给他的完全是对个人感情和艺术创作深深的失望。1930年代初期，德布尔德继续写作，完成了几本小说和剧作，以及关于萨德侯爵的研究。1937年，他和一位药商结婚，除了希望定期得到毒品之外，没有任何其他可信的理由。但是，最让他生气的是第二次世界大战的爆发，于是参加了波兰的抵抗运动。1944年7月初，他被逮捕了，最后因为不愿意泄露军事秘密而被盖世太保折磨杀害。科克托很久以后才知道这些情况。德布尔德最终拯救了自己的声誉，成为一位民族英雄。

第十五章

周游世界

德布尔德的兴趣逐渐转向异性，和科克托的关系也因此不断恶化变质，这正是造成1930年代初科克托情绪消沉、步履维艰的原因之一。即使住在维翁路9号，科克托还是不能如愿拜见瓦伦汀·雨果，因此从1934年起，他开始在附近的一些旅馆短期小住，比如玛德莱娜宫殿旅馆、康朋街的卡斯蒂耶旅馆。同时，他也正在努力同萨克斯保持某种健康的距离关系，尽管这个年轻人曾经偷偷地卖掉他的信件（主要是来自普鲁斯特的信）及其他一些私人文件以中饱私囊。科克托不但没有起诉萨克斯这种厚颜无耻的行为，实际上反而重新接受了他。至于布尔古安，他刚刚被一个埃及富人抛弃，绝望得想要自杀，科克托也很少见到他了。另外，科克托日渐年迈的母亲现在越来越虔敬信神，天天按照宗教的指示到教堂做弥撒。最后，科克托最早的精神层面的姊妹安娜·德·诺阿伊（Anne de Noailles），他们之间一直保持着某种相互欣赏、心神不定、欲说还羞的紧张关系，也在1933年去世了。科克托一直热衷于“美丽世界”[1]的活动，而先锋派知识分子群体则始终对这个圈子表示怀疑甚至看不顺眼，因此有意识地疏远、回避科克托。尽管如此，科克托还是以定期与上流社会的大人物见面为己任，比如玛丽–洛尔·德·诺阿伊（Marie-Laure de Noailles）、埃蒂安·德·博蒙（Etienne de Beaumont）、英国大使的妻子戴安娜·库珀女士（Diana Cooper）等。但是，由于华尔街的破产及其后果，整个世界陷入金融和政治危机，科克托进一步蜷缩到自己封闭的洞穴里，靠吸食鸦片打发时间。他的身体越来越虚弱，面

1　原文为Beau Monde，字面意思是“美丽的世界”，这里主要指奢侈、时髦，追求时尚，纨绔享乐的圈了。

黄肌瘦、眼窝深陷，开始在床上接见客人，甚至在床上请客人吃饭。这就是科克托式的抑郁症。

1932年，一段匪夷所思的经历越发让他感到孤立、困惑：他与沙皇亚历山大三世（Tsar Alexander Ⅲ）的外孙女娜塔丽·帕莱公主（Princess Natalie Paley）之间异想天开的风流韵事。尽管已经嫁给著名的女性时装设计大师吕西安·勒隆（Lucien Lelong），高贵优雅而又酷爱电影的帕莱公主从1932年冬天开始，常常独自到维翁路拜访科克托，甚至和他一起吸食鸦片。尽管因为吸毒而彻底丧失男性能力，科克托还是宣称希望和帕莱公主结婚，甚至抚养一个儿子（一个具有皇室血统的儿子）。顿时，流言四起（至少在名义上，科克托还没有同德布尔德撇清关系），帕莱的丈夫很快就向法院申请离婚。帕莱不得不到瑞士去度假，认真考虑自己的处境（科克托声称她是要去流产），最后做出坚决的回应，既不同丈夫离婚也不和科克托结婚。在这个近似传奇的故事中，科克托几乎成了整个巴黎社会的笑料。他在真心热爱帕莱的同时，再次体会到被爱人抛弃时的痛苦。剧烈的痛苦在科克托身上演变成对女性的厌恶情绪，正如他在评论中说的女人就是"诗人之子的杀手"，后来将帕莱比作古挪威传奇文学中的食人魔法芙娜公主（Princess Fafner）。他甚至把帕莱的照片镶嵌在一幅传奇式的男性口交图中，取名为"下流，我们的英雄主义"（Indecency is our heroism，特别强调原创），并且以此为乐。真够过分！科克托想当父亲的愿望破灭了！事实上，他花了很长时间才从绝望中恢复过来，并且因此宣称一定要找到自己"失去的儿子"。

1933年的大部分时间，科克托都在努力进行自我康复，包括夏天的一系列矿泉疗养，先是在巴黎，然后在南特，年底才到塞伦诊所（Salem clinic）接受第三次戒毒治疗。他现在打算克服德布尔德和帕莱公主带来的双重悲伤。但是，出于一种典型的"随机应变"，他同时又新雇用了一个22岁的小秘书马塞尔·希尔（Marcel Khill）。希尔是一个阿尔及利亚军人和诺曼农民的儿子。在土伦港的海边，科克托曾经非常欣赏他。希尔是被一个名叫特朗尚·吕内尔（Tranchant

Lunel）的法国海军军官发现的，他把他从一群街头混混中拯救出来留在自己家里，并且按照阿拉伯的风俗向他提供鸦片及一些其他家庭责任。科克托曾经怂恿希尔离开吕内尔。当吕内尔去世后，科克托迅速登门造访，并且直接将希尔带回巴黎维翁路自己的公寓，令德布尔德和弗朗兹·托马森（Franz Thomassin）激动不已。弗朗兹·托马森是科克托的另一位长期的密友，个子高挑、身材健硕、举止优雅、积极进取，深得科克托喜爱（托马森想和希尔交朋友，因此与他钦定的王子保持着密切的联系。尽管——我们又一次迷惘：科克托是怎样诱惑轻浮的男子像飞蛾扑火一样投入他的怀抱的呢——他很快就崩溃了，绝望地砍下自己的一根手指送给科克托）。尽管没有读过多少书，但希尔身体强壮、性格活泼、情趣横溢、天真无邪，像一个聪明而又爱恶作剧的小精灵，关键是有一副好脾气。另外，他不仅非常俊朗，而且肤色黝黑，充满阳刚之气，或者正如科克托所言："具有女性之美而又不乏阳刚之气。"破天荒的第一次，科克托长时间地体味着纯粹肌肤的快感，并且任由希尔牵着自己的鼻子娱乐消遣，享受跳舞、画画、在人群中穿梭带来的欢乐时光。在科克托为希尔所画的大部分钢笔画中，他都显得相当性感：圆润的脸庞，忧郁的眼睛，以及聪慧的神态。其中有一幅希尔正在抽鸦片的裸体画，温暖而且直接，可以与塞西尔·比顿（Cecil Beaton）[1] 1935年拍摄的那些照片相提并论。在这些照片中，希尔一边抽烟，一边同科克托嬉戏玩耍，彼此就像对方的影子一样，没有任何顾忌，也没有半点羞怯。

由于希尔没有被任何文学方面的抱负或者虚荣所牵绊，两个男人之间很快就建立起深厚的情谊。在科克托的整个生命中，这段感情也许是真正最色情的，当然也是最富生理刺激的。在希尔居于支配地位的时候，他能够扮演两种性爱角色，不管有些人多么愿意相

1 塞西尔·比顿，世界上最伟大的时尚摄影家之一，20世纪50年代为奥黛丽·赫本和玛丽莲·梦露拍摄的系列照，是他一生中最成功、最为后人喜爱的作品。

信，但对于科克托来说他绝不仅仅是狂野的“野兽”（fauve）。科克托不断热情地鼓励自己的小情人学习油画、素描和写作，但他还是情不自禁地用铅笔描绘希尔的胸像和表情，并让乔治·普拉特·莱斯（George Platt Lynes）在1936年拍摄一张照片，希尔似乎就是他的文学创作。同时，就像在科克托的新剧《定时炸弹》（*The Infernal Machine*）中扮演的一个小角色一样——来自柯林斯（Corinth）的邮递员——希尔并不满足于完全听从科克托的指挥。1934年4月，《定时炸弹》在巴黎首演，由贝拉尔为该剧提供服装和设计舞台装置，让-皮埃尔·奥蒙（Jean-Pierre Aumont）、路易斯·茹韦（Louis Jouvet）等著名演员担纲主演。在那份极具讽刺意义的角色分配表中，帕莱公主扮演的是斯芬克斯。沿着《俄耳甫斯》开创的道路，《定时炸弹》将从高高在上的经典神话传说降低到情景喜剧的层次，场景设在法国南部米迪地区（the Midi）一个富有的庄园，充满了滑稽、讽刺的元素（剧中的士兵都穿着现代的制服，说的是俚语，玩的是爵士乐）。正如科克托一贯的主张，该剧的中心思想是：人的天性就是地狱之神设计的一台机器，硕大无比而又高深莫测，目的就是诱惑、勾引和陷害人。从未接受过训练的希尔只坚持了四个晚上。

一方面，评论界认为《定时炸弹》比较成功，甚至一些保守的媒体都出面称赞它高尚的品味和大胆的创新，特别是关于乱伦罪的主题。另一方面，尽管科克托非常指望抓住一般观众的心，但却在这个关键的方面失败了。正如科克托最后所表达的，由于法西斯主义席卷欧洲，法国新左翼人民阵线的诞生，将艾吕雅和阿拉贡这样的超现实主义分子变成了共产主义者，艺术思潮正在重新回归现实主义。科克托突然希望对当代大众文化产生最直接的影响，然而鉴于他作为诗人的身份及做事无始无终的状况，这种愿望似乎是难以置信的。确实，他苍白、憔悴的身体状态妨碍并且阻止了任何与“人民”热情的美德密切相关的可能。他对科特·维尔（Kurt Weill）和玛琳·黛德丽（Marlene Dietrich）迷恋不已，很快又开始为来自蒙马特的女同性恋宠儿歌手苏济·索利多尔（Suzy Solidor），以及来自柏林的歌唱

科克托与艾迪特·皮雅芙　塞尔日·里多摄　1938

家玛丽安·奥斯瓦尔德（Marianne Oswald）写歌。玛丽安是“存在主义”布鲁斯音乐的代表人物，她演唱（毋宁是“演说”）了许多科克托专为她创作的独白体诗，比如《美丽的安娜》（*Anna la Bonne*）和《蒙特卡洛的贵妇》（*La Dame de Monte-Carlo*）等。他为女演员阿尔莱蒂（Arkrtty）创作了广播剧本《寡妇学校》（*L'Ecole des veuves*），为艾迪特·皮雅芙（Edith Piaf）创作了新版的《人类之声》，名为《美丽的陌生人》（*Le Bel Indifférent*）。科克托依然是一个热心的歌厅音乐鉴赏家，但是现在，博比尼（Bobogny）工人阶级的综艺表演令他兴奋不已。他真心诚意地朝着这个方向努力，1934年，他与新的诗人兼小说家路易斯·德·维尔莫兰（Louise de Vilmorin）会面之后，更加坚定了信心。关于德·维尔莫兰，他曾经这样写道，她就是一个奇迹，“一个创造辉煌的女人，……闪耀着新鲜、明朗、喜剧、诗意、热烈和神奇的光芒”[1]。德·维尔莫兰是一个美丽的、自由的精灵，想象力丰富，特别擅长写作失落的爱情、童年与死亡等主题。她很快就成为科克托的密友和精神上的姊妹。科克托曾经写道，如果他很富有的话（并且如果是异性恋），他将迎娶他的“露露”（Loulou，Louise的昵称）并且和她生活在一起（相反，德·维尔莫兰却记下了一长串著名情人的名字，比如安德烈·马尔罗[André Malraux]）。

直到读完科克托深情、机智、俏皮而诙谐的新的回忆录《画像—回忆》（即《巴黎相册，1900—1914》）（*Portraits-Souvenir*，*Paris Album*，*1900—1914*），特别是他对最早的巴黎舞台版《八十天环游地球》的回忆之后，希尔才向他的情人建议一起去环球旅行，创造他们自己的丰功伟绩。刚满47岁的科克托对这个英雄的计划及其潜在的刺激性激动不已，并且将这个创意卖给了《晚间巴黎》（*Paris-soir*），定期以电讯的方式记载整个旅行的过程（后来，这些连载的内容合成了一本新书《我的第一次旅行：八十天环游地球》[*Mon premier voyage*：*tuor du monde en 80 jours*]）。把自己想象成斐利亚·福格博士（Dr Phileas Fogg），希尔就是忠实的法国男仆路路通（Passepartout），1936年3月29日，科克托兴高采烈地从巴黎出发了。文章以第一人称写作，将游记报道和文化人类学的解说结合起来，由科克托/福格向希尔/路路通传授自己的智慧和知识。科克托非常擅长描述细节和形象，他通过自己与希尔的对话，将奇幻的故事与壮丽的景色交织细述。但是，科克托实际上看到了多少呢？例如，纽约被压缩成一组高度选择性的精彩场面：哈莱姆、科尼岛、明斯基的脱衣舞。[1]由于鸦片烟瘾太重，科克托无法同别人过从甚密，甚至从

1 哈莱姆（Harlem），美国纽约市曼哈顿岛东北部的黑人居住区；科尼岛（Coney Island），美国纽约市布鲁克林区南部海滩疗养和娱乐中心；明斯基的脱衣舞（Minsky's Burlesque），由明斯基兄弟四人（阿贝、比利、赫伯特和默顿）创办的脱衣舞品牌，始于1912年，1937年因为节目香艳、低俗、色情而被取缔。

皮埃尔·洛蒂（Piere Loti）[1]和谢阁兰（Victor Segalen ）[2]有失偏颇的异国猎奇的角度一致，科克托发现自己无论走到哪里都一样，旅行不过是根据鸦片的节奏和长度而进行的自我拓展与自我推销。积极地看，科克托像个拓荒者一样，热衷于鸦片的“逆向时间”（counter-time）及其“静止速度”（immobile speed），他认为这才是通向隐秘世界和个体生命节奏的唯一途径；但是不足之处在于，尽管撇开了所到之处的殖民性的矛盾，例如军事管制下的日本面临的东方/西方悖论，他毫无顾虑地将世界简化为一堆无法用语言表达的庆典仪式、不可思议的逸闻趣事和“写在星星里的”（written in the stars）会议纪录。当自己从这场游戏中走出来后，科克托声称：“我的作用就是开拓未知的地方，学习他们的方言。”同中国的苦力一起吃饭的时候，他高兴地以为自己就是一位环球旅行家，好像真的在中国遇到了中国人。他也很迷恋各种自尊的姿态，在日本，他甚至将自己想象成玩弄女性的人，与两个艺妓打得火热（为什么？两个艺妓显然在为希尔争风吃醋）。这次旅行还包括其他各种擦肩而过的遭遇，最重要的就是5月11日坐船横渡大西洋去美国时遇到卓别林夫妇（Charlie Chaplin and his wife Paulette Godard）。关于这件事情，有两个版本的和说法：卓别林认为，第一次见面过于热情而且令人精疲力竭；科克托认为那是一场真正快乐的对话，源于两个诗人发自内心的相互尊重。不管事实如何，它都让两个人觉得尴尬，之后便以身体不适为借口，有意识地避免见到对方。6月中旬，科克托回到法国，唤起了他身上令人印象不太深的本能的缺

1 皮埃尔·洛蒂（1850—1923），法国小说家，代表作品有《菊子夫人》、《冰岛渔夫》等。

2 谢阁兰（1878—1919），法国诗人、探险家、旅行者、外交官和汉学家。作品包括：《中国西部考古记》，介乎于游记和考古著作之间；《古今碑录》（*Ste1es*，1912）是基于实录和想象之上的诗歌创作；《画》（*Paintings*，1916）集画评、画论和中国历史与政治分析于一体；《勒内·莱斯》（*Rene Leys*，1922）将自传和虚构混杂在一起；以及那本未完成的《论异国情调》（*Essay on Exoticism: An Aesthetics of Diversity*）。

席：民族主义。他总结说，全球旅行见到的所有国家中，法兰西是最值得向往的地方；巴黎是一座真正以“人的标准”建立的城市，一座充满人情的城市，汇集了“节奏与仪式”的本能意识，她将“再次发出令人类感到炫目而神奇的光辉”。[2]

希尔在科克托身上激发出来的惊人的壮举，不仅仅是马拉松式的环球旅行。1937年初的某一天，他把一个绝对全新的挑战带回家里：拳击手“巴拿马”艾尔·布朗（‘Panama’ Al Brown）。布朗曾经是第一位拉美地区（西班牙语区）最轻量级世界冠军，但是两年前在瓦伦西亚（Valencia）输给了意大利拳击手巴尔萨扎·桑奇力（Balthazar Sangchili），并且丢掉了桂冠。他现在已经35岁，孤苦伶仃，悲惨绝望，在皮嘉尔红灯区的一家夜总会吹萨克斯，鸦片、香槟、梅毒、镇痛剂、小男孩……这些致命的组合使他生活混乱、道德堕落、孤寂绝望。科克托自然而然地从这个幼稚、迷惘、濒临崩溃的家伙身上看到了自己的影子，当他表演的时候，似乎就是科克托自己的变形。科克托当即决定作为布朗的经纪人，资助他重返拳击台并且夺回自己的头衔。科克托这样做的动机很多，最明显的是这个计划具有纯粹的新奇感，以及布朗高大健硕的身体、强壮阳刚的气魄（布朗看起来很乐意回报科克托性欲的体贴，他们甚至在旅馆里同居一室）。科克托相信，布朗必定会战胜怀疑者和迫害者，最终也会证明他自己独一无二的诗意的天赋。事实确实如愿了！科克托马上直接给总统写信，请求不要将布朗驱逐出法国，香奈儿也介入进来，并且为布朗支付戒毒治疗的费用。然后，科克托让布朗完成一个严酷的训练计划，包括在圣安娜庇护所长达一个月的禁闭，以及在欧比尼的训练营的训练。在他严格、独断、毫不吝惜的照料下，“巴拿马”布朗最终在9月重返拳击台。六个月之后，即1938年3月4日，在巴黎体育馆举行的回归赛上，布朗最终从桑奇力手中夺回了自己的桂冠，一些演艺界的明星也受邀出席了这次盛会（比如演员让·迦本[Jean Gabin]，雷缪[Raimu]和罗伯特·图丹[Robert Toutain]等）。科克托已经在报纸上发表了大量的文章，称赞布朗是“拳击的诗人”，现在他又发表“公开信”，建议他功成身退。最终，布朗真的在1942年退出拳坛。科克托在梅德拉诺马戏团以《安提戈涅》中的部分场景为基础，再配上黑人音乐家的爵士乐，为布朗设计一场空击拳舞蹈表演。在跟随阿玛尔马戏团巡演期间，布朗穿着自己在回归之战上穿的那件长袍登台，表演中他将突然扔掉长袍，露出优雅的燕尾服，但是效果并不如预期的满意。被夜间表演弄得筋疲力尽之后，布朗最后还是回到了哈莱姆，在那里，他只能当一个洗碗工，偶尔也参加一些小型的拳击赛。三年之后，他身无分文，死于肺结核，享年48岁。

尽管有香奈儿不断为他掏腰包，科克托住旅馆的账单还是越积越多。他发现自己处境艰难，不得不通过写新闻报道，作公开演讲，甚至变卖一些个人收藏来支付自己吸毒的费用。在这个过程中，鸦片继续耗尽他的体力和精力，加剧他日益严重的说谎症倾向。他的艺术计划也濒临搁浅。但是现在，他又成功地与一些正在冉冉升起的法国流行文化明星密切合作，为共产党人阿拉贡创办的晚报杂志《今晚》（*Ce soir*）撰稿，1937年3月至6月，甚至在上面开设专栏。他也开始在一些请愿书上签名，制作自己的《格尔尼卡》（*Guernica*）[1]来支持西班牙难民：一幅巨大的木炭素描画，取名为《令翅膀恐惧的勇气》（*La Peur donnant des ailes au courage*）。画面中，五个半裸、光滑、粗俗的家伙，鲜血溅到床单上。至于马塞尔·希尔，他现在渐渐被鸦片给毁了，整个人变得暴躁、乖戾，绝望地想要摆脱科克托的束缚。据传言，失望之极的他开始与自己的老情人吵架，甚至发生了肢体冲突。就像之前的拉迪盖和德布尔德一样，希尔最终回归了异性恋模式，并且和一个女演员走到了一起。他的命运被一种相似

1 毕加索创作的大型油画，表现的是1937年德国空军疯狂轰炸西班牙小城格尔尼卡的场景。1937年4月26日，德法西斯空军肆意轰炸了西班牙历史名城、风光旖旎的小镇格尔尼卡，当时恰逢集市，2000名无辜平民丧生，格尔尼卡被夷为平地。

的悲剧事件封锁了：1940年，就在贝当将军签署停战协定几个小时之后，身在阿尔萨斯为法国军队服务的希尔被德军的流弹击中身亡。希尔所在的军区，停战协定的公告被延误了！一年之后，科克托才知道详情。

第十六章

走进阿波罗

就在科克托1937年曾与艾尔·布朗和马塞尔·希尔同居过的那个卡斯蒂耶旅馆房间，一个朝气勃勃、帅气俊朗，年龄比科克托小一半的年轻人让·马雷（Jean Marais）走了进来，听他诵读自己的新剧本《俄狄浦斯王》（*Oediperoi*，正如科克托后来说的，他是“从人群中跳出来的安提诺乌斯[Antinoüs]”）。科克托虽然还是第一次见到让·马雷，但还是声称自己好像已经注意他很久了，证明他们的会面是命中注定的，或者马雷恰好与他预先形成的关于美的理念完全一致：强壮的体格、轮廓清晰的脸庞、金色的头发、蓝色的眼睛和明媚的笑容。马雷是一个胸怀大志的演员，也是一个十足的机会主义者，他原本打算贸然造访、碰碰运气。科克托立即被他吸引住了：他情欲十足的面容和略显笨拙的举止可爱地合成一体。尽管剧组的其他成员极力怂恿科克托给马雷分派一个次要的、完全沉默的角色——合唱队员，但是他还是选择让他扮演俄狄浦斯。三周之后，科克托命令马雷火速赶到卡斯蒂耶旅馆，正如传说的那样，科克托在那里对马雷说，“我爱你”，马雷不假思索地回答，“我也爱你”。不过后面一句话是谎言。在排练过程中，科克托就开始想象马雷用布条缠绕的裸体，最大限度地表现他的粗犷的体魄和本能的肉欲。在安托万剧院（Théâtre Antoine）演出时，马雷相当拙劣的表演更加强化了令人发指的身体抚摸。尽管观众的嘘声和咒骂不断，但马雷还是胜利了，科克托也对他坚持的精神表示尊敬。不久，科克托向马雷朗读了另一部剧作《圆桌骑士》（*Les Chevaliers de la table ronde*）的第一幕，就像从正常背景上剪下来又重新印到白色版面上的卡纸插图，这是一段以圣杯题材为基础的中世纪想象，在科克托手里变成了对不可企及之任务——和谐与自我平衡——的个人标志。1937年10月，马雷在勒夫雷剧院（Théâtre de l' Oeuvre）的演出中成功主演格拉海德（Galahad）的角色，撕烂身上的睡袍，露出赤裸裸的胸膛。由此开启科克托和马雷漫长而卓越的合作之旅，不仅包括他们在舞台和银幕上的广泛合作，而且包括大量的诗歌、绘画和文章。当然，这些作品既是有关对方的，也是为对方而作的。

这一年初，科克托曾经陷入令人绝望的困境，不仅身体虚弱，感情也非常脆弱，经不起外界的影响与刺激。现在，他发现这个孩子般的男人令人惊奇地让自己青春焕发、返老还童了。对科克托而言，马雷（被爱称为“让纳特”[Jeannot]）始终是一个奇迹，与“不可思议的世界”有着各种神秘的联系，拥有某种近似于宗教的神秘特征。马雷出生在瑟堡（Cherbourg）的一个贫困之家，从小学会一些骗人的伎俩（他的母亲有偷盗癖），这不仅没有引起科克托的反感，反而让他觉得神奇。1938年初，他们在蒙塔日地区（Montargis）的德拉普斯特宾馆（Hôtel de la Poste）小住一段时间，与小村庄圣伯努瓦（Saint-Benoît-sur-Loire）非常近，麦克斯·雅各布当时就住在村里教堂的内殿里。春末，他们一起搬进玛德莱娜广场9号的一间小公寓，不久又去了土伦和普拉穆斯基耶（Pramousquier）的别墅，1922年夏，科克托曾与拉迪盖在这里避暑。也就是在这里，科克托正式将马雷领进自己的艺术世界，为他开列了应该阅读的作家作品名单（当然，第一个人就是拉迪盖）。现在，这个年轻的演员开始发现一些不一样的新事物，科克托惊异的眼神中也流露出善良、慈爱、通情达理、纯洁正直的每一种含义。因为科克托已经全副身心地爱上了让纳特，让纳特似乎也想为科克托做到最好。除了写一些关于马雷的高度抒情的诗歌外，科克托像着了魔一样地为他画像，在自己的作品中形成一种全新的主题，即相当虚化的“希腊–马雷”侧面像。他们之间的关系最初还是身体上的，行为举止就像一对年轻的恋人，但是天性善良的马雷并不是很乐意同科克托保持亲密的关系。很快，科克托也开始怀疑让纳特是否是发自内心地喜欢他，猜测这个年轻的“爱神”[1]晚上不愿意献身给自己，那是因为他想为别人保存自己“金色的力量”。由于科克托实际上无法阻止马雷外出，他唯一的办法就是贬损和挖苦正在与马雷约会的那些年轻的男子。马雷逐渐疏远了科克托的床，科克托也理性地认清了形势：与其到后来同一个女人展开全方位的竞争，倒不如被一些“擦肩而过”的男子欺骗。现在，他迫切地感到要写一些哀怨的情诗，悄悄放到马雷的门下，当他回家时就可以读到。实际上，马雷很快就在别处找到了属于自己的单身公寓，偶尔才回来拥抱一下科克托。高贵的骑士逐渐变成了刽子手，但是这绝不能阻止科克托主动充当马雷的良师益友和经理人，一如既往地完成他神圣的艺术使命——成功地将他推上巴黎的舞台。

重申一下，马雷不是一个富有心理深度的演员，他主要扮演的是身体性角色。另外，由于没能进入巴黎的国家音乐（戏剧）学院（Paris Conservatoire），他除了零零星星地上过一些查尔斯·杜兰（Charles Dullin）的表演课外，从来没有接受过任何正规的戏剧训练。但是，这至少在理论上意味着他完全是可以训练和塑造的，科克托主动承担使命，立志将自己的“小英雄”从一个二流的演员培养成巴黎戏剧舞台上最迷人的偶像。1938年，马雷在《可怕的父母》中的表演对他们两个人都是具有历史意义的。科克托根据马雷的特殊要求创作了剧本。马雷害怕一成不变地扮演动作明星，他希望扮演一个焦虑而迷惘的男子，表面上不要妩媚动人，也不能动不动就哭。很多时候，由于科克托将米歇尔（Michael）和母亲伊冯娜（Yvonne）之间压抑、暴虐的关系推向深入（部分内容是以马雷自己的母亲罗莎莉耶[Rosalie]为原型的），马雷感到压力重重，几乎无法承受。由于科克托的大力支持，在不拘一格的“家庭”面前（希尔、德布尔德、马里

1 原文为Eros，希腊文原意为“爱”，也是司爱之神的名字。在古希腊神话中，美神和爱神阿弗洛狄忒有一个小儿子名叫“Eros”。而在罗马神话中，他叫丘比特（Cupid），他的母亲是维纳斯。丘比特一直被人们喻为爱情的象征，相传他是一个顽皮的、身上长着翅膀的小神，他的箭一旦插入青年男女的心上，便会使他们深深相爱。

坦、毕加索等人，他们出席了1938年11月14日在大使剧场[Théâtre des Ambassadeurs]的带妆彩排），马雷把所有的告诫抛到脑后，完全打破了受电影影响的“现代”表演风格，转而采用一种全新的戏剧表演方式，着力强调身体的动作。但用科克托的话说，这是没有“味道”的。这场演出吓坏了一部分观众，因为他们只看到了“虚张声势”和“傲慢无礼”，但是也吸引了大部分观众并且博得他们的好感。科克托认为马雷是各种不同表演元素和表演风格的“混合体”，而不是真正的自我超越和“尽善尽美”，他强调的是这个年轻男子本能的“火爆”与放纵，专业的坦率、自我批评的能力和对角色的全情投入。他还认为，马雷催眠的气质和吸引男女两性的磁场不能归因于他表面的性感，而应该归功于深藏于心的“童年”。对马雷而言，他认为自己阿波罗（Apollo）一样英俊的面容是一种本能的诅咒，而不是值得炫耀的资本，这也许正是他渴望在科克托的庇护下扮演完全不同的、“非本能的”角色的原因。当然，他最出色的表演是在电影《美女与野兽》（*La Belle et la bête*）中。

《可怕的父母》获得了艺术与商业上的双丰收，促使马雷重新回到玛德莱娜广场与科克托住在一起。当马雷生病时，科克托无微不至地照顾，甚至绝不允许他离开自己的视线。在这个过程中，科克托赢得了马雷母亲的尊重，尽管她还是有点心存疑虑。但是，就在科克托与“让纳特”重新建立“正常关系”之后不久，马雷很快又与德纳姆·福特斯（Denham Foots）坠入爱河。德纳姆是一个美国花花公子，也在戏剧舞台上小打小闹。马雷再次离开“夫妻”同居的新房，令科克托伤心不已，最后一个人搬了出来。雪上加霜的是，关于个人生活的丑闻也不期而至：1938年7月，科克托同马雷一道去土伦，马雷从不吸食鸦片，科克托却因为毒品被逮捕，并且被带走问讯。7个月之后，由于在审判时受到自己曾经忠实的拥趸弗兰兹·托马森的支持，科克托居然逃过牢狱之灾，只是交了一些罚款而已。

1939年春，科克托到了法国西南部的达克斯（Dax），他在那里给《波多马克》加了一个出人意料的续集，被称为《波多马克的尾

科克托与自己的胸像
阿佩莱斯·费诺萨 1939年

声》（*La Fin du Potomak*）。这部风趣幽默，同时令人惴惴不安、晦暗困扰的小说包含了科克托自1914年以来生活与工作中的许多“逸闻趣事”。之后，科克托和马雷及年轻的助手罗杰·拉纳（Roger Lannes）前往毕垓，在那里过了一段别具风情的幸福的“家庭生活”：科克托写作，马雷画素描或者油画，拉纳读书。周末的时候，马雷还是要跟德纳姆·福特斯在一起，科克托所能做的就是：让马雷同意，不管发生什么事情，他（科克托）才是他（马雷）唯一的知己。他向世人宣称他们的关系是“绝对纯净的”：他身边的年轻男子已经成为自己的儿子，他将继续为儿子的成长负责，反过来，儿子也会帮助他像个圣人一样生活。另一方面，马雷私下里对朋友说，他对科克托只充满了爱慕之情，因为科克托的身体已经日渐老迈无力，像个幽灵一样笼罩着自己的命运。科克托自始至终都希望依靠自己的作

科克托与化身为农牧神的马雷的胸像 1951年

品生活，现在却已经感到作品正在吞噬自己（他的一幅油画新作名为《科克托已死，活着会吓倒你》[*Jean Cocteau is dead and lives to frighten you*]）。但是，科克托不会为此而自杀。毕竟，在恰到好处的光线下，他还是能够集中足够的能量，抹平脸上的枯槁的皱纹，重新变成“科克托”！

1939年9月3日，法国突然对德宣战。当时，科克托和马雷正在圣特罗佩。马雷被征召为预备役军人派往索姆河，科克托受香奈儿的邀请回到巴黎，在里兹过着贫苦的生活。在法德合作的蜜月期内，科克托决心继续完成自己的各种艺术计划，不受任何日常的政治、军事问题的干扰。在鸦片的帮助/麻醉下（鸦片能够让他沉浸在幻想的世界中，和谐安宁、富于创造，超越了地理和政治的边界），他将全副身心都投入到最爱的“让纳特”身上——制作一尊巨大的半身铜像，将马雷塑造成半人半神和阿多尼斯（Adonis）[1]，栩栩如生的头发，雄鹿一样的大眼睛，简直就是农牧神的显影。当然，他也为马雷的处境与安全焦虑不安。但是，随着“怪异战争”的很快结束[2]及停战协定的签署，马雷也被遣散回到巴黎。现在，他们两人将在位于皇宫区域的蒙庞希耶街（rue de Montpensier）9号的一间小公寓相对平静而安全地熬过战争。公寓就在科莱特家的对面，从1940年春天开始，这里一直是科克托在巴黎的寓所。科莱特是科克托最亲密的女性朋友之一。按部就班、平静安宁的生活只被打断过一次，那就是当法国政府撤退到波尔多的时候，科克托曾经短暂离开巴黎去了佩皮尼昂（Perpignan）（同成千上万的巴黎人一样，他9月份又回来了）。由于法国曾经在战争初期宣布要对德作战，马雷原本计划参加抵抗运动，但是因为他和科克托的关系可能带来安全隐患，他被抵抗组织拒绝了（看来是正确的，抵抗组织担心科克托口无遮拦，无意间泄露了秘密）。

1940年6月，科克托和马雷达成了一种全新的协议。征得科克托完全同意后，马雷的新情人保罗·莫里锡安（Paul Morihien）搬进来与他们同住。年轻的“让纳特”是最心爱的人，是上帝，是天使！科克托怎么能够拒绝他的个人愿望呢？由于从身体的角度，他们已经不再是情人，因此他不希望剥夺马雷的应有的幸福，在科克托浪漫的想象中，马雷的幸福也是他自己的幸福。另外，不苟言笑、强壮有力的莫里锡安是一个多才多艺的家伙，既恭敬有礼又小心谨慎，很快就成了科克托的专职秘书。这三个人构成了一个不可分拆的小家庭（尽管这并不能阻止马雷追求性）。一直以来，有一些尖刻的观点认为，科克托与马雷的关系就是“假夫妻”，同样，科克托的个人生活和事

1 阿多尼斯，爱与美的女神阿弗洛狄忒（即维纳斯）所恋爱的美少年，被野猪咬伤而死。

2 “怪战”（drôle de guerre），即英语中的“假战”（phoney War），指二战期间纳粹德国入侵波兰，盟国向纳粹德国宣战，前线法国和英国一百多个师却没有和德国人交火。

科克托、马雷和他的狗穆洛克　1940年代初

业追求在本质上也是虚假的。但是，尽管他们复杂的关系中还牵扯到其他男人，科克托和马雷的感情才是最牢固、彼此关爱、一心一意的友谊，绝不是什么“虚情假意”。至于随时可能遇到的不安、伤害、忌妒等纠缠不清的问题，绝不能影响艺术的稳定性和连续性，这是科克托坚持的底线。几年之后，他们的真情完全获得了回报。在由科克托编剧（也参与导演）的电影《永恒的回归》（*L'Eternel retour*）中，马雷作为男主角扮演漂亮的情人帕特里斯（Patrice），一举成为法国电影第一位令人心跳的男人。1943年10月影片公映时，马雷条纹提花毛衣掀起了一阵流行的风潮，一群群年轻的女子开始团团围住他们居住的公寓。影片也让马雷的狗狗穆洛克一举成名。影片令人惊喜的成功，有效地影响了人们对科克托和马雷的关系的看法。现在，马雷特别希望人们看见他和科克托在一起，因为这是对他们独特关系的坦率表现：既像兄弟，又像夫妻，就像影片《永恒的回归》中最后获得超越的夫妇那样，充满了神秘的韵味。不管他们私生活的具体情况如何，尽管他们公开地一起外出时本能的相互保留（在公众场合，科克托会根据情况调整自己稍嫌娘娘腔的、扭捏作态的动作），他们成了法国第一对公开的同性恋艺术家夫妇，获得了很高的名望，甚至获得时尚杂志（*Vogue*）的冠军。尽管一直没有宣称成为一个同性恋的挂名首领或者“尊贵的民族女王”，正如作家安杰洛·里纳尔第（Angelo Rinaldi）后来固执己见的说法所讲，科克托给同性恋的感受注入了信心，战后积极地支持成立第一个正式的同性恋组织“阿卡迪亚”（Arcadie）。

毫无疑问，在与马雷合作的电影中，科克托的生活和艺术的关系是表现得最丰富也最成功的。毕竟，在《永恒的回归》取得令人瞩目的成功之后，正是马雷鼓励科克托回来当电影导演，结果在1940年代中后期拍摄了一系列出色的影片，比如《美女与野兽》、《可怕的父母》和《双头鹰》。电影《双头鹰》（*L'Aigle à deux têtes*）原本是科克托1943年在布列塔尼（Brittany）的庄园内创作的戏剧（当时，马雷在画画，莫里锡安在劈柴）。就像《可怕的父母》一样，它是根据马雷的独特的愿望而作的：在第一幕中不说话，在第二幕中兴奋的喊叫，在第三幕中向后滚下楼梯。在这个充满政治和爱情吸引力的故事中，年轻的诗人和无政府主义者斯坦尼斯拉斯（Stanislas）闯进了皇后娜塔莎的寝宫，执行刺杀皇后的任务：由于专制的爱情注定没有结果，他们绝望地死在一起。作为科克托献给马雷的圣诞礼物，科克托通过剧中皇后与斯坦尼斯拉斯激烈的争吵，来反映他们自己关系中的激情、悲怆和失望。争吵过后，斯坦尼斯拉斯感到孤单、无助，最后被爱情窒息。

尽管马雷很勤奋，努力地工作，对科克托心怀敬畏（他总是说自己欠科克托太多，科克托就像父亲一样，既塑造了他，也改造了他），他们的合作中还是存在一些持续不断的冲突。在后来的采访中，马雷解释说，在早期的戏剧作品中（比如《圆桌骑士》），他曾经极力抵制科克托，仅仅只是因为不想成为科克托艺术计划中无足轻重的人。他不断地重复这个观点：他们在电影中的合作过程更加简单、顺利，那是因为他更加成熟了——言下之意是自己更加谦虚谨慎——能够接受科克托的指令，并且用自己的方式将它表现出来。到了拍摄《俄耳甫斯》的时候，他已经能够热情地丰富科克托的意图，或者略作调整，在这个过程中赞美科克托艺术与生活完美融合的理想："他（科克托）的方法不同：生活，讲话，一起看美好的事物，培养精神，不要考虑艺术——在他眼里，艺术不是生活的中心。"[1]科克托1954年出版的《让·马雷》（*Jean Marais*），对马雷的生活及其艺术活动（包括诗歌和绘画）进行了全面的、令人羡慕的、同时也非常客观地描述，他承认了年轻人对他出于本能的抗拒。同时他也透露，马雷如何在转而接受自己观点的同时而又不放弃自己的想法，最后二者居然能够神奇地统一起来。他们的合作是不同风格或者"两种强力路线"的独特融合，科克托特别赞美合作过程中的道德方面，不仅形成了深厚的友谊，而且协调了自己的艺术实践。甚至到了1960年代，科克托依然认为让纳特是最适合阐释和传播自己的作品的人。反过来，直到1998年去世，马雷始终坚持捍卫科克托的作品不容玷污，并且继续重演他的戏剧作品。他甚至创作了许多舞台节目来表现他们的关系，例如1983年在巴黎首演的《科克托–马雷》（*Cocteau Marais*）。通过这种方式，马雷使自己成为活着的传奇。

第十七章

卷土重来的世界大战

毫无疑问，科克托经历的“一战”，是在捍卫法国的民族事业。然而，他的“二战”经验却竟然不同。二战期间，不仅只是科克托，甚至是整个法国，都被卷入无休无止的矛盾和危机，针锋相对的意识形态歧见被推向极端。作为一个自称细腻微妙的人，科克托得到了应有的尊重，但很多时候都比预期的差很多。当自许“不合时宜的艺术”突然遇到残酷的政治现实，就会面临重重危险和层层陷阱。二战期间，科克托的确将自己残酷地暴露在各种危机和陷阱面前。

自1940年6月以来，科克托将自己安顿在位于法国皇宫区域（Palais-Royal）的那个舒适的小天地里，他似乎觉得自己正住在一个城市里的小村庄，给人的第一印象是情绪低落、意志消沉、毫无生气，特别是晚上宵禁的时候，冷落更甚。但是，关于个人的各种记忆却相当活跃，甚至缓冲了巴黎沦陷造成的各种无法预料的恐怖与恐慌。接近1940年年底时，在马雷的鼓动下，科克托到利奥泰诊所（Lyautey clinic）接受新的戒毒治疗。毕竟在配给时期，药品监管更加严格，他不能获得赖以维持的鸦片。整个治疗过程，马雷并未插手。1941年初，科克托痊愈出院，他甚至相信自己完全摆脱了对鸦片长达二十多年的依赖。除了战争时期每日的辛劳之外，马雷仍然坚持由自己主宰性和欲望方面的事情，将科克托置于受痛苦折磨的病人的位置。对科克托而言，这是一段相对平静的日子。的确，由于莫里锡安和马雷的其他“兼职情人”保证能够源源不断地提供黑市商品，科克托自始至终过得比较舒坦。他也很高兴地接受了德国当局发放的护照，兴之所至地在巴黎晃荡。他继续定期给《喜剧》杂志写文章，这些关于戏剧的音乐的文章，根本不涉及战争，只是着力描述“不在现场的巴黎”。不久，也就是1942年春，他开始保留一些私人的日记，靠写作电影剧本和对白挣钱，醉心于德·儒安维尔工作室

科克托在黑板前
蒙庞希耶，巴黎，
1940年代初

（Studios de Joinvillle）的同志情谊，无疑这为他暂时缓解了巴黎沦陷的严峻气氛。他为塞尔日·珀利莱（Serde de Poligny）导演的影片《幽灵男爵》（*Le Baron Fantôme*）编写剧本，甚至亲自扮演男爵。在一些私人问题上，他与瓦伦汀·雨果及毕加索等人达成了短暂的和解，并且通过他们联系到一些自己以前的超现实主义敌人，最著名的当然要数艾吕雅，他现在正在积极参加抵抗运动。其他一些曾经跟随科克托的年轻人或者学生也都参加了抵抗运动，包括弗朗兹·托马森、皮埃尔·赫巴特（Pierre Herbart）和罗杰·斯蒂芬纳（Roger Stéphane），科克托觉得自己的个人世界就要消失了。但是，对科克托的世界打击最大的事情是1943年1月母亲病逝，母亲是他钟爱一生的女性之一，她在巴黎的女修道院渡过了生命中的最后四年。实际上，从1939年起，她的病情就恶化了，病弱体衰、神情恍惚，科克托反过来成了“她的”母亲。就像拉迪盖去世时一样，科克托不愿公开悼念她，而是沉浸在对她的怀念中，为母亲写了自己最真挚、最深情、旋律最优美的自传体诗歌《蕾欧娜》（*Léone*）。

当第一批反犹太人的具体措施（比如强迫犹太人佩戴黄星勋章）开始实施，科克托就着手帮助自己的犹太人朋友，提前告诉他们什么时候具有潜在的危险。科克托坚决支持反种族主义的立场。鉴于他们家族在19世纪90年代的德雷福斯案件（Dreyfus affair）中表现出的根深蒂固的反犹太人倾向，他反种族主义立场的意义显得更加难能可贵。1940年5月，即法国耻辱性的战败之前一个月，他签署了向“反反犹太主义国际联盟”（LICA）提交的陈情书，并且在它的机关报《生存的权利》（*Le Droit de vivre*）上表达了清晰的、坚定的反种族主义立场。听到这些情况后，反犹太人作家路易–斐迪南·塞利纳（Louis-Ferdinand Céline）马上开始指责科克托，他在1941年11月发表在报纸《我无处不在》（*Je suis partout*）上的一封信中，猛烈地攻击科克托：“科克托堕落了？那是一件事。科克托参加了联盟？消灭他。”塞利纳甚至公开宣称，科克托被犹太人洗脑了。当然，这种“熟悉的谩骂”不仅仅针对科克托，而且针对其他所有的“态度暧昧”的作家，比如纪德。在民族革命的新时期，他们公开坚持“工作、家庭、祖国”的价值观念，现在全都成了怀疑对象，被贴上了道德败坏的“个人主义分子”的标签，像犹太人、共济会会员、共产主义者和吉普赛人一样，要为法国道德品质的沦丧负责。科克托被专门揪出来，是因为他好像最能体现道德上腐化堕落及对第三帝国的卑躬屈膝。“法奸”、右翼作家和批评家，诸如罗伯特·巴希拉齐（Robert Brasillach）、吕西安·勒巴泰（Lucien Rebatet，又叫弗朗索瓦·维安尼尔[François Vinneuil]）和阿兰·洛布罗（Alain Laubreaux）之流串通一气，掀起一场倒科克托的运动，污蔑他背叛法国，甘当黑人的“犹太情人”（“巴拿马”艾尔·布朗被诬蔑为“黑色的脚踏”，含义是“鸡奸”）。这种污辱并不只是口头的或者言辞的。1943年8月27日，也就是科克托被多里奥的“法国志愿者同盟”袭击后的第二天，他就画出了最令人困惑的自画像之一《对老友多里奥的回忆》（*Souvenir du compère Doriot*），模模糊糊的脸上，一只黑洞洞的眼睛。由于科克托在身着德军制服的队伍游行到香榭丽舍大街时，没有在挥舞的法国旗帜面前戴上帽子，《我无处不在》居然借题发挥，进一步陷害科克托，说他是“恶贯满盈的戴高乐分子”和“狂热的爱犹分子”。

最后，科克托决定到占领者阵营内部寻找保护，至少，他认为那些亲法的、有文化的、影响力大的德国人能够帮助他。这些人包括：奥托·阿贝茨（Otto Abetz），德国驻法大使，曾经是一位美术教授；海勒（Heller），海军上尉，曾经在法国图卢兹求学；伯纳德·拉德马彻（Bernard Radermacher）、戈培尔（Goebbels）的艺术及私人代表；作家恩斯特·荣格尔（Ernst Jünger），他认为科克托是对德国影响最大的当代法国作家。很快，荣格尔对科克托表示同情，甚至认为他“像一个蜷缩在自己奇异的洞穴里的人，看似舒服，实则饱受煎熬”。相对而言，在纳粹统治集团内部，荣格尔是一个和平主义者，就像科克托一样，相信自己能够抽身于政治和现实之外，换句话说，是个“非现时的”或者“不合时宜的”人。同样，他对毒品非常好奇，晚上就泡在蒙庞希耶街上，对科克托口若悬河的讲话醉心不已。科克托利用自己的口才，将自己的听众带到了普鲁斯特的卧室及其他闻所未闻的地方。另外，科克托还与一个德国知识分子打交道。科克托感到与他们在一起很安全，反过来，他们也认为塞利纳的种族主义言论令人恶心。科克托在日记中写道，没有任何沮丧或者讽刺的意思，“家/祖国就是同一些人的相遇，他们很快发现自己有共同话语/处于同一水平”。当然，在巴黎沦陷时期，科克托对德国占领者的亲善态度，在法国知识分子身上并不陌生，但是并不意味着这样就很安全或者没有风险。暂且把这种行为本身是否构成“通敌”这个复杂的道德问题放在一边，科克托的二战经历中还有一些极其重要的关头，普世化的艺术实践（梦想）与现时的政治发生了尖锐的冲突。

1941年4月，洛布罗在《我无处不在》上发表故意煽风点火的文章《马雷和沼泽》（*Marais et marécage*，转义为“马雷与困境”[Marais and marsh]），他攻击科克托的戏剧《打字机》（The Typewriter）。当时，《打字机》已经成功地通过审查，并且由艺术剧院的雅克·赫伯托特（Jacques Hébertot）导演。洛布罗在文中的用词充满了同性恋厌恶症（比如“性倒错的戏剧”、“变性的笨伯”等），可以同《热尔布》（*La Gerbe*）和《皮洛里》（*Le Pilori*）等杂志上妖魔化的、侮辱性的剧评相提并论。[1]科克托成了好色的犹太佬、鸡奸者，《打字机》则成了对一系列卑鄙行为的“非道德化”处理。德国占领当局禁止演出这部戏剧，但最终又以艺术自由的名义解禁了。科克托被迫给剧院写信，声明自己没有请德国人帮忙支持演出《打字机》，但是他也同时感叹，艺术只有在德国占领者手中才能得到公正的待遇，而不是在法国人自己手中，实在令人痛心。故事并没有到此结束。1941年6月，在同科克托一起离开赫伯托特的剧院之后，马雷将可恶的洛布罗当众打倒在芭提诺尔大街（Boulevard des Batignolles）上的一家餐馆外。马雷莽撞的行为的确让通敌的媒体安静了一阵子，并且德国占领当局也从未追究此事。但是洛布罗发誓要以牙还牙、坚决报复，并且很快就兑现了。要知道，早在1938年11月，他就已经开始向科克托的戏剧《可怕的父母》发起极端恶毒的攻击，借口是捕风捉影地认为该剧伤风败俗，特别是它对家庭关系令人厌恶的刻画。[1]1941年10月底，当同一出戏剧要在不同的剧院重演时，右翼媒体老羞成怒，坚决要将它赶下舞台。在洛布罗的强烈怂恿下，多里奥（Doriot）的法国群众党党徒向舞台上的演员扔催泪瓦斯和墨水瓶。很快，德国人也禁演了这出戏。《可怕的父母》是对资产阶级道貌岸然的伪善世界的尖锐讽刺，特别是通过乱伦、狂爱等主题，对伤害无辜的现象进行有力的鞭挞。在剧本的序言中，科克托用自己标准的术语“（猥亵的）秩序”与“（纯洁的）混乱”来说明他

1　《热尔布》和《皮洛里》，前者意为花束、束状物，有“集锦”之意；后者原意为犯人的示众柱或者示众的枷刑。由此可见两种刊物的性质。名称暂以音译为准。

《永恒的回归》场景　帕特里斯（马雷饰演）与娜塔莉/伊索尔德（玛德莱娜·索罗恩饰演），1943

的“不良家庭”。这些术语在维希傀儡政府时期承载了丰富的含义。洛布罗坚持认为科克托在腐化青年人，戏剧《可怕的父母》是对亨利·伯恩斯坦（Henry Bernstein）的犹太戏剧所有的糟粕的集中体现。通过荣格尔作为德国当局的某种中间人，科克托让《可怕的父母》再次通过审查，并且在12月中旬重演。但是，它也再次遭到极右份子的破坏。蒙面党徒让·费利奥尔（Jean Filliol）伙同“革命行动秘密委员会”[1]成员用燃烧弹、汽油瓶围攻舞台。戏剧演出不得不终止。科克托的舞台计划完全陷入黑暗的深渊（他的另一部戏剧《雷诺

1　革命行动秘密委员会（Comité Secret d’Action Révolutionnare），二战期间的法国法西斯组织。

与阿米尔德》[Renaud et Armide]也一起遭到法兰西喜剧院的拒绝，这部亚历山大英雄体的诗剧直到第二年四月才获得首演）。

尽管如此艰难，但是由于他的对手，比如布勒东和纪德都逃离了首都甚至法国，科克托开始将自己视为最后的无可争议的法国艺术家。1943年甚至可以称为金色的年华，《安提戈涅》成功地重演，舞剧版《清唱》也在舞台上和观众见面，塞尔日·利法尔在剧中扮演阿波罗。但是，关于科克托对文化的“时代精神”的第六感的神奇事迹，以及他通过对逃避现实的回答最终接近“人民”的证明，乃是他的第一部重要的故事片电影《永恒的回归》，与商业片导演让·德兰诺伊（Jean Delannoy）合作，根据特里斯坦（Tristan）和伊索尔德（Isolde）的中世纪传奇故事的改编。甚至那些一直对科克托心怀敌意的右翼批评家都对影片诗意现实主义的印记表示赞同，被罗杰·赫伯特（Roger Hubert）电影摄影雕塑般的美感、乔治·瓦赫维奇（Georges Wakhévitch）浩大的场景和奥里克令人难忘的背景音乐所折服。巴希拉齐在《法兰西回声》（*Echo de la France*）上撰文称赞影片“精致而高雅的品味”，特别是马雷对帕特里斯的理解与表达：英俊潇洒而又天真烂漫的特里斯坦被自己最爱的人娜塔莉（Nathalie）/伊索尔德伤透了身心。同样，在《我无处不在》上，雷巴特也赞扬了科克托“童话”风格的视觉诗意。事实上，在巴黎沦陷时期，《永恒的回归》具有双重优势：它是法国电影中非犹太民族的白人电影，特别是爱人们金色的头发和雕塑般的姿势，都是日耳曼人的最爱。科克托曾经在剧本中谈到真实与虚构的结合，但是一位批评家非常有说服力地指出，科克托希望完全超越政治。在这个发生在不确定时空的理想世界的浪漫爱情神话故事中，两位爱人奇异怪诞的死亡，以及他们被日常世界的驱逐，都是为了保证他们的真实性和可靠性。别忘了，纯艺术需要死亡与磨难，帕特里斯以艺术的名义而死，他也是因为爱而牺牲。[2]

科克托认为马雷在《永恒的回归》中的造型扮相可以和阿诺·布雷克（Arno Breker）的一件雕塑相提并论。从《屋顶上的牛》开始，阿诺·布雷克就成为科克托的朋友，现在他是希特勒最喜欢的雕塑家

科克托与德国雕塑家阿诺·布雷克在巴黎 1943年

（人们甚至想知道，影片开头演职员表的背景图像——一只雕塑的手的特写——是否是对布雷克作品的模仿）。科克托曾经在一篇“臭名昭著”的文章中热情赞扬他的雕塑作品。这篇辞藻华美、感情热烈的散文叫做《你好，布雷克！》（*Salut à Breker*），发表在《喜剧》杂志1942年5月23日的首页，是对1942年5月布雷克在巴黎网球场美术馆举办的雕塑展发自内心的、不请自来的热情赞美。雕塑展上展览的都是肌肉健硕的、男性激素饱满的新希腊男子形象。事实上，科克托并不是特意要去赞美这些雕塑作品中英雄的男子气概，而是真诚地希望法国的媒体和知识分子记住：德国人也可以成为一个优秀的雕塑家。以艺术的名义来赞扬像布雷克这样被官方禁止的艺术家，是需要冒很大的个人风险的。仅仅从阿谀奉承的层面来读，这篇文章很容易被设计为解放论者用来枉顾艺术中人为设置的不合理要求的借口。读者的反映，甚至是科克托的朋友和崇拜者的反映，都一致的令人感到不安。1942年7月初，艾吕雅在一封信中直言不讳地宣称，科克托事实上已经从被禁止者变成了审查者。更有甚者，科克托在日记中将一组关于布雷克的新闻简报放在一起，并且在旁边写道（引用尼采的话），

“我之不幸，我切身体会”[1]，酿成了后来的“布雷克事件”。尽管拒绝了布雷克要他去柏林的邀请（马雷坚决不许他去），但是随后他在为自己的文章竭力辩护时说，布雷克曾经帮助电影界的机械师在德国摆脱了服劳役的厄运，完全是一个值得尊敬的、正派的好心人。也许，科克托还有更多、更充分的个人理由这样说，因为布雷克曾经给他留了一个在遇到紧急情况时才能使用的神秘的柏林电话号码（这也许就是马雷在袭击洛布罗之后却能安然无恙的原因）。另一方面，布雷克也非常高兴地陶醉在自己创造神话的倾向中，相信“曾经的艺术家”阿道夫·希特勒（Adolf Hitler）实际上是一个和平主义者，真正希望拯救法兰西。布雷克三言两语就让科克托相信了这个荒谬的想法，后者又在日记中悄悄地责怪法兰西对这位热爱艺术和所有艺术家的元首的鲁莽无礼、忘恩负义！他甚至心怀这样的幻想：至今未婚的希特勒，很可能是个同性恋者，他高尚升华的性欲培养了布雷克这样的艺术家。很长一段时间内，科克托都将公众对《你好，布雷克！》的反应置若罔闻，恰好就是因为这个致命的判断失误，也成为1944年初英国BBC（英国广播公司）将他视为“法奸”的理由。

战争后期，科克托遭到了真正的伤害。1944年3月4日，麦克斯·雅各布在德朗西（Drancy）专为犹太人设立的中转营内被关押了一个月后死于肺炎。科克托竭尽所能地向德国人施压，代表雅各布向奥托·阿贝茨写信求情，也请乔治·普拉德斯（Georges Prades）这些朋友帮忙搭救，普拉德斯也的确在驱逐的过程中找过一些关键的德国人。雅各布病死的时候，求情信就在德国人手中！辛辛苦苦的营救，等待他的确是无法逆转的悲剧，科克托的心都伤透了。他永远无法释怀的是他不能搭救自己亲爱的朋友。但是，当1944年7月巴黎获得最后解放的时候，他也加入到人群中去看戴高乐（de Gaulle）耀武扬威地降临在香榭丽舍大街。的确，科克托非常渴望从格里隆旅馆（Hôtel Grillon）的窗口见证这些值得纪念的事件，以至于差点被狙

1 原文为Woe is me，I’ m all nuance.

击手打死。很快，他又重新和英国大使的妻子戴安娜·库柏女士过从甚密，她的“科马斯组合”（Comus band）[1]也包括贝拉尔、奥里克一家、路易斯·德·维尔莫兰和塞西尔·比顿等人。但是，由于“涤罪”的阴影渐渐逼近，科克托欢欣鼓舞的情绪很快就变成了忧心忡忡。马雷正在阿尔萨斯服役，科克托只有独自去面对专门为沦陷在巴黎的人们“涤罪”而设立的各种委员会，特别是其中的两个，一个是针对作家的，另一个是针对电影从业人员的。出于各种政治考虑，科克托难免会成为被怀疑的对象，虽然不是一个英勇的抵抗者，但是他自觉问心无愧，同时自豪地坚信自己没有做过什么坏事。像其他人一样，科克托现在也佩带着从事抵抗运动的法国内地军（FFI）的玫瑰形饰物（三色的雄鸡）。他还在《新文学》上发表了一首诗《1944年8月25日》（*25 Août 1944*），画了不少玛丽安（Marianne）头戴“自由之帽”的肖像素描，其中一幅被新生的第四共和国用来制作20法分的邮票。[2]因此，在这一阶段，他发现没有任何理由重现自己过去的行为，或者尽力让自己显得更合群的样子。最后，由于阿拉贡和艾吕雅为自己仗义执言，科克托始终没有“被整肃”或者“被清洁”。另外，正如以前一样，科克托从不携私报复，甚至向那些在战争时期对自己满怀敌意的人提供帮助，因为他们大多数人现在都遭到“变节”的指控。他公开号召废除巴希拉齐的死刑判决，并且强烈谴责执行死刑。一年之后，他同样为洛布罗的死刑鸣冤。个中原因，正如他对莫里亚克所说的：“友谊是我唯一的政治。”

---

1 Comus，希腊、罗马神话中的宴乐之神。《科马斯》是约翰·米尔顿的假面剧。

2 玛丽安（Marianne），在法国大革命中，有人用一个戴着“自由之帽”（Liberty Cap）的女人像来代表为之追求与奋斗的“自由”。人们接受了这个标志并戴上“自由之帽”以表示对革命的支持。因为这个标志代表的是大众的自由，因此法国人用法国女性最常用的名字“Marie-anne”为之命名，后来演变成“Marianne”。19世纪，“Marianne”越来越经常用来代表法国，她的标志广泛用于邮票、建筑，凯旋门上也有她的头像。Marianne是法国的象征，是法国大革命时期想要传达的自由、理性、平等的政治思想所树立的拟人象征。

第十八章

无人的土地

在战争刚刚结束的时候，物资短缺，各种“清算”活动陆续展开。科克托近乎刚愎自用地决定要拍摄一部极度挥霍的电影。1945年8月，受勒普兰斯·博蒙夫人（Leprince de Beaumont）1757年的同名童话故事的启发，科克托开始拍摄电影《美女与野兽》，利用图尔（Tours）附近一座十七世纪的古堡作为外景地。还有桑利斯（Senlis）附近的拉赖城堡（Château de Raray），城堡里的剧场和游廊里有各种稀奇古怪的动物雕塑。由朱赛特·戴（Josette Day）扮演美女，马雷扮演野兽、王子和美女漂亮的好友阿维南（Avenant）（科克托增加的一个人物）。在这部黑白电影中，由贝拉尔设计的场景和服装奢侈华丽、风格夸张，由埃里克创作的音乐令人晕眩震撼，绝对是一部令人销魂的作品。影片一开始，（导演）就要求观众像孩子一样天真单纯，暂时搁置怀疑。片头还包含许多真正具有催眠作用的设计。例如，美女用芭蕾舞一样的慢动作穿过野兽的洞穴，然后滑过长长的走廊，她左边白色的窗帘迎风鼓起。在这里（包括其他地方），科克托让观众充分意识到速度和节奏潜在的转换能力。这个充满了绵延、流动、颠倒、转向和变形的世界，像一连串情境画一样徐徐展开。自相矛盾的是，这次高度风格化的奇幻之旅，居然是遵照现实主义、甚至纪录片原则来完成的，科克托称之为“虚构世界完美的现实主义”。它依靠的是亨利·阿勒康（Henri Alekan）清晰而准确的电影摄影，强调光与影的强烈反差，不像传统的幻觉电影观念，喜欢使用朦胧的烟雾和水汽来营造神秘感。

科克托用这部神奇非凡的电影正在做什么呢？在电影拍摄期间，科克托留下了一本令人着迷的日记，就像反映整个艺术计划的一面镜子，详细地记录了各种日常的努力与挣扎及在拍摄过程中灵光一现的独特想法。《〈美女与野兽〉电影日记》（*La Belle et La bět:*

《美女与野兽》截图：美女（朱赛特·戴饰演）和来源不明的手臂

Journal d'un film）也揭露了忧郁的、轻度偏执的科克托怀疑他的专业团队设置各种陷阱来阻挠无法预知的上帝的宝藏。另外，这部电影艰难的进展也与科克托自己长期令人折磨的皮肤病直接相关，比如炭疽、脓疱和湿疹。因为这些疾病，科克托甚至不得不到医院去住上一段时间。显然，"善良的"怪物的故事就是对自己丑陋面容的屏障和反转。最后，怪物的魅力被公之于众，科克托的丑陋也一去不返。科克托在日记中写道，随着年龄的增长，我们会越来越丑陋，但是我们的作品应该越来越美丽，像我们关照孩子一样关照自己。[1]但是，科克托的电影的深意远不止于此。科克托的电影及其健康状况与法国本身的现实是相互关联的，因为：正在追寻自己的艺术的人是一个生病的诗人，同时，他也是一个失败的法国公民，希望证实自己的爱国情怀。简言之，遭遇苦痛的双重面具允许科克托重新界定自己的电影——作为诗人与国家之关联的象征或者隐喻。鉴于他在身体和艺术两方面承受的痛苦（他认为自己是恶人的牺牲品），科克托相信他能够补偿他自己的懦弱和国人集体的屈辱，由此抵抗德国纳粹的瘟疫。根据他精密复杂的推理（其中加入了许多具有基督仁爱精神的意象），只有通过艺术这条艰难的、唯一的途径，奇迹才能复活。也只有通过艺术，法国才能在遭受了沦陷的地狱之灾后，重新发现自己天

《美女与野兽》的拍摄现场
1945年

性的善良和渴望新生的能力。

科克托当然有权利宣称《美女与野兽》是民族神话和个人神话的体现。通过对博蒙夫人的童话故事重新进行文化和美学的想象与展望，他得以将自己重新表现为一种新型的电影诗人和法国电影的救世主。科克托利用艺术来树立自己的公众形象和自我形象的超凡能力，以及他“该忘就忘，该记就记”的独特本领，保证他熬过了一次又一次的磨难。战后，当他准备锻造一种新生活的时候，这些能力又帮了他的大忙。现在，事情看来的确对科克托有利。1945年11月，罗杰·拉纳（Roger Lannes）在赛热尔颇负盛名的选集中发表了第一篇关于科克托的专题论著，写作的视野更加开阔，但有时缺乏完整的事实。拉纳的《让·科克托》（*Jean Cocteau*）直接对克劳德·莫里亚克（Claude Mauriac）进行了尖锐地反驳。克劳德·莫里亚克是小说家弗朗索瓦的儿子，曾经与科克托非常要好，他刚刚出版了一本造谣诽谤、恶意攻击的书《让·科克托；或者，谎言与真相》（*Jean Cocteau; ou, la vérité du mensonge*）。实际上，《谎言与真相》受到了纪德恶毒、傲慢、吹毛求疵的观点的严重影响。科克托相信，自己完全被出卖了，但他还是一如既往地麻痹自己：莫里亚克的恶意攻击与他个人本身没有什么关系，只是年轻人个人理想破灭的结果，这些全都是可以改变的。科克托也用同样的眼光看待莫里斯·萨克斯。1941年初，萨克斯出于单纯的报复心理和自己臆想的不公平，处心积虑地想要在新的道德气候下伤害科克托，发表了题为《反抗让·科克托》（*Contre Jean Cocteau*）的文章。然而，科克托还是不允许自己去恨萨克斯。由于纵情于战争，萨克斯作为一名间谍参加了盖世太保，最后在德国被杀害。然而，要让他保持沉默并不容易，他身后留下了许多仇恨的文字，直到1950年代，仍不断发表在《笑料与丑闻大全》（*La Chronique joyeuse et scandaleuse*）这类著作上，诅咒不会携隙报复的科克托。

至于让·热奈特（Jean Genet），他与科克托的私人关系一直非常复杂。1943年初，科克托第一次遇到热奈特。热奈特第一部杰出的小说《鲜花圣母》（*Our Lady of the Flowers*），就是科克托暗中通融保罗·莫里锡安才得以成功发表的。尽管热奈特当初在阅读科克托的作品时很受启发，但是他现在已经把自己界定为某种“反—科克托”人士，热衷于将科克托所有善良的水手、圣人和杂技演员推进偷盗、背叛和落魄的泥潭。当然，这并不妨碍他向科克托寻求帮助。当热奈特因为在巴黎的一家书店偷窃而再次被捕并且重新投入监狱的时候，他迫切地要求自己远在维勒弗朗什的“监护人”（科克托）出面保释（科克托没有要求任何回报）。科克托为什么忍受热奈特的忘恩负义和傲慢无礼？正如他后来在日记中承认的，那是因为热奈特对于他最关心的事情（比如友谊）而言并不重要。对科克托而言，忍受热奈特的理由很简单：热奈特是一个天才；天才拥有神圣的特权；天才不会真正干坏事。1943年7月的预审会上，科克托安排著名的大律师莫里斯・加松（Maurice Garçon）为热奈特辩护，自己则亲自为热奈特作证，援引兰波的案件来证明艺术超越了道德的界线。法官被科克托高调的逻辑所诱惑，仅仅判了热奈特三个月零一天的监禁（根据罪行，他原本可能被判刑几年）。

科克托曾经孜孜不倦地帮助热奈特提升名气，但是，由于热奈特对自己扬名昭昭的真实性越来越没有把握，他们两人的私人关系不断恶化。艺术上的竞争、发生在宠爱之人身上的一些鸡肠小肚的猜忌，引发了两人之间一系列的反唇相讥。不过，在1944年冬天，热奈特拥戴科克托作为当世最伟大的诗人，并且为新版的《定时炸弹》写了一篇序言（后来，他还为科克托写了一篇过分恭维的颂词，称赞科克托作品中天然纯朴的智慧和无忧无虑的单纯。言下之意是没有任何深度与技巧可言）[2]。但是，不管热奈特怎样挖苦讽刺地对待自己，科克托始终坚持把热奈特视为一个出类拔萃的艺术天才甚至道德"英雄"。他为热奈特的小说《布雷斯特之争》（*Querelle of Brest*，1947）里那些性欲旺盛的水手们画了一系列非常淫秽邋遢、忧郁孤僻的肖像以作为该书的插图，并且监制了热奈特歌颂手淫的电影《情歌恋曲》（*Un chant d'amour*，又译《幽闭之爱》，1950）。与热奈特一起参加的、风靡巴黎的存在主义者的爱情聚会[1]，却让科克托感到有点跟不上时代的脚步，尽管他在热奈特面前也是花神咖啡馆[2]的常客，并且与萨特和波伏娃（de Beauvoir）一类的、圣日耳曼德佩区的名流保持着良好的个人关系。对于萨特，科克托主要是喜欢他张扬的智慧和谈话风格（然而在某个场合，科克托满腔热情地讨好别人，却发现

1 爱情聚会（Love-in），（嬉皮士，佩花嬉皮士等颓废派青年表达性爱的）性爱聚会，爱情聚会，淫乱聚会。

2 花神咖啡馆（Cafe de Flore），创立于1887年，以古罗马女神Flore为名。从20世纪初，"花神"就与现代文学难舍难分，它曾经是文化人交换政见与消息的地方，布勒东的"超现实主义宣言"在此诞生，也是萨特、加缪酝酿出"存在主义"的启蒙地。

别人都出于尊敬而与自己保持着一定的距离）。特别是萨特，他曾经认真地请求科克托为自己1947年的戏剧手稿《肮脏的手》（*Les Main Sales*）（在科克托的帮助下，该剧于1948年成功上演）提出意见，并且在创作自己那篇不朽的《圣·热奈特：喜剧演员与殉道者》（*Saint Genet:comédien et martyr*）时感谢科克托写信支持。《圣·热奈特》直接引用了科克托信中的原话，不仅将热奈特奉若神明，而且将他推向荣誉的顶峰。尽管他认为《圣·热奈特》实际上是萨特自我膨胀的投射（也许，这是一串酸葡萄，因为萨特实际上不愿承认科克托是发掘他的文学天赋的人之一），但他还是很欣赏萨特"火热的心灵与高贵的灵魂"，并且在他身上发现一种与弗朗索瓦·莫里亚克相反的同盟。1948年7月，当热奈特再次面临长时间的牢狱之灾时，科克托和萨特两人一起出面给总统写信求情，结果，热奈特虽未被彻底赦免，但是他的罪行被抹掉了。

在《美女与野兽》大获成功之后，科克托最终同意在适当的时间休息一下，到上萨瓦荒凉偏僻的莫尔济讷（Morzine），过着隐修一样的生活、康复身体。在这里，科克托开始整理自己的各种思想，后来形成最重要的自传性散文集《存在之难》（*The Difficulty of Being*）。在《存在之难》里，科克托用到了自己一生中作为一个人和艺术家的全部素材，当时他刚刚过了五十五岁。书中的每一章都是一篇具有蒙田道德主义风格的散文随笔，深入地思考诸如痛、梦、笑、美、死之类的永恒主题（书名借自十八世纪法国博识的哲学家冯特内尔[Fontenelle]在临死之前对医生说的话，"我感到某种存在之难"）。散布其中的是科克托对自己的生活与童年的新颖描述，以及对经常怀想的人（拉迪盖、尼金斯基、阿波利奈尔等）的刻画。再也不需要引人注目或者故作神秘，科克托毫不宽容地批评自己缺乏政治热情和政治远见，承认自己易受诱惑的人性弱点（刚一出生，我就负重累累。我从来就没有平衡过）。自我分析的层次从显而易见的浅表（他反复提到自己的脸和身体状态/神采/风度）直到深层的内心（无意识的活动），无所不包。他坦承自己在演出的时候很容易分散精力，并且直接参与创造了关于自己的各种虚假、“荒谬”的神话。在谈到“友谊”的一章中，科克托显示出令人惊讶的诚恳，他强调自己渴望人际交往的基本需求（我爱别人，我只有通过他们才能存在）；他向人们解释为什么他培养友谊更甚于爱情，爱情是一种短促的痉挛，会被触怒的友谊不是友谊，是潜藏的爱情。他也毫无戒备地将自己表现为一个创造“儿子”的人，通过年轻男子接受教育。的确，科克托在这本书中摒弃了任何分析性权力或者权威的想法，取而代之的是唯物主义意义上的自然混乱，将自己老化的体质描述成一座“头脑混乱”、“直觉活跃”的“工厂”。在最后一章中，科克托对“责任”进行了非常精辟的论述。他说，自己身体的血脉会与自己作品中的每一个字一起跳动，因为他毕生追求的是与读者的“心灵”之间最根本的联系与共鸣。他最美好的愿望是自我与他者之间的一种互本文的交流或者“缠绕”，如果这样的话，他将在阅读的每一个瞬间复活。“写作的过程，恰似在做爱。否则，就仅仅只是在写字”，这是科克托最著名的宣言。

《存在之难》是科克托最令人信服的文学成就之一，一种对焦虑不安、压力重重、分裂破碎的存在（人生）独一无二的再现，它唯一不真实的说法出现在结尾。科克托在注释中将自己和热奈特一起放入“被诅咒的人群”（race maudite），似乎他依然身处边缘或者是“法外之徒”（hors-la-loi）。他坦率地承认个人的失败：“我责备自己，我把要说的事情说得太多，把不该说的事情说得太少。”这个存在的科克托，他并不愿到此为止，而是继续以近乎荒诞的方式责难自己：

> 当我无意中读到一些攻击我的文章，我相信自己能够更好地击中目标，手持长矛进入一对一作战，并且，我所能做的就是叉开双腿，伸长舌头，跪倒在角斗场上。

通过那篇残忍得令人吃惊的后记，科克托在陷入自我厌恶的情绪之前，拒绝承认自己的写作有任何疗效：“继续前进，无知者无畏。就在绝境中冒险存在。”在此，我们依稀看到科克托生命计划中饱受折磨而且麻烦不断的要害之处。

然而，1947年也标志着科克托一段更积极的生命周期的开始。7月，一个英俊、健硕的二十二岁的业余画家埃德瓦尔·德米特（Edouard Dermithe）溜进了他的生活。这个斯洛文尼亚移民工人的儿子曾经在洛林的一家铁矿里工作，后来在一次事故中伤了手指。逃到巴黎后，他现在非常渴望见到《美女与野兽》的导演。科克托很快就从他身上发现了天性的善良和正直，并且让他过来，和自己一起到刚刚与让纳特（即马雷刚刚从自己的影迷队伍中逃出来）合买的一间具有历史意义的大房子去住。这间房子就坐落在巴黎南面枫丹白露森林旁边一个叫米利拉弗雷（Millyla-forêt）的小村庄。德米特推辞说，实际上这样做不大可能。但是六个月后，他突然接到科克托慷慨的馈赠：“这儿就是你的家。”（科克托和马雷为买房子而产生的金钱合作很快就解除了，马雷搬到塞纳河上的一条运河船上去住了）德米特被科克托慷慨的行为迷住了，当然科克托从一开始就对德米特信心十足，也让他非常感动。当然，德米特还是需要自己工作，并且由于他不能当科克托的私人秘书（他识字不多），因此被安排去照看花园和照料马匹。由于非常认真而且细心，他很快就从一系列零杂的工作中脱颖而出，最后负责给科克托准备鸦片。不可避免的是，他也无法逃脱毒品的诱惑，并且变得比以前更加温柔顺从，完全被一个新的梦想世界所吸引。现在，他几乎没有离开过这里。

出于对昵称的嗜好，科克托把德米特称为“多多”（取其名Edouard中的dou叠加为“Dou-Dou”），并且把他认作自己的“养子”，不过，这件事情从未获得法律的认可。他甚至自作主张地取消了德米特（Dermithe）姓氏最后的两个字母“-he”，让它看起来更像一个艺术家的姓，也更像一个地道的法国人的姓（再次证明科克托潜在的民族主义倾向）。仅仅出于忠诚与崇拜，多多爱上了这个选择了他、而且自己现在又欠他太多的男人。反过来，科克托更爱多多，尽管他完全控制在一个理想化的层次。因为对科克托而言，戒绝性行

科克托在画多多在画科克托 蒙庞希耶路 1940年代末

为现在已经成了引以自豪的事情。正如他在《存在之难》中所说的，到了一定的年龄，不管是和男性还是和女性，性爱活动要冒风险，因为它很可能会变成滑稽的“堕落行为”，并且妨碍真正的交流。此后，多多成了科克托形影不离的伙伴。并且由于关系的发展很安全、很坦率，他们的心已经完全属于对方。一方面，多多将宽广的花园分成不同的椭圆形，可爱得就像中世纪的植物标本馆；另一方面，科克托开始用各种物品装饰自己第一个真正的家，主要是维多利亚时期的风格，也带有摄政时期和新巴洛克的色彩。另外，除了路易八世风格的外观和塔楼，这幢房子还安装了两座石头的斯芬克斯来炫耀门庭，门厅上挂着科克托母亲的巨幅画像，贝拉尔巨幅的俄狄浦斯油画和斯芬克斯悬浮在新艺术装饰风格的墙纸之中，在正中的主室里，有一颗巨大的独角鲸的牙齿。各色齐备的铜质麋鹿和毛呢猫头鹰更增添了许多荒谬的效果。就是在这样的环境下，科克托偶尔也会举行一次私人聚会。但事实上，米利拉弗雷的作用更像一座博物馆，而不是真正的家，科克托主要是在这里摆姿势照相，而不是真正的生活。

20世纪40年代末50年代初真的堪称“德米特岁月”，由于这段岁月与科克托在电影中的主要工作相一致，因此科克托下一部电影的灵感似乎是不可避免的直接来自于米利（Milly）的巴洛克风格。电影《双头鹰》的服装和威严堂皇的皇室场景，由贝拉尔、乔治·瓦克赫维奇（Georges Wakhévitch）负责设计，由该剧原来的演职成员（马雷扮演斯坦尼斯拉斯，埃德维奇扮演皇后）担纲主演，德米特只是在其中扮演一个小小的角色——卫队中的年轻人。他实际上就是在演他自己，真诚、严肃、郑重其事，没有说话，而且动作僵硬粗鲁。这部强有力的戏剧性电影，为了达到“胡作非为、无法无天”的视觉效果，采用了大量的角度镜头和主观视点镜头（科克托通常尽量避免这类电影技巧，他从来不假装自己可以穿透角色人物的内心），结果最后变成了一部有点不伦不类的、矫揉造作的情节剧与悲剧的杂交。影片遭到了很多批评，主要就是因为它虚假的装饰和过火的戏剧性。不过，影片还是设计了一些惊人的连续镜头，充满了男性生殖器崇拜的嗜好，比如一把直挺挺地立在皇后背上的刀，许多裸体男人的雕像，以及皇后非常男性化的活动（比如她既把自己的图书馆当作射击场，又作为荡秋千的杂技场）。之后，在1948年5月和6月迅速拍摄的电影《可怕的父母》，是科克托在艺术上做出的相反的回应：一种“次戏剧”（hypotheatre），对原剧作进行“去戏剧化”的处理，只保留原作的“戏剧机制”。科克托再次邀请马雷扮演米歇尔，请伟大的舞台演员伊冯娜·德·布雷（Yvonne de Bray）（马雷像子女敬畏父母一样崇拜她）扮演米歇尔患糖尿病的母亲伊冯娜，其他演员包括：马塞尔·安德烈（Marcel André）扮演不负责任的父亲乔治，朱赛特·戴扮演年轻的女朋友玛德莱娜，加布里埃尔·多姿雅（Gabriele Dorziat）扮演诡计多端的婶婶莱奥（Léo）。结果，影片如愿成为一部有意设计的窥淫癖作品，观众就像在从钥匙孔里偷看一样，详细地表现每一个动作和焦躁不安的人物。影片中的那些人物，尽管被赋予潜在的自由意志，同时也为一些简单的问题局促不安。影片中的每一幅画面几乎变成了一个笼子，将他们紧紧地挤压在自己封闭的悲剧世界。

科克托与《双头鹰》的演员及其工作人员 1947年

由于《可怕的父母》发行非常成功，1948年12月，科克托到美国做短期旅行，主要是为了宣传《双头鹰》（原剧由塔鲁拉·班克赫德[Tallulah Bankhead]担纲主演，由于翻译非常拙劣，在百老汇的反响非常糟糕）。他在法国领事、演员让–皮埃尔·奥蒙（Jean-Pierre Aumont）、现代艺术博物馆的艺术史家和批评家门罗·惠勒（Monroe Wheeler）等人的带领下，逛遍了整个纽约。同时，他也与各种各样的明星或者名人有过短暂的接触，比如玛琳·黛德丽（Marlene Dietrich）、葛丽泰·嘉宝（Greta Garbo）和“巴拿马”艾尔·布朗。除非在舞台上表演自己的作品或者在朋友的公司，科克托的表现都很不和谐、很不礼貌。他觉得自己作为一个巴黎人到纽约，似乎是屈尊俯就，因此高调地拒绝讲英语。然而，他却抽出时间与摄影师菲利普·海尔斯曼（Philippe Halsman）一起为《生活》（*Life*）杂志组织了一些耀眼夺目的同性恋摄影聚会，隆重推介黑人舞蹈家里奥·科尔曼（Leo Coleman）。这些“逼真的油画”中有一个系列，科克托作为诗人出现，但是从未公开发表过，因为它暴露了科尔曼的乳头。还有一幅画非常著名，科克托将自己描绘成一个具有多种天才的魔鬼—魔术师，拥有三双手吸烟、画画和读书。1949年1月中旬，就在从纽约飞回法国的那个晚上，科克托匆匆写成一篇文章《致美国人的信》（*Lettre aux Américains*）。这并不是科克托最棒的时候，因为他常常处于无可救药的糟糕的边缘，有时自命不凡，有时傲慢无礼，有时挖苦讽刺。在纽约呆了二十天，他觉得自己已经有资格谈论所有的美国人，因此沉湎于一些绝对歪曲真实的陈词滥调——美国这个国家完全建立在物质的成功和科学主义的基础上，文化艺术领域简直是一片沙漠。他规劝美国人：除非“你们美国人”拥有了自我批评的能力和实验精神，你才会在某个时候懂得二加二可以等于五！作为一个敏锐的、孩子般的年轻人，行动起来吧！因为你一旦拯救了自己，然后就有能力去实现你预先注定的使命，维护整个人类的尊严。在这些自大的话语中，可取之处还是科克托尖刻的自我轻视与贬低。他之所以敢说这些，那是因为他毕竟就是老牌欧洲留下的遗迹。或者更具体点，是老牌的法国农家庭院——这个饱受愚弄但依然拥有很多天才的国家——留下的遗迹。我们再一次发现，每当科克托从海外回到法国，他总会重新评价自己的祖国，同时重新审视自己的身份。他声称，法国在自己的虚弱中蕴含着强大，因此会看不起自己的产品，自高自大、爱慕虚荣。另一方面，美国人并没有真正的自由，而且可能更糟，这一点他们自己甚至都不知道。因为美国人不敢将自我向梦境和无意识敞开。"我"——也就是独一无二的让·科克托——是一个真正自由的捍卫者和"不守规矩的人"，一个"头脑灵活"的个人主义者。这种自命不凡的自我宣言，唤起了某些令人不快的个人事实，同时泄露了科克托内心深处的不安全感。他也许是世界上的最后几个自由人之一，但同时他也是世界上最孤独的人之一："我所说的那些人都像我一样，总是渴望成功甚至轰动成名。"这种坦率的自白很难令人信服地宣传优越的幸福感，以及"旧世界"[1]根深蒂固的普世价值——自由和个人主义。

几个月之后，科克托带着德米特和马雷开始另一次重要的旅行。这次到中东为期四个月的戏剧之旅，带有半官方性质的政府使命——宣传推广法国文化，主要巡演的是科克托自己的戏剧及其改编作品。他不定时地在日记里记下旅行中的经验，最后的文字（以《马阿什勒：戏剧巡演日记》[*Maalesh: A Theatrical Tour in the Middle-East*]为名出版）形成一种不规则的混合：有时是对巡回演出动人心魄的描述，有时是关于当地历史的珍贵信息，对罗蒂、纪德和普鲁斯特等法国名人义不容辞的介绍，添枝加叶的琐事，生动描述的意象或者格言警语（就是科克托关于梦境、可见性和不可见性的思考），以及厌弃人生的个人感情。该书1956年出版了英文版，其中作为扉页插图的那张照片里的科克托，身穿短袖衫，带着蝶形领结，有点像个守旧的老

---

1 旧世界（Old World），原指东半球，欧亚非三洲，当然科克托这里的言下之意是以法国为代表的老牌的欧洲。

学究。就在那一年年初，克里斯蒂安·贝拉尔在排练活动中突然逝世，年仅四十七岁。不管是这本书还是整个巡回演出，都因为贝拉尔突然离世的消息而倍感痛苦、经受折磨。对科克托而言，贝拉尔是永垂不朽的人，他被安葬在大拉卡斯墓园拉迪盖的旁边，他那令人震惊的红色的络腮胡子依然像火焰一样在燃烧。这本书有一种非常熟悉的叙述：鉴于贝拉尔的逝世，科克托必须离开巴黎。然而，由于他坚持不断地反思贝拉尔，他进入了一个完全与贝拉尔认同/自居的过程，其中的危险他自己是非常清楚的（我接受了他的性格，以至于我害怕谈论他，以免就像是在谈论我自己）。正如在《第二次八十天环游地球》中一样，科克托留下了一个相当令人尴尬的爱国主义的结尾，他对贝贝（Bébé）的认同第一次被巴黎甚至更广义的法兰西所取代，就像他自己一样，是堂吉诃德式的空想侠。这一点现在已经变成了老生常谈，科克托甚至觉得不应该再说了，而是要留给他那些有经验的读者去推断和称赞（或者恰好相反）。

第十九章

桑托-索斯比俱乐部

1949年夏初，科克托开始拍摄另一部重要的新电影《俄耳甫斯》。这是一个充满了波折与厄运的艺术事业：计划伊始，贝拉尔就不幸去世；尽管科克托有辉煌灿烂的成就纪录，而且在法国电影界享有无可争议的威信，但他还是不能找到足够的资金支持。实际上，那些电影制片人都站得远远地袖手旁观，甚至认为科克托的剧本充满了凶险。科克托迫不得已注册了自己的皇宫电影公司（Les Films du Palais-Royal）。科克托的失望情绪感染了整部电影，剧本开头有一句话是这样说的："我（俄耳甫斯）喝了一杯酒，它相当苦涩。"与科克托早期同名的悲剧—闹剧中那些无聊的琐事完全是天壤之别。另外，《俄耳甫斯》代表了科克托与历史现实之间耽搁已久的承诺，尽管陷入了典型的科克托悖论，但他还是在虚构故事的框架内重新唤起了这个承诺。影片中那个奇思妙想的"地带（Zone）"，它的名字充满了对法国政治和军事的回声，就是在巴黎郊外被炮火炸毁的圣西尔军事学院（the Saint-Cyr military academy）的废墟上拍摄的，直接再现了不久前的历史苦难的画面（其他迹象还包括在"法国抵抗阵线"从伦敦发送的密码信号启发下产生的汽车广播，带着护目镜、身穿法西斯黑衣的摩托党人像一支独立的民兵队伍，以及法院内控告、揭发和审讯的气氛，法院里三个幕后人物在暗中勾兑审讯结论）。不过，《俄耳甫斯》还是一种严厉的自我刻画，反映了科克托在战后时期的一般状态。当时，科克托已经年近六十，面临着巴黎知识界不断扩散的冷漠情绪，他试图克服自己作为一个艺术家的自我怀疑。科克托认为，巴黎知识界对自己的漠视无异于迫害。他发现自己被加东·皮康（Gaëton Picon）的《法国新文学概貌》（*Panorama de la nouvelle littérature française*）排除在外。（皮康极不友好地称科克托是法国文学的女装男裁缝）。影片的主人公俄耳甫斯，身体虚弱，

搬运刚被杀死的赛热斯特（德米特饰演），《俄耳甫斯》 1950年

是一个非常成功的中年诗人，但是常常被人轻视，很明显受到了科克托自己过去经历的影响。科克托这种自嘲的表达方式，在一定程度上揭示了自己内心的恐惧，他害怕自己逐渐变得无关紧要、无足轻重（就在电影拍摄期间，科克托被授予骑士荣誉勋章，也不能缓解他的担忧）。

无论个人的还是艺术的，《俄耳甫斯》的投资都相当高。因此，科克托能否幸存下来，完全取决于他自己的艺术革新能力。通过邀请巴黎夜生活的新偶像、女歌唱家茱丽叶·格雷科（Juliette Gréco）扮演阿尔高妮斯（Alganonice），科克托明确地打算与年轻的新一代建立某种联系。不过，有些批评家对酒神巴克斯的女祭司的表现记忆犹新，认为那是一群毫无幽默、怀恨在心的专找麻烦的人，因此，他们否定电影《俄耳甫斯》，认为它只不过是科克托的一种报复形式（在另一个具有讽刺意味的/不说是性受虐狂的角色分配中，扮演为俄耳甫斯作证的年轻人的不是别人，正是克劳德·莫里亚克）。笔者曾经在其他地方详细地研究过科克托重申自己的艺术权力和确认自己作为《俄耳甫斯》作者身份的形式步骤，特别是他对“地带”惊世骇俗的再现，以及他对倒放摄影技术的精心安排[1]。通过对“人们的记忆及他们被毁灭的习惯”的再现，这个“地带”变成高度模糊的颠倒的戏剧性空间，既包括最不容置疑的历史真实（战争），又包括最奇怪的非现实（幻想）。在这个地带，人类的时间停滞了，甚至根本不存在了。正如科克托在公开发表的电影阐述中所言：“[地带]是生命的边缘。介于生命与死亡之间的无人地带，这里的人既没有彻底死去，也没有真正地活着。”最后的结果，像经过数学计算一样精确而严密，是一种高度的真实，对理解科克托最个人化的欲望和冲动，特别是他关于口唇和肛门的性欲本能的强迫症，提供了更清晰的视野和更深邃的想象。在这个过程中，“地带”作为“人的习性被毁灭的现场”的意义显露无遗。科克托对各种男性生殖器崇拜的形状和形式——面包和黄油作为自己活力复苏的个人象征，以及作为诗意形象和男性能力高昂的证明——令人眼花缭乱的安排，构成了为倒放镜头和慢镜头量身订制的装饰性画框，倒放镜头和慢镜头所具有的电影化快感，既产于电影摄影镜头之内，又产生于摄影镜头前面的人与人之间，因此更加罕见，更具诱惑。在一部商业性的故事片中，所有的一切就发生在每个观众的眼皮底下。商业性的故事片利用镜子、谜语、数字和秘密等令人莫名其妙的事物，以及不断变换的电影类型（从半真半假的纪录片到神秘的犯罪片、侦探惊悚片、情节剧、浪漫爱情喜剧和悲剧），苦心孤诣地营造神秘气氛和紧张悬念。这些都可以作为科克托颠覆性动向的证据。关于身份和表现的规范结构，总是具有某种阉割性的明细与精确，科克托的颠覆性总是从它的内部慢慢地瓦解它（比如，20世纪40、50年代法国电影的经济制度），并且通过这种方式“为我们的眼睛”创造新的形象和感觉。

基于这些理由，《俄耳甫斯》并不完全是一部黑暗的或者忧郁的作品。影片描述了科克托对生活经验的另一种用法：在艺术上作为自娱自乐和自我静观的资源。一个诗人（功成名就的俄耳甫斯）被另一

在公主（玛丽娅·卡萨雷斯饰演）的命令下，赫尔比斯（弗朗索瓦·皮埃尔饰演）和赛热斯特继续“杀死”已经死亡的俄耳甫斯，《俄耳甫斯》 1951年

个诗人（年轻、傲慢、自命不凡的新贵赛热斯特[Cégeste]，由德米特扮演）取代的过程，刻画得非常生动形象。在科克托心中（感情世界），德米特好像正在篡夺马雷原先的位置。赛热斯特取代俄耳甫斯的过程，似乎是对这一现实情况高度自我意识的写照，不过情况完全相反（在影片中，两位诗人为了获得公主的垂爱，成了公开的死敌；然而，在真实生活中，马雷真诚地欢迎德米特的到来，德米特则将马雷视为可敬的兄长）。不过，《俄耳甫斯》依然是一部压抑阴郁、错综复杂、令人困扰的杰作，缺乏真正的乐观精神。影片明显的“快乐的尾巴”（“幸福的结局”）——俄耳甫斯与欧律狄克（玛丽·黛安[Marie Déa]饰演）重新团聚——看起来非常空洞。并且，在最后那个精彩的段落（场面）里，当公主（玛丽娅·卡萨雷斯[Maria Casarès]

饰演）和赫尔比斯（弗朗索瓦·皮埃尔[François Périer]饰演）被她的心腹带走的时候，观众被遗忘在一个需要解释的尴尬境地（公主已经解释过，死亡先验的不可捉摸的本质可能存在于影片不可预测的深渊，而实际上却不知藏在何处）。尽管取得了非常不错的票房成绩，并且在很多地方颇受好评（在威尼斯获得了国际影评人大奖），《俄耳甫斯》从未成为大众喜爱的轰动一时的电影。广大观众的喜爱，是科克托最期待的结果。可是现实与理想还差距太远，这种状况进一步加重了科克托的孤独感。

《俄耳甫斯》的后期制作尚未完成，科克托就开始为初试身手的导演让–皮埃尔·梅尔维尔（Jean-Pierre Melville）改编电影剧本《可怕的父母》。尽管梅尔维尔很不情愿，但科克托还是坚持两个条件：第一，由德米特出演男主角；第二，将故事场景改为现代。结果，这项艺术工程不可避免地演变成梅尔维尔和科克托之间激烈的斗争。当梅尔维尔生病时，科克托在蒙莫朗西（Montmorency）拍摄了一些简短的外景镜头，尽管如此，在影片结尾正式职员表中，科克托仅只落了个“合作改编者”之名（根据梅尔维尔的说法，科克托甚至暗暗地希望他病死，以便独自完成这部影片）。影片中，有大量的科克托的画外音旁白，很多时候只是起到了重复画面内容的作用。科克托感觉失去了对影片的控制，于是试图通过这种方式来补偿自己的权威。尽管收到了一定的效果，结果也同比缩减了原小说的同性恋底色。1950年春天，影片公映后，观众的评价普遍较好。不过，让科克托非常懊恼的是，多多勇敢却苍白无力的表演遭到了一致的严厉批评。

就在拍摄《可怕的父母》的中途，科克托第一次遇见了弗朗西娜·维斯威勒尔（Francine Weisweiller），她是优秀戏剧主角妮可·斯特凡纳（Nicole Stéphane）的姐妹（通过婚姻关系），而斯特凡纳则生于法国富豪的罗思柴德尔家族（de Rothschild）。弗朗西娜当即向科克托和梅尔维尔表示如果他们的电影需要任何资金支持的话可以与她联系。他们的确去找过她，而且科克托单独去拜访了她（其中一些场景甚至是在她美国广场[Etats-Unis]的豪宅中拍摄的）。

科克托、多多和弗朗西娜（维斯威勒尔）
1950年代初

弗朗西娜原本是一个富有的犹太人家庭的小女儿，年轻而且富有魅力，与百万富翁阿雷克·维斯威勒尔（Alec Weisweiller）结婚后，马上就从壳牌石油公司继承了巨额的财产。然而，到了20世纪40年代末期，她开始心怀进军巴黎艺术世界的野心，尽管她除了非同一般的富有，并无其他特别的过人之处。显然，科克托就是她进入巴黎艺术世界的门票。他很快就成了维斯威勒尔家庭的常客，并且开始依赖弗朗西娜的金钱支持（他声称自己难以承受战后法国巨额的税收）。某个周末，在德米特的陪伴下，科克托来到了她位于圣·让·费拉角（Saint-Jean-Cap-Ferrat）的群山之巅的桑托-索斯比别墅（Santo-Sospir），这里离维勒弗朗什–西–梅尔很近。科克托和德米特作为客人免费在这里住了好几个月。不久，科克托开始制作各种干壁画，色调柔和的装饰品，即他所谓的“纹身”（tattoos），布满了索斯比别墅所有的墙壁和天花板（裸体的水手、当地的渔民、狄奥尼修斯[Dionysus]、俄耳甫斯、基督、那喀索斯[Narcissus]、荷罗孚尼[Holofernes]、尤利西斯[Ulysses]等）。最后，弗朗西娜将自己的全部财产交由科克托安排，甚至安排将德米特的家庭从北方搬过来，作为园丁住在附近的比奥。对科克托来说，这种奢侈的新生活的排场不仅包括豪华的别墅和众多的仆人，也包括面朝地中海的漂亮花园，一

埃德瓦尔·德米特在科克托的挂毯前面 米利拉弗雷的“朱迪思和荷罗孚尼”，1948年

艘名为“俄耳甫斯Ⅱ”（OrphéeⅡ）的豪华游艇，以及遍及欧洲的旅游。科克托、多多和弗朗西娜就像三口之家一样照相，并且带着由科克托设计的一模一样的戒指（当然，都是由弗朗西娜出钱）。

在《桑托–索斯比别墅》（*La Villa Santo-Sospir*）中，我们看见了这个奇特而幸福的“三口之家”——科克托的新家庭。《桑托-索斯比别墅》是一部家庭短片，1951年8月，科克托在一个摄影师的帮助下花了一周时间拍摄完成。由于科克托自己高度戏剧性的表演（这是第一部由科克托扮演“科克托”的科克托电影，只有他最出彩），《桑托–索斯比》常常突破了礼仪、得体、适当的界限，正如科克托自己后来承认时说的：“这是一次冲动、草率、甚至鲁莽的行为。”整个影片的调子显得虚伪、造假、不可靠，轻飘飘的，没有分量。多多和弗朗西娜漂亮、温顺的脸蛋增加了影片明媚的夏日般的感受，但是这种虚假的纪录片并不涉及科克托的任何自传性的秘密或者本质的告

白，既没有关于科克托的，也没有关于多多或者弗朗西娜的。尽管他带有调笑意味的画外音延迟了某些细节及曾经许诺过的图像出现，科克托还是带领我们参观了那座满是“纹身”的别墅，就像一个充满奇迹的魔法般的人工洞穴。他还拍下了自己肉麻地骑在动物雕塑身上的镜头。尽管喜欢详细地谈论影片的形式、技巧和拍摄过程，但他从未提及无处不在的倒放摄影技术。他用这种方式展示自己的身体，产生许多奇怪的形状和运动：玩球时，球总是主动爬上或者骑在他身上；花瓣完全翻向了另一边；陶器的碎片自动飞到手上，诸如此类。相比《俄耳甫斯》，《桑托–索斯比》有过之而无不及，很多时候，我们不知道自己到底是在看向前还是向后的运动：在连续不断的镜头里，科克托自己的手臂慢慢地放下（但实际上也许是在慢慢地举起）；波涛规则地向前奔涌（实际上也许是在退潮）。从这些违反常理的电影形式中，看不到任何明显的含义，纯粹只是一种技巧性的炫耀和玩耍。不过，这些技巧实验，对科克托最新的娱乐的生活方式，显然起到了某种广告作用。

在自己的新基地桑托–索斯比，科克托再次发现自己与毕加索非常接近，他现在正和雅克林·罗什（Jacqueline Roche）住在蔚蓝海岸。在这期间，是毕加索最后选择重建与科克托的联系。他们经常在公开场合一起照相，去的最多的地方就是斗牛场。不过，当毕加索来找科克托的时候，他绝对是一个机会主义者，一定有所图谋。最重要的是，他需要一个忠实而且聪明的仰慕者，将他的美学转化为理论，并且推而广之。1953年，科克托在罗马做了一次有关毕加索艺术作品的演讲，又一次出色地完成了这个任务。科克托对艺术家永不褪色的热情与迷恋，几乎成了一种性受虐狂的嗜好。而艺术家（毕加索）除了利用他，充其量只是容忍，而没有任何热情。科克托在1952年坦白地说：“我爱他的残忍。”他被自己的搭档残忍地贬低为卑躬屈膝的爱慕者。这个搭档同性恋恐惧症似的把他当作自己的屁股，一个“彗星尾巴上的情郎——我（毕加索）就是那颗彗星”。不管毕加索对待他的行为有多么漫不经心甚至轻慢无礼，科克托对艺术家毕加索的敬畏之心从不动摇。从1917年的《献给毕加索的颂歌》（*L'Ode à Picasso*）开始，在数不清的诗歌和散文中，科克托赞美毕加索是俄耳甫斯最纯洁的化身，他不属于任何门派，并且能够从日常生活中提炼出真金。不过，这种艺术上的欣赏完全是一厢情愿的。因为在他们长达四十五年的交往中，尽管科克托坚持不懈地希望和要求，“铁石心肠”的毕加索仅仅只给科克托画过两幅画。其中一幅是1916年即将离开时画的，一张风格类似安格尔（Ingres）的素描，画面平淡无奇、毫无生气，并且没有留下只言片语。另一幅是1917年复活节画的，纯粹是一幅手工艺人的素描，称不上毕加索的手笔。

不过，在这一段时期，毕加索并不是焦虑之情的唯一来源。1951年12月，就在科克托热切期待的新剧《酒神》（*Bacchus*）第一次到马西尼剧院（Théâtre Marigny）公演的那个晚上，正当观众准备鼓掌喝彩的时候，弗朗索瓦·莫里亚克突然站起来，大摇大摆地转身离去。几天之后，通过发表在《费加罗文学报》（*Le Figaro littéraire*）上的“公开信”，莫里亚克指责科克托正在通过鞭笞自己德高望重的母亲（圣母）和宗教，以此达到亵渎神圣、信奉异端邪说的目的。难道这就是因为1910年那次失败的“恋爱”，莫里亚克等待了四十多年后实施的个人报复？也许吧！科克托发表在《法兰西晚报》（*France-soir*）上的回应文章叫做《我的指控》（*J'accuse*），他埋怨莫里亚克从来都不能忍受朋友的成功，是一个地地道道的伪君子。“永别了！”这次丑陋的公开争吵，以及《酒神》公演那天晚上由学生和坐在过道上的艺术家（科克托正在努力接近这帮人）发出的嘘声，甚至某些地方掀起的责难（指责科克托偷窃萨特的《魔鬼与上帝》[*The Devil and the Good Lord*]，一部类似的以16世纪的德国为背景的戏剧），足以让《酒神》迅速停演。出于感谢与尊敬，科克托原本打算将这部作品献给弗朗西娜。但是，为什么这部非常真诚的戏剧会激起这种负面的丑闻呢？就像一篇以宗教战争为背景的论文，《酒神》标志着科克托作品中一种新的方针及一种更加简洁的现实主义风格，尽管它只是将拉迪盖、毕加索和热奈特等人的各种言论胡乱地拼凑在一起，将自己熟悉的艺术理论进行简单地大杂烩。这部戏剧有一个明显的重大缺陷，那就是它缺乏情节。大部分剧情都是在舞台之外发生的，并且只能通过叙述来进行。然而在舞台上，总是一些冗长的、虚假的、并且常常别的声音淹没的以童话故事为基础的讨论。并且，关于自由和青春的困惑等重要的主题，该剧还存在一些根本性的混乱。其中最重要的人物汉斯（Hans），村子里的一个非常漂亮的傻瓜，作为村民们根据多神教的仪式选出来的酒神，试图向村子里的居民表明：他们的自由是被宗教改革运动和教堂所轻视的。他减免农民的税收，释放监狱里的囚犯，被下层民众称为大救星，然而奇怪的是，尽管做出了许多非法的事情，却从未遭到告发或者流放之类的惩罚。确实，科克托将他当成了另一位孤独的、只能装疯卖傻的“被诅咒的诗人”。谴责政治就是一场假面舞会，主张道德总是一种私人的、不可张扬的事情，天真纯朴、本能冲动的汉斯不惜以死亡为代价，拒绝接受教会的伪善与诡计：担任红衣主教赞皮（Cardinal Zampi），甚至罗马教廷的全权公使。由此，汉斯最终完全成了对自己的创造者的反映：科克托！面对被认为是马克思主义者/存在主义者的审判，在这里清楚地显示自己作为一个有自己的立场和观点的艺术家的共同品质，这种气质肯定不是富有的资产阶级所拥有的生活情趣或者庸俗趣味。汉斯提倡为了爱而爱，尽管村子里的人们并不是很愿意接受这个观点。他遭受了作为殉道者死亡，在高呼“自由，自由……”的时候，被一只利箭射死了。人们很容易将戏剧的剧情（剧中的汉斯）与真实的生活（生活中的科克托）进行平行的比较，因为莫里亚克和其他一些批评家就是这样粗暴地对待科克托。实际上，正如科克托自己承认的，他已经在《我的指控》中写得清清楚楚，最终可能遭遇的麻烦将会支持这个观点：迫害，乃是他意料之中的，或者正是他求之不得的。科克托如此残酷地自虐，难道是出于某种更加难以抑制的公众崇拜和最后救赎的需要吗？毫无疑问，是这样！

《酒神》事件在科克托的脑海里狂乱地发作，他很快就在《陌生人日记》中做出了进一步的报复。《陌生人日记》是他迄今为止最坦率、公正、毫无偏见的作品。在这本书中，那些短篇散文所具有的开放的、个人化的语气显示，他刚刚恢复了自己的私人日记。通过他有意为之的标题“过去时态”（Le Passe），人们依稀可见科克托为身后事留言的心态。全书的许多章节，都是在讨论不可见性（无形）、无辜的罪恶、死刑、翻译、记忆、距离等主题。在听上去冠冕堂皇的“一段辉煌的乐章”中，科克托对莫里亚克进行迎头痛击，斥责他的“公开信”是一段“黄色散文的辉煌乐章，显示出对我（科克托）所居住的世界彻头彻尾的误解”[2]。带着一种典型的自我辩护的语气，科克托第一次澄清自己关于《酒神》的立场，努力证明（并非不留争论余地地）它与萨特的戏剧《魔鬼与上帝》完全不同，然后直接击中要害，攻击莫里亚克“篡夺了牧师的权力并且擅自坐到了上帝的右手边”，并且相当恶毒地说，“事实上，莫里亚克是一个长不大的孩子，却急切地想要混进大人们的世界”。不过，在将莫里亚克的行为斥责为“篡夺行动”之后，科克托却突然刹车，要了一个标准的使自己免受罪责的花招：尽管所有的事情都发生在朋友之间，但莫里亚克并没有犯下任何严重的罪行。他解释说，莫里亚克仅仅只是“我曾经研究过的那些力量手中的一个工具，或者是影了在与脚光和投影灯对抗时的诡计而已”[3]。

《陌生人日记》的其余部分并不像这样充满个人撕咬。该书的第一章就是在讨论有形和无形的双重束缚及那些相当陈腐的夸张手法或者尽管非常出名却无法真正理解的艺术家的各种论断。它更多地提供了一些并非完全是原创性的有关形而上学的观点，不过这些观点都建立在相当肤浅的医药知识及其最近阅读的科幻小说之上（他模模糊糊地引用一些神秘主义的概念及爱森斯坦在墨西哥的经历）。在习惯形式方面，他不断重复地提及他的同辈人，特别是萨特和斯特拉文斯基，并且在最后严厉批评了自己的回头浪子萨克斯和莫里亚克少爷，将他们骇人听闻的行为归结为年轻人的鲁莽。他也与纪德算了一笔旧账。八十二岁的纪德刚刚去世不久。具有讽刺意义的是，纪德将要受到的批评是因为他对年轻人“毫无可能的向往与同情”（科克托仅仅只是阅读了纪德日记中有关自己的那一部分，这里没有对科克托的阿谀奉承，科克托在其他地方斥之为“伟大的欺骗”或者“一派谎言”）。该书最强大、最出色的部分，依然同以往一样，是科克托用特写的方式关注艺术创作过程的时刻，包括对《赫尔比斯神》的起源所做的令人陶醉的说明，对他最珍爱的“友谊是人类最伟大的发明”这个观念的精辟阐释等。然而，总体而言，这里还是有一种错失良机的感觉，因为科克托非常敏锐地告诫我们应该如何阅读他，但是并未用任何真正新鲜的东西来打动我们，以便维持我们对他的事业的兴趣。他从未真正打算挣脱自己带有自我厌恶色彩的训练有素的心理反射。在末尾的“后记”中，他提到了自己“轻率的言行”，阻碍他写作“勇敢而令人愉快的书”，将自己作为一个反面榜样交给了自己的读者，让我们记住他犯下的错误，并以此为鉴。

桑托-索斯比俱乐部的装饰和排场，也许只是一种陷阱，因为科克托的生活变得太安逸了：一种懒散的生活作风、一日三餐、鸡尾酒、在海湾四处游览，觉得自己就像一个西藏的圣人。如果他最后在自己设计的新家中感到非常舒服的话，那么，长期以来一直像幽灵一样困扰他的问题呢？《俄耳甫斯》强烈表达的那个问题呢？那个至今还需要解答的根本性问题呢？即他现在真正的身份是什么？是一个普通的人？还是一个艺术家？为了回答这个问题，科克托在某种程度上需要调整自己向下的眼光，并且强力启动自己的生命计划。然而，他毕竟已经功成名就、不再年轻了，还有什么储备可以利用吗？

第二十章

长途跋涉

根据《陌生人日记》特有的逻辑，为了彻底隐形和不为人知，并且由此成为一名真正的诗人，科克托需要尽可能频繁地占据舞台的中心。整个20世纪50年代，他都出色地做到了这一点，似乎可以很快地到达任何一个地方。事实上，科克托所到之处都充满了闪光灯、摄影机和麦克风。作为一个阔气的名人，与弗朗西娜和多多相比，科克托是一个天生的风头主义者。如果他努力去做，他就很容易出现在公众的视野之中。1940年代，热奈特曾经毫不客气地指责他除了作为明星四处招摇，其他就无所事事。现在，整个1950年代，由于科克托将自己的生活与法国南部的富豪朋友绑在一起，并且与英格丽·褒曼（Ingrid Bergman）、玛利亚·卡拉斯（Maria Callas）、茱丽叶·格雷科或者费里尼（Fellini）等星光熠熠的朋友打交道，就像蓄电池一样给他带来了真正的动力。他还到欧洲各地去旅游，特别是西班牙（1954年，他第一次在塞维利亚参加斗牛，并且在简洁、紧凑、令人透不过气来的散文《五月一日斗牛》[*La Corrida du 1er mai*]中做了详细的描述）。当没有被媒体采访、没有赞美某场斗牛戏、没有在国际性自由代表大会做演讲，或者不需要处理各种杂七杂八的或简短或冗长的公文的时候，科克托肯定正在大批量地码字，为源源不断地送来的、各种各样的书撰写序言或者导论，从希腊的墓志铭到巴黎的观光指南再到航空技术，应有尽有。他继续将自己的工作延伸到音乐和芭蕾领域，创作了大量的国际性产品，包括名叫《启示》（*L'Apocalyse*）的清唱剧、芭蕾舞《女郎与独角兽》（*La Dame à la licorne*）、为1959年的斯波莱托戏剧节（the Spoleto Festival）创作的《诗人与他的缪斯女神》（*Le Poète et sa muse*）（音乐由吉安–卡洛·梅诺蒂[Gian-Carlo Menotti]创作）等。到了20世纪50年代末期，维也纳和伦敦开始重演《俄狄浦斯王》，就像在原来的剧中一样，科克托欣然前往扮演科洛斯。

现在，一切事情看起来都有点不难预料。科克托似乎更满足于改头换面地重复旧观念，以便让世界记住自己的名字，而不愿推进自己的新计划，对冷战时代不断发生的重要事件无动于衷。然而，出于习惯和需求的力量——即他的“职业性的癖性”，科克托从未停止试验新的艺术形式或者新的艺术媒介。实际上，在整个20世纪50年代甚至60年代，科克托设计了大量的马赛克、版画、湿壁，还为剧院和小礼堂设计彩色玻璃，甚至偶尔为市政厅和商店设计装饰。特别值得一提的是他1956年为维勒弗朗什–西–梅尔的圣–皮埃尔（Saint-Pierre）的古罗马式小礼堂设计的室内湿壁画，1960年在伦敦为重新修葺一新的法国圣母院教堂的小礼拜堂设计的献给圣母玛丽娅的三幅湿壁画，1962年为梅兹（Metz）的圣文生教堂（Saint-Maximin）设计的十二扇彩色玻璃窗户。通过这些大规模的平面造型艺术工程，科克托可以根据自己的生物节奏，将他的自我及艺术作品投射到一个新的物理空间和社会空间。就教堂艺术而言，科克托将自己的作品与马蒂斯（科克托对他的天赋一直持有异议）的进行了直接的对比，他力求将自己的意象与宗教艺术的意象融合起来，明确地将自己放在西方的绘画传统之中。实际上，科克托是以内部革新的方式拓展了西方的绘画传统（科克托也许曾经是非基督徒，但他从来都不是一个反对崇拜圣像者）。现在，科克托的艺术计划变得非常武断和自我，以至于在法国圣母院的湿壁画中加入了自己的画像。

也就是在这段时间，科克托第一次不失时机地涉猎油画、陶艺和珠宝等领域。并且，他对装饰艺术和室内设计投入了大量的时间和精力，制作了不少时尚的装饰品，比如围巾和鞋之类，也包括艾尔萨·夏帕瑞丽（Elsa Schiaperelli）古怪的设计（作为对没有时间限制的艺术的支持者，他总是对时尚转瞬即逝的特性非常着迷）。事实表明，科克托突然对湿壁画、树胶水彩画、毡制品和蜡笔素描画产生兴趣，仅仅是一种补偿方式，因为随着年岁的增长，他的眼睛和双手正逐渐丧失敏锐性。换句话说，因为视力和手感不再敏锐，他不得不选择一些更加粗放的艺术形式。结果难免有点粗糙、生硬甚至笨拙，比如，在1957—1958年为门顿市政厅（the Town Hall in Menton）设计婚庆大厅时，那些装潢和绘画都使用了明亮的黄色或者橙色，花花绿绿的，显得相当艳俗而且刺眼。相似地，他为礼拜堂设计的宗教作品也很倚重色彩单调的、卡通似的图案，炫耀一些男女不分（雌雄同体）的形象，充满了陈腐、毫无生气的表情。至于油画，科克托的风格只不过是早期立体主义油画的派生物（或者形象地说，是毕加索立体主义之前的风格），暴露了科克托作为一个色彩画家的主要缺点（正如我们了解的，他的天分和直觉在于轻快明晰、干净利落的运动线条）。科克托绘画作品的主题大部分是宗教的、新古典的和神话的，比如基督、夏娃、菲德尔及各种各样的农牧神和安琪儿。1951年的一幅大型帆布油画《悲剧演员的肖像》（*Portrait des tragédiennes*）凸显了这一时期科克托大部分油画作品的沉重与笨拙。科克托很晚才接触女性形态的绘画，缺乏他描画年轻男子时那种才华横溢的火花。也就是说，科克托神话作品的真正对象依然是男性的，其中大部分是裸体的或者特别高大的，比如他1958年画的俄耳甫斯形象，阴茎勃起，卷入了“一场古代的战争”；又比如，他从侧面描写男性形象的素描画《珀伽索斯与诗人》（*Pégase et les Poètes*）。这些瞬间呼应了科克托在《埃尔·格列柯》（*El Greco*）中赞美的那些骚动不安的场景。在这幅作品中，男性的身体爆发出某种令人震颤的性欲或者“爆炸的线条”。当然，科克托的创作主要还是为了私下的自娱自乐，比如在那些极端色情的绘画中，各种无名无姓的怪人要么独自陶醉地手淫，要么与别人一起口交。这种倾向将在1961年的同性恋系列画“爱”（Innamorati）及受维勒弗朗什的渔民启发而成的彩色蜡笔画中达到顶峰。

由于科克托的新艺术活动带来的所有的骚动不安及为了吸引人的注意力而采取的种种手段，并且因为他的晚期风格非常容易复制（就像萨尔瓦多·达利[Salvador Dalí]一样，他非常高兴解除自己作品延长的印刷合同，并且发行自己的“标签”），他这一时期的创作，很少真正具有开创性的作品。这一点，在科克托的诗歌中也非常明显。科克托的诗歌似乎在创造性日益下降的循环中转圈儿，例如，主张在《倚音》（*Appogiatures*，1953）中收入《犯罪的激情》（*Crime of passion*）、《溜冰人》（*The Skater*）、《牙医》（*The Dentist*）之类的小型电影剧本；或者在1954年的《明—暗》（*Clair-obscur*）中，他又特别崇拜看起来稀奇古怪、实际上平淡无奇的象征主义手法，凭空想象一些神奇的东西。1958年的《七则对话，附仿韵律学》（*Paraprosodies*）代表了一种更加协调的努力，尝试用音乐作为"超越文字语言"或者"将形象转化为数字"的榜样，然而，它最终还是显得相当做作和冷淡，半心半意的，缺乏热情。在每一本诗集中，人们都会感觉到，与形式层面的缺乏创新如影随形的是主题上的自我限制和倒退。这里所举的例子，很少具有科克托使用简单的词语创造激烈情感的那种直接而坦率的节奏风格。现在，关于写诗的方法和步骤的论文，也以略带绝望的方式结束了，他似乎还在寻找一个不偏不倚的读者来理解他甚至追随他。在1953年的《成为诗人之路》（*Démarche d'un poète*）中，科克托不厌其烦地宣称："我爱别人，我爱可以去爱，我恨一切憎恨。"在1952年的《数字七》（*Le Chiffre sept*）中，作为一个长期遭受折磨与误解的诗人，他隐约地表现了自己的死亡。

实际上，所有的这一切都是因为心中缺乏想象力。在很大程度上，科克托电影事业的命运也难逃此厄。《俄耳甫斯》在商业上的失败，将科克托的电影事业拖入了泥潭。他发现自己很难找到安全的资金支持来拍摄一部长故事片，导致很多电影剧本、关于电影的笔记和计划都无法实现。当然，科克托在电影方面并非无事可做。相反，不断有人请求和委托他写电影剧本、解说词、开场白、独白和对话。尽管私下里看不起这些东西，但是因为需要钱，他也从不拒绝干这些事。另外，他可以提供预订的剧本。从1940年代以来，他已经合作了超过十五部不同的电影，至少在六部电影里表演或者露面。其中很多电影都是有趣的实验片和先锋风格的短片，例如为汉斯·里希特（Hans Richter）的“8×8”工作室拍摄的名为“立兵为后”（或名“立卒为王”，*Queening the Pawn*）的片段。不过，他也可以为一部关于核能源的官方短片进行即兴评述（雷诺·卢柯特[René Lucot]1956年的《世界的黎明》）。1956年，科克托甚至抽出时间在蒙马特为富有历史意义的28电影工作室（Studio 28 cinema）的礼堂设计了一套日本风格的室内照明灯。然而，这一切实际上取代了利用同一种媒介完成重要作品的努力。科克托认为有一种媒介（电影）可以将其它形式整合起来，并相信自己能够将它提升到一个新高度。除了《桑托–索斯比》和一些从未露面的家庭短片，科克托没有其他机会去实现自己“完整电影”的观念。因此，这是一段遭遇连续挫折和浪费创作精力的黑暗时期。一个很有借鉴意义的例子，1950年春天，科克托亲自安排了一个豪华的车队，等候在勒阿弗尔港口（Le Havre），准备迎接美国年轻的同性恋电影导演肯尼斯·安格（Kenneth Anger，安格1947年拍摄的爆炸性的短片《花火》[*Fireworks*]令科克托非常折服）。但是，安格决定避开所有盛大的排场，悄悄地坐火车到了巴黎。实际上，科克托现在需要重振创作，被迫不断地调整部署，痛苦地清点存货，证明自己依然是世界上一位重要的艺术家。他只有孜孜不倦地坚持试验，由此获得一些树立自我形象的新形式，才能保证一种必要的个人进步的感觉。幸运的是，不管实际的质量如何，公众还是非常渴望看到科克托努力的结果（整个1950年代，有关科克托的油画、素描和陶艺制品的各种回顾展在欧洲各地举行）。

科克托急切地需要与自己的观众打成一片。战后的法国社会变得日益庸俗、琐碎，消费主义大行其道。科克托意识到自己与这个新的消费社会越来越失去联系，更加剧了他需要观众的迫切性。1961年，他为《自由作品》（*Les Oeuvres libres*）周刊写了一篇老古板的短文《论庄重》（*Du Sérieux*），猛烈地攻击现代社会缺乏真诚的严肃性，哀叹语法、风格和“职业秘密”的缺失，以及满篇俚语的表达。实际上，他毫无疑问地、正在一年一年地变得任性、胡思乱想、反复无常、爱发脾气。例如，20世纪50年代中期，当他第一次被问到关于年轻的文学天才和媒体明星米诺·德鲁埃（Minou Drouet）的看法时，他对她进行公开的斥责和残酷的贬低："所有九岁的小孩都是天才，唯独米诺·德鲁埃例外。"但是后来，在一次签名售书会上，他又去讨好德鲁埃并且拥抱她，马上将她争取过来。科克托潜在的厌女症继续恶化。科克托绝对忠实的女管家玛德莱娜·布尔热特（Madeleine Bourret）也承认，他变得越来越气量狭窄、不能容人。事实上，在《俄耳甫斯》这样的电影中，女性角色仅仅表现为三种极端的、相当可笑的选择（替代）：枯燥乏味的妻子，平淡生活现实的体现；作为阳物崇拜的化身的公主，比如剧中的"死者"，直到被爱融化之前，都处于性虐待狂的边缘；被讨厌的阿格劳尼斯（Aglaonice）操纵的、一个令男人憎恨的荒淫堕落的女性联盟。科克托对女人或者一般的性别政治无话可说（不感兴趣）。这个事实在差不多同一时期的一本小册子中漫不经心地暴露无遗。这个小册子叫《法兰西的杰出女人》（*Reines de La France*），是一部包含系列文章的文集。书中对十九位女性进行令人羡慕的、高度图解化的"速写"，既包括过去的传奇人物，比如蓬帕杜尔夫人（Mme de Pompadour）、绝代艳后玛丽·安托瓦内特（Marie Antoinette）和圣女贞德，也包括科克托所知道的最近的艺术人物、上流社会妇女和"名声不好的女人"，比如欧仁妮皇后和安娜·德·诺阿伊夫人。该书的结尾对"明天的妇女"进行了某种"微型的研究"，这是科克托唯一的一次真正谈论当代女性的文字，带着一种谨慎的怀疑和温和的蔑视的口吻，当然，这也是他对整个法国的一般态度。女人就是时尚的奴隶或者永恒的猎物；她们天生就是男人的宠物，并且会直到永远。

到了1958年的时候，科克托给他的朋友、批评家米洛拉德写了好几封信，发泄自己对现代社会的失望情绪，痛陈自己被冷落成为"影子的影子"的感受。甚至在充满家庭般幸福美满的桑托-索斯比，科克托也一直不停地抱怨，因为他感到自己正在变成一个"老迈的、悲

1955年10月20日，科克托和弗朗西娜在法兰西学院的就职典礼上

伤的绅士”。科克托的身体健康每况愈下，这个无法挽回的事实给他造成了无法排解的忧伤。1953年，当科克托在马德里观看《美丽的陌生人》时，突然得了尿毒症，并且差点因此病死。1954年7月，科克托坐车穿过巴黎的时候，第一次心脏病爆发。很快，维斯威勒尔找来法国最好的心脏病专家精心地照顾他，然后把他带回桑托-索斯比别墅康复修养。自此之后，科克托将会习惯性地遭受心绞痛的折磨。科克托放纵、滥用自己的身体，吸食毒品、超负荷地工作、极端的情感压力……并最终为此付出了代价。科克托尝试各种方式的染发、电烫发和面目整容手术（最后一次整容大概是1959年），让他的脸看起来更加紧绷、富有弹性，但是依然无法掩饰他年老色衰的事实。此刻，人们脑海里的科克托，就像塞尔日·珀利莱的电影《幽灵男爵》中的卡罗尔男爵（Baron Carol），在一座老朽的城堡里躲藏了几十年，整个人消瘦羸弱、形容枯槁。

随着时间的推移，某些命中注定不可逃避的事情慢慢降落到科克托头上。不过，这一次是一大堆国内或者国际的奖励与荣誉。科克托欣然接受这一切，并且心存感激。1961年，法国荣誉军团授予科克托高等骑士勋章（Commander of the Legion of Honour），将他推上了荣誉的顶峰。就拿电影领域的头衔来说，除了在1953年和1954年连续担任戛纳电影节的评委会主席之外，他还被选为法国电影剧作公会的主席和法国电影俱乐部联盟的荣誉主席。在文学领域，科克托也被授予崇高的荣誉。1955年10月1日，科克托当选为比利时皇家法语语言与文学学院院士。这个职位是1954年8月科莱特去世后留下的空缺，先前由安娜·德·诺阿伊担任（文学传统与文学影响以几乎不可动摇的趋势合二为一）。接着，1954年10月20日，科克托得到了法兰西学院的认可。某种程度上，这是科克托努力争取和斗争的结果。1954—1955年秋、冬，在杰罗姆·塔诺（Jérôme Tharaud）死后，科克托努力寻求官方的支持并且得到了安德烈·莫鲁瓦（André Maurois）的帮助。同时，弗朗西娜就像一个训练有素的仙女教母一样，不断地在自己的豪宅宴请那些有投票权的白发苍苍的院士，用最上等的葡萄酒招待他们，对他们“晓之以理、动之以情”。事实上，对这个“绅士俱乐部”（法兰西学院）而言，科克托是一个完美的选择：一个天才的浪荡子，现在希望回到家中成为高尚的资产阶级。1955年10月末，除了精心挑选的艺术家、电影明星团队和科克托亲自邀请的皇族之外，科克托的就职典礼吸引了一万两千多人前往奎孔蒂（Quai Conti）。这次盛会代表了科克托最大的戏剧性的胜利。科克托坚持要求参加盛会的人都是院士。并且，为了这个重要的时刻，他投入了大量的时间和朋友的金钱来打造自己特殊的佩剑。佩剑是按照毕加索的设计在西班牙铸造的，剑柄上刻有各种科克托的个人标志：剑柄的头就像一把古希腊的七弦竖琴，手柄成了一个希腊人的侧面像，柄把代表法国皇宫，贝壳形剑鞘上是代表科克托个人签名的六角星。至于科克托的就职演讲，先是徘徊忧郁、闪烁其词地说了一些不是很让前任者高兴的事情，然后才进入正题：他以所有“被诅咒的诗人”的名义接受这项新的荣誉！这是典型的科克托悖论。因为之前像波德莱尔和巴尔扎克这些人都没有进入法兰西学院（波德莱尔撤回了自己作为候选人的身份；巴尔扎克遭到拒绝；普鲁斯特和纪德对此漠不关心，不愿申请）。在每一个当权者的心中，科克托现在支持的事情，正是他当初宣称要蔑视的一切。就职仪式之后，科克托走向喝得迷迷糊糊的乔治·奥里克，虚情假意地宣称："我所做的一切，就是要让你发笑！"

当然，真正的问题在于：科克托不会长期地欺骗自己，相信这些荣誉会给自己带来幸福和安全感。暂时不管他作为锡安会的大师这种可疑的身份，科克托知道自己还需要"进入"精英的、真正不朽的大诗人的群体。由于这个理想不断地侵蚀他的内心，1956年6月，他带着弗朗西娜和多多跨过英吉利海峡，到英国接受牛津大学的荣誉博士学位。他获得了一个新的名字和头衔"约翰尼斯·科克托，加拉斯诗人"（Johannes Cocteau，Gallus poeta）。他关于诗意和无形（Poetry and Invisibility）等主题的就职演讲包含了许多辛辣、深刻的思想，比如艺术是受到"某种身体的性欲"的刺激，"发自内心的勃起"，完全超越了人们理性的控制，包括"各位先生，还有女王陛下"。听到前面两句，人们先是吃吃地偷笑，最后的结尾则让大家笑翻了场。科克托为了各种奖励和荣誉而轰轰烈烈地四处奔走，风光无限。唯独有一次让他颇受玷污，即1960年6月，他在巴黎被选为诗歌王子，一个非正式的诗人桂冠。科克托的一个朋友，菲利普·麦斯（Philippe Mas）代表他去竞争并且获得了足够的支持，最后宣布他继承刚刚去世的保罗·福尔（Paul Fort）[1]，成为新的诗歌王子。但是，另外一些没有被征求意见的人，以及一个强大的十人委员会，包括科克托一生未曾征服的对手安德烈·布勒东，最后以压倒

1 保罗·福尔（1872—1960），数十年如一日不懈地写作"巴拉德"（Ballades，民歌形式的短歌），作为他毕生创作诗歌的固定形式。作品集结为《法兰西巴拉德》。戴望舒称他为"法国后期象征派中的最淳朴，最光耀，最富于诗情的诗人"。

科克托与W.H.奥登，1956年6月14日在牛津大学接受荣誉博士学位。

性的多数优势选择了圣–让·博斯（Saint-Jean Perse）。但是，科克托坚持认为这项荣誉属于自己，并且拒绝合作。对于任何一个卷入其中的人而言，这都是一件令人丢脸的事情。唯一值得安慰的事情是，阿拉贡选择站在科克托这边，没有支持布勒东。作为两个人和解的标志，他们共同就被纳粹分子掠夺的及从被破坏的德累斯顿艺术博物馆（Dresden）抢救出来的艺术宝藏，录制了一段很长的、引人入胜的对话。受阿拉贡的邀请，科克托也签名支持西班牙难民，结果发现自己马上被西班牙的弗朗哥政权驱逐。不过，科克托作为处于荣誉巅峰的红人，事情还是通过发表一篇深感懊悔的正式道歉而得以解决。

简而言之，授予科克托的这些荣誉的金牌，仅仅只是增加了他对自己被阻塞的艺术计划的失望之情。引用《诗人之血》中的说法，“不朽的声望必然伴随的单调与乏味”占据了他的身心，他对自己终将死亡的真实感受无疑又加剧了这种虚幻之情。1959年初，科克托遭受了内出血的折磨，不得不连续几周卧病在床，而且只能静静地躺在床上，不敢有任何大的动作。这段经历的结果就是一段诗意的“萨迦”《安魂曲》（*Le Requiem*），一首特别长的形式繁多的诗，通过大量人名、地名、逸闻趣事的堆积，各种隐喻与发自内心的悲悯相互嫁接，为科克托的著作提供了一种附注或者补编（这首诗的结尾是令人难忘的动情的墓志铭体小诗："不要朝圣我的旅行/穿过了一个又一个危险/我认为自己应该遭受蔑视/在被别人怒目相向之后"）。科克托步履蹒跚地挣扎，偶尔到马斯拉夫科去拜访让·雨果，甚至在瓦伦汀·雨果的母亲病重期间坚持与她保持通信。由于自己的家人不断离世——首先是姐姐马尔泰在1958年1月去世，接着是哥哥保罗在1961年12月去世——科克托发现自己不断地回忆起一些过去的朋友或者尊重的人物，比如1956年去世的蜜斯丹格苔。新助手雅克·佩里（Jacques Perry）和皮埃尔·吉奥杰（Pierre Georgel）的到来，给科克托带来了一定的安慰和补偿，他们后来对正式地保存和传播科克托的传奇业绩发挥了重要作用。然而，科克托身体崩塌的最后征兆与他"三口之家"的瓦解不期而至了。弗朗西娜厌倦了扮演皇后和女恩人的角色，而且希望寻找别的出路，准确地说，她现在想让科克托从桑托-索斯比搬出去。事实上，科克托几乎将桑托-索斯比别墅变成了自己的豪华的行宫，与多多在这里过着生命后期神仙般的幸福生活。然而，对弗朗西娜自己而言，桑托-索斯比别墅似乎就像一座冷宫，她现在希望参与更多的社会交往。科克托照样将此视为一种个人的背叛，但是解决争吵的唯一办法就是自己屈辱地离开，先是去了维勒弗朗什，1960年春天又去马雷在巴黎郊外的马恩拉克特别墅（Marnes-la-Coquette）小住一段时间，最后回到自己的米利森林（Milly-la-Forêt）。毫不夸张地说，进入20世纪60年代以后，科克托感到自己生不如死。

第二十一章

科克托死了，科克托不朽！

1963年10月11日，在米利拉弗雷的家中，当死亡最终降临的时候，74岁的科克托欣然接受了命运的安排。早上，他刚刚听到艾迪特·皮雅芙去世的消息，马上就为广播电台录了一段关于她的采访。并且，当肺水肿突然袭击的时候，他正准备起身去接阿拉贡的电话，讨论给皮雅芙的书面颂词。就在那年四月，他为了对付第二次严重的心脏病，服用了大量的镇静剂和抗生素，并且在马雷的家中得到了短暂的康复。回到米利拉弗雷的家中后，他努力像平时一样处理日常事务，继续写作关于个人回忆和理论思考的日记，接待朋友的来访，比如弗朗西娜，她希望在最后关头与科克托和好如初。然而，就在这个时候，新一轮的病痛突然发作了，他立即对自己的女管家茱丽叶说："船就要沉没了，你不必为我做任何事情了，我觉得死神已经来临。"由于没有现成的氧气罐，科克托大块大块地咳血，并且很快就窒息而死。第二天，人们对科克托的遗体进行了防腐处理，雷蒙·万凯尔（Raymond Voinquel）给他拍摄的遗像，就像沙龙里一尊平静的雕塑。百叶窗关上之后，停尸的接待室就像一个舞台布景。科克托穿着一身黑衣，脖子上带着荣誉军团骑士的红色项饰，身旁放着法兰西院士的佩剑。四天之后，在米利森林教区的教堂举行了葬礼。由三位法兰西学院官员带领的遗体告别仪式肃穆而庄严，跟在官员之后的是九位"不朽的艺术家"（包括勒内·克莱尔[René Clair]、让·波扬[Jean Paulhan]、让·罗斯丹[Jean Rostand]和马塞尔·巴诺[Marcel Pagnol]），以及科克托亲密的"家人"和朋友：多多、让纳特、弗朗西娜、奥里克、热奈特、利法尔和毕加索的儿子保罗（毕加索自己没有来，斯特拉文斯基也没有来）。队伍的后面是法国政府各部门的部长和各级各类的官员及大约五千名吊唁者。同辈的院士安德烈·尚松（André Chamson）朗读了一段相当传统的悼词。科克托的遗体和红色的玫瑰花竖琴一起，正式安放在一座十二世纪的小教堂圣布莱斯-德-辛珀斯（Sait-Blaise-des-Simples）后面的庭院里。1959年，科克托曾经以草本药物和烹饪的主题装饰过这座教堂。紧接着在四月份，科克托的遗体被转移到教堂内的另一个地方安葬，门顿市长捐赠的墓碑上刻着“我与你同在”的铭文，强调科克托不仅与自己个人的朋友和热爱的民众休戚与共，而且与门顿市米利镇的人们息息相关，因为科克托早在1953年就获得了荣誉市民的称号。后来，在小教堂内举行的科克托逝世周年祭仪式上，德国雕塑家阿诺·布雷克（Arno Breker）为科克托制作的大型铜像揭幕了，但是克莱尔在发表演讲时却对布雷克只字不提。

当然，在很长一段时间里，科克托实际上对自己的死早有准备，最明显的就是他近期对各种教堂的装饰。在丹尼斯·伯德（Denise Bordet）的刺激下（撰文回忆在塔马里斯布兰奇别墅的日子），科克托也在1962年发表了短篇的自传性作品《脐带》（*Le Cordon ombilical*），将自己的各种作品分门别类地放在一起，希望最后一次掌控它们的读者反映。他一口气列出自己作品的名单，并且提出另一种批评性的附注，暗示绘画和写作仅仅只是人存在的某种方式；将自己作品中的人物进行神化处理的做法，一定会导致对自我的神秘化。这里的风格——下判断时，宏大、渊博而且自负；叙述方式漫不经心而又充满诱惑——是典型的科克托，语气时而深刻敏锐，时而自我放纵。在一定程度上，他讨人喜欢地承认，他偶尔会因为爱慕甚至依附于那些值得尊敬的人而忽视了故事情节。如果没有对害人的“您”（VOUS）进行高度防御的、近似偏执狂的反击，这本书将是不完整的。第二年，也就是1963年4月，科克托在米利拉弗雷的家中录下了对罗杰·斯蒂芬纳的全面采访，尽管没有透露任何特别新鲜的东西，最终还是在国家电视台播出了。

但是，在更早一些的时候，通过高度自我意识的告别性的电影《俄耳甫斯的遗言》（*The Testament of Orpheus*），科克托对自己最后的死亡做出了充分的准备。《俄耳甫斯的遗言》是科克托所有的

科克托与电影导演弗朗索瓦·特吕弗及小明星让-皮埃尔·莱奥在戛纳电影节上 1959年

作品中最出色、最诚实的杰作，是他五十多年实验和实践的巅峰之作，它第一次也是最后一次表明：科克托作为诗人在自己的电影里占据了舞台的中心。这部电影是一幅高度艺术性的自画像，或者更准确地说，是艺术家作为俄耳甫斯的自传性描写。同时，它也是诗人的意志力与控制力令人振聋发聩的表现，是电影历史上的开创性作品，具有非常明显的作用：给后人留下最后的自我形象，人们将以此记住科克托。拍摄《俄耳甫斯的遗言》的大部分资金都得益于弗朗索瓦·特吕弗（François Trhffaut）的支持。特吕弗是新锐的著名导演，他把自己的影片《四百击》（*The Four Hundred Blows*）在国际上获得的利润全部捐献给科克托（在特吕弗和新浪潮的其他导演的眼里，科克托是对电影作者最生动的体现）。一开始，《俄耳甫斯的遗言》就明确地将自己表现为“诗人留给后人的遗产（这群继承者曾经自始至终地支持过他）”。那些“构成”并且“界定”科克托的形式成分——纪录片的事实、虚构的故事、奇特的幻想、自我形象、神奇的传说——严丝合缝地熔合在一起。科克托亲自带领我们参观他毕生作品的汇集，一个巨大后台目录，包括俄耳甫斯、米涅瓦（Minerva）、斯芬克斯、阿努比斯（Anubis）、安提戈涅、特里斯坦和伊索尔

达、马面人身的怪物、替身演员，等等。所有这些不同的元素都可以被当作反映科克托生命的镜子，也可以说是对二十世纪法国艺术形象的写照。

《俄耳甫斯的遗言》以最直接的线性的方式展开一系列被延伸的短剧，科克托像个“梦游者”一样动个不停，在慢镜头和倒放镜头中进进出出，并且总是伴随着一些从他大量的小说和诗歌中挑选出来的语句，以及对电影（特别是《诗人之血》和《俄耳甫斯》）和其他造型艺术的引用。和他在一起的是自己亲密的朋友和忠实的演员：多多扮演赛热斯特；让纳特扮演瞎眼的俄耳甫斯；弗朗西娜扮演“精神错乱的女士”；玛丽娅·卡萨雷斯和弗朗索瓦·皮埃尔扮演法官。米涅瓦用长矛刺进诗人的后背，诗人直接从临终时睡的床上站起来（倒放动作），这个死亡/复活的场景，是在一大群吉普赛人和艺术名流（毕加索、利法尔、卢西亚·波塞[Lucia Bosé]、路易斯–明格尔·多明戈[Louis-Miguel Dominguin]、查尔斯·阿兹纳吾尔[Charles Aznavour]）面前表演和拍摄的。现在，科克托已经与自己选定的媒介融为一体，在一系列根据梦的工作原理安排的、他所谓的“想象的行动”中，通过倒放的动作，科克托的身体变得就像电影胶片一样，成为一种可以彻底倒放的镜头。通过开始的画外音，科克托强调自己与这部作品的个人关系：“我的电影不过是一场脱衣舞表演，将自己的身体一点一点地扒光，把自己的灵魂赤裸裸地展示给大家”。出于要让《俄耳甫斯的遗言》成为自己生命的“木偶影戏”的动机，这段画外音还强调科克托整个艺术计划“照实陈述行为”的本质。另外，影片极具挑衅的副标题“不要问我为什么”，再次表明科克托并不打算帮助我们理解和阐释影片。

显然，《俄耳甫斯的遗言》意在探索艺术的创作过程，科克托则完全通过自己的作品和艺术行为来界定自我。我们看到了一种似是而非性，即当诗人的形象融入科克托的身体时，在最具体、最形而下的层面上，他自己的生命就在对艺术计划更广泛的考虑中被客观化和普遍化了，换言之，即非个性化了，失去了个人的自我感觉。另外，通过对电影时间和电影空间的相对性和可逆性的坚持不懈地实验，科克托为自己个人的存在之难找到了某种临时性的解决方案，即存在本身的可逆性，因为现在时间和空间被合二为一或者被显露为同一种东西。在前面，诗人迷失在“令人毛骨悚然的时空缠结”中的那一整个段落，由（诗人）与教授（亨利·克雷米约[Henri Crémieux]）的讨论构成，专门设计出来表明时间不是线性的。与教授不一样，诗人能够“解开”时间，甚至改变时间的进程，因为他发现了一种可以实现“复活程序”的电影方法。利用倒放摄影技术及其他一些叙事手段，比如多元时空、闪回镜头和圈入圈出，时间可以被压缩或者被延伸。不断穿越时间和溶入影像，逐渐变得像赛热斯特一样“透明”，诗人终于可以消除空间和距离的空虚感。影片通过对眼睛的极度特写和对巨大洞穴的长镜头摄影强调了这种空间和距离的空虚感。诗人出现在那个巨大的洞穴里，只不过是一个极微小的目标。简言之，我们在《俄耳甫斯的遗言》中见证了诗人作为自我向他者转变的整个过程，也即是说，这部作品印证了吉尔伯特·阿代尔（Gilbert Adair）那句恰当的描述：“一次对自我独特的、普罗秋斯[Protean]神似的投射与传播。”[1]摆脱了其作者的诅咒（对个人命运不断重复的谬见、误解和妄想），这部作品最终可以经受各种关键的变形，并且考虑自身在艺术上的价值和优点。

对于这样一部重要的临别性的电影，《俄耳甫斯的遗言》用一种罕见的机智与技巧，公然蔑视地心的引力，并且令人诱惑地保持高高在上的感觉。影片倒数第二个画面——小轿车载着年轻的乘客消失在远处，吹起落在地上的芙蓉花——保证最后的结局不是悲伤的或者悔恨的而是快乐的，即物质享受的快乐与作品优雅形式结合在一起，成为科克托理想的典范。在最后的画外音中，科克托宣称：“一阵快乐的浪潮刚刚淌过我临别的电影。如果你不喜欢它，我将非常难过，因为我就像一个最谦卑的工人，将自己的全副身心都投入其中了。”正如笔者在其他地方详细讨论过的，《俄耳甫斯的遗言》独一无二的力量，有一部分也是来自于它某种程度的色情性。[2]在这里指的是影片

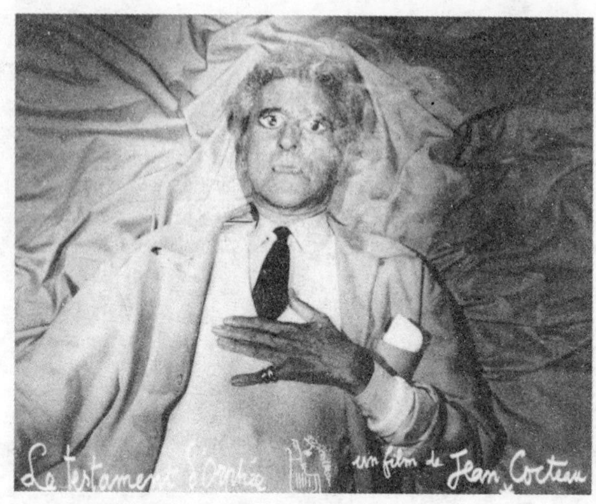

科克托作为逝去的诗人在复活前的瞬间，《俄耳甫斯的遗言》（1960）

中很多男人回头向后看时极具同性恋色彩瞬间，比如在与“马—人”（马面人身）擦肩而过时，诗人忍不住回头去看，电影镜头（诗人的眼睛）长时间地盯在那个男人的背上。还有一些非常奇怪的、甚至不可思议的事情，比如“马—人”（从身后）慢慢地将标枪从诗人的肚子里拔出来。在诗人被赛热斯特“钉死在十字架上”（经受赛热斯特痛苦的考验）的那个场景中，某种肛门一样的东西慢慢地缩进大地的内脏；两个男人的样子明显是在准备口交，赛热斯特两腿弯曲俯下身子，诗人的双手张开，似乎忍受着巨大的痛苦，也许是在等待着像加尼美德斯一样被宙斯（Zeus）掠走。这些瞬间将科克托作品中随处可见的各种各样的肛门色情性和性爱的矛盾情绪提升到一个新的层次，并且凸显了他的同性恋美学，正如诗人和赛热斯特之间的权力关系所具有的卓越表现一样。就像维吉尔（Virgil）带领着但丁（Dante）一样，赛热斯特带领着诗人穿过了波尔多省地狱谷（Val d' Enfer）的采石场（传说但丁在此写作了《神曲》[*Vita nova*]）。赛热斯特完成了一系列有形的卓越贡献，并且自己拥有复活与变形的力量，他神奇地直觉到诗人的命运的节律与周期，坚持不懈地激励他证明自己的胜利与统治。正如他的名字“赛热斯特”（Cégeste）根据语音可以拆分为ces gestes（这些动作）或者ses gestes（他的动作）所暗示的，赛热斯特为科克托实现自己作为“电影诗学”的美学目标提供了完美的手段，即电影的纯粹表演。并且，恰如他在一次采访中所说的，那个确保科克托被自己的电影像手套一样“由内而外地翻开”的人就是赛热斯特。强力推动德米特进入这样一个主动的艺术角色，科克托显然希望在挖掘生活与工作的关系时，尝试一些新鲜而且大胆的东西，也即移植、取代、甚至暗中削弱自己作为著作者的重要性。因为他正在不断地通过艺术来转换甚至逆转某种动力关系，也就是自己的生命中与多多及所有的男性伴侣或者合作者的动力关系。德米特，作为一个男人和演员，完全是被科克托培养的，这种情况暗合了影片中赛热斯特第一次遇见诗人的情景：在一缕超现实的微光中，诗人惊呼“赛热斯特！”，赛热斯特回答说，“是你给了我这个名字”。作为科克托的“养子”（影片中明确提到了这种身份），多多将在科克托去世之后，带着科克托家庭的祝福，成为他正式的继承人和（遗嘱上制定的）遗著保管人，简言之，就是科克托身后事情的保证人。结果证明，直到1995年5月逝世之前，德米特都堪称个人忠诚与判断力的楷模（即使自己后来也结婚生子，他也会谈起科克托如何控制着自己的日常生活）。科克托对自己凌驾于德米特身上的个体力量感到超级自信，这正是他考虑在电影中剥夺自己的导演权威的重要原因，并且，这种态度与他将自我向神秘的电影摄影机彻底敞开的总体愿望是相辅相成的。通过促成一种新的艺术位置（不是强力的，而是非权力的），德米特表明自己是科克托生命中至关重要、最独一无二的合作者，按照字面意义或者隐喻的说法，就是科克托“一条路上的伴侣”，尽管他们从来没有写过关于对方的书，就像科克托和马雷一样。

在其他方面，《俄耳甫斯的遗言》也标志着对现代主义同性恋美学的重大贡献。实质上，通过游览科克托的梦工厂，一座展示自己各种艺术活动和个人友谊的工作室，电影《俄耳甫斯的遗言》预示了另一位超级物质主义的同性恋电影导演安迪·沃霍尔（Andy Warhol）的诞生。作为第一位多媒体的艺术家，科克托将文学、视觉艺术、电影、音乐、戏剧和流行时尚结合起来，为正在冉冉升起的“跨先锋派”电影人安迪·沃霍尔指明了方向。在“纽约工厂”里，安迪·沃霍尔同自己钟爱的“家庭”一起，对科克托的迷恋与模仿达到了令人炫目的顶点，包括科克托对青春、美丽和名声的崇拜，以及他对自己的死亡的迷恋，甚至他在生命的晚期对“大规模生产”观念的实验。在《俄耳甫斯的遗言》里，一些想方设法获取别人亲笔签名的年轻人把他们刚刚获得的战利品塞进那个像忒瑞西阿斯一样的偶像（一种“可以让任何人在几分钟内出名的机器”）的口中。这个场景堪称安迪·沃霍尔那句著名断言的提前模仿。事实上，科克托和沃霍尔这两个艺术家的外表也有点相像，特别是他们的白头发，以及相当正式的装束。20世纪80年代初期，安迪·沃霍尔自己用一系列丝网印刷品保存了科克托的容貌。科克托之所以对沃霍尔及其他当代同性恋艺术家、作家和电影导演非常重要，确切而言是因为他总是努力跨越甚至超越所有的类型、等级和禁忌，将某种完全是假想的同性恋的“真实”翻译成绝对的“艺术”。这种“后普鲁斯特”的计划促使科克托1949年在巴黎将田纳西·威廉姆斯（Tennessee）的《欲望号街车》（*A Street Named Desire*）进行黑暗的、肉欲的改编并且搬上舞台，正如它激励W. H. 奥登翻译科克托自己的戏剧《圆桌骑士》一样。我们可以对科克托的同性恋影响力的链条进行深入的研究，比如以电影为例，法国电影导演雅克·德米（Jacques Demy）实际上开启了一项“重拍”科克托的事业，首先是满怀敬意的《美丽的陌生人》（1959），然后是更加冒险、大胆的《驴皮公主》（*Peau d'âne*，1970）和高度风格化的《停车》（*Parking*，1985）（后两部作品主要以《俄耳甫斯》为基础，并请马雷担当了不同的角色）。科克托也启发了其他在完全不同的电影传统中工作的导演，比如肯尼斯·安格（Kenneth Anger），保罗·帕索里尼（Pier Paolo Pasolini），德里克·贾曼（Derek Jarman）和佩德罗·阿尔莫多瓦（Pedro Almodóvar）等很多人，这里暂且只列举几个。

当然，《俄耳甫斯的遗言》并不是科克托故事的结尾。由于自己对创作行为永不磨灭的热情，特别是对电影媒介的忠诚，科克托总是让自己面向未来，不断适应新的情况。事实上，就在临去世前两个月，也就是1963年8月，科克托拍摄了最后一部电影：一部二十五分钟的短片《科克托向2000年的致辞》（*Jean Cocteau s'adresse à l'an 2000*）。该片由一个固定的、高度节制的镜头构成，科克托面对摄影机直接向未来的年轻人讲话。影片刚一拍完，这段面向21世纪的口头祝词就被包裹封存起来，并且公告大家只有等到2000年才能打开（事实证明，当它被发现并打开的时候，仅仅只比他规定的日子差几年）[3]。如果说，在《俄耳甫斯的遗言》中，科克托将自己描绘成一个活生生的与时代不符的人物和一个孤独的古典的现代主义者，穿着一件鹿皮革的夹克在（电影的）时空中游手好闲地混日子，同时迷失在自己五彩斑斓的记忆中的话，那么在《2000年的致辞》中，科克托则公开承认对自己幽灵一样的状态的反讽：在观众看到这部电影的时候，他，让·科克托（J.C.），我们的拯救者诗人，已经死去很多年了。（生命的）暂时性和无常性象征性地被扭曲了：既站在1963年又站在2000年讲话，科克托马上就对“现在”产生了怀旧，对将来充满了预见。因此，这部电影既有纪录片的形态，又有想象性的延伸，作为一种新的“超级现实”与离奇幻想相结合的结构，通过科克托作为自我的无缝表演及作为法兰西学院院士“不朽的”身份得到了强化。他反复地重申自己的某些恒久不变的艺术主题和原则：死亡是生命的一种形式；诗歌超越了时间，是一种高级的数学；我们都是他人的队伍，他者就居于我们之中；错误是个体的真实表达……当他肆意尖酸刻薄地挖苦很多授予自己的奖项时，他的语气时而思辨，时而毫不妥协、不容置疑，并且将这些奖项称之为“卓越的惩罚”。他也对自己现在可以绝对自由地想说什么就说什么的现状欣喜不已，因为他很快就不会承担任何后果。

科克托在导演《美女与野兽》
1945年

《科克托向2000年致辞》的地位依然不是很清楚。它是一段新的遗言或者忏悔，一种渴望人的忍耐力的英雄式表白，或者如他自己所言，是一种单纯“反常规的滑稽戏”，再或者一切都是？它带有科克托独有的特征，让我们被这个悬而未决的悖论吊住胃口。然而，可以确定以及我们一致看到的是：科克托的生命与身体就是他的艺术作品，反过来，他的作品又始终是一种神秘的存在。这是科克托留给他的人类同伴的最后的礼物。让我们记住并赞美这种姿态的力量。现在，他就在我们眼前复活了，一个大胆无私、胸怀快乐的同性恋者。科克托死了，科克托万岁！

原注

导　言　不朽的艺术家，传世的艺术品

[1] Jean Cocteau, *The Art of Cinema* [1988], trans. and ed. Robin Buss (New York and London, 2001), p.7.
[2] See Jean Cocteau, *Le Cordon ombilical* [1962] (Paris, 2oo3), p.19. All translations are my own unless otherwise stated.
[3] Cited in Anthony Levi, *Guide to French Literature, 1789 to the present* (Chicago and London, 1992), p.170.
[4] See *Jean Cocteau: romans, poésies, œuvres diverses*, ed. Bernard Benech (Paris, 1995), p. 895.

第一章　失落的天堂

[1] On his military dossier he is named as 'Clément, Eugène, Jean, Maurice Cocteau'.
[2] See 'Venise vue par un enfant', *La Revue hebdomadaire* (May 1913).
[3] See Francis Steegmuller, *Cocteau: A Biography* (Boston, MA, and Toronto, 1970), pp.11–12.

第二章　天才的传奇

[1] Cited in Frederick Brown, *An Impersonation of Angels: A Biography of Jean Cocteau* (London, 1969), p.13.

第四章　俄罗斯的经验

[1] Jean Cocteau, *Le Potomak, 1913–1914, prĕcédé d'un Prospectus (1916) et suivi de La Fin du Potomak (1939)*, vol. Ⅱ of *Oeuvres complètes de Jean Cocteau* (Geneva, 1947), p. 39.
[2] Ibid., p.123.

第五章　科克托的“一战”

[1] See *Jean Cocteau: photographies et dessins de guerre*, ed. Pierre Caizergues (Aries, 2000).
[2] Jean Cocteau, *Thomas l' imposteur* [1923] (Paris, 1973), p.150.
[3] See *Jean Cocteau: photographies et dessins de guerre*, pp. 107–23.
[4] See Billy Kluver, *A Day with Picasso* (Cambridge, MA, 1997).

第六章　最伟大的战役

[1] See *Jean Cocteau: romans, poésies, œuvres diverses*, ed. Bernard Benech (Paris 1995), p. 868.

第七章　欢乐的家庭

[1] See Jean Cocteau, *Diary of an Unknown*, trans. and ed. Jesse Browner (New York, 1988), pp.194–5.

第八章　法兰西的精灵

[1] See Preface to Jean Cocteau, *Les Marés de la Tour Eiffel* (Paris, 1924), pp. 9–23 (p.18).

第九章　拄拐杖的少年

[1] *Jean Cocteau: romans, poésies, œuvres diverqes*, ed. Bernard Benech (Paris, 1995), p. 298.

第十章 奇迹之年/悲伤之年

[1] See Jean Cocteau, *Diary of an Unknown*, trans. and ed. Jesse Browner (New York, 1988), p. 202.
[2] Letter dated 3 November 1922, cited in Francis Steegmuller, *Cocteau: A Biography* (Boston, MA, and Toronto, 1970), pp. 294–5.
[3] *Jean Cocleau: romans, poésies, œuvres diverses*, ed. Bernard Benech (Paris, 1995), p. 98.

第十一章 迷失在荒野

[1] From Drawing 14 in Jean Cocteau, *Le Mystère de Jean l' Oiseleur: monologues*, ed. Milorad (Paris, 1983).
[2] Cocteau's diary, 26 July 1958, cited in Francis Ramirez and Christian Rolot, 'L'acte graphique', *Le Magazine littéraire* 423 (2003), pp. 56–9 (p. 59).
[3] See 'Le numéro Barbette', *Nouvelle Revue française* (July 1926).

第十二章 驮着主子的蠢驴

[1] Cited in Francis Steegmuller, *Cocteau: A Biography* (Boston, MA, and Toronto, 1970), pp. 337–8.
[2] In a letter written in 1963 to Mme Jeanette Kandaouroff, cited in full in Steegmuller, *Cocteau*, pp. 496–9.

第十三章 奇迹，还是假象？

[1] See *Jean Cocteau: romans, poésies, œuvres diverses*, ed. Bernard Benech (Paris, 1995), p. 219.
[2] Ibid., p. 223

第十四章　身体与诗人之血

[1] See *Jean Cocteau: romans, poésies, œuvres diverses*, ed. Bernard Benech (Paris, 1995), p. 51.
[2] See James S. Williams, *Jean Cocteau* (Manchester, 2006), chapter 2: 'All Is Possible: *Le Sang d' un poète*' .

第十五章　周游世界

[1] Cited in Peter France, ed. The New *Oxford Companion to Literature in French* (Oxford, 1995), p. 841.
[2] Jean Cocteau, *Round the World Again in 80 Days*, trans. Stuart Gilbert (London, 1937), p. 249.

第十六章　走进阿波罗

[1] Cited in René Gilson, *An Investigation into his Films and Philosophy* [1964] (New York, 1969), pp. 172–3.

第十七章　卷土重来的世界大战

[1] A. Laubreaux, 'Le Scandale des Ambassadeurs' , *Je Suis partout* (13 January 1939).
[2] See Gregory Sims, '*Tristan en chandail:* Poetics as Politics in Jean Cocteau' s L' Eternd Retour' , *French Cultural Studies*, 9 (1998), pp. 19–50.

第十八章　无人的土地

[1] Jean Cocteau, *La Belle et la bête: journal d' un film* [1946] (Monaco, 1958), p. 61.
[2] In *Empreintes*, 7–8 (1950).

第十九章　桑托-索斯比俱乐部

[1] See James S. Williams, *Jean Cocteau* (Manchester, 2006), chapter 4: 'In the Zone: *Orphée*'.
[2] See Jean Cocteau, *Diary of an Unknown*, trans. and ed. Jesse Browner (New York, 1988), p. 87.
[3] Ibid., p. 89.

第二十一章　科克托死了，科克托不朽！

[1] See Gilbert Adair, Programme Notes for the 'Jean Cocteau: The Naked Dandy' film season (March 2004, French Institute, London), p. 13.
[2] See James S. Williams, *Jean Cocteau* (Manchester, 2006), chapter 6: 'For Our Eyes Only: Body and Sexuality in Reverse Motion', especially pp. 159–76.
[3] For a full transcription, see 'Mon testament pour l'an 2000', in Jean Cocteau, *Jean Cocteau: 28 autoportraits*, ed. Pierre Caizergues (Paris, 2003).

著作提要

现在，科克托所有的文学和戏剧作品都可以在法国伽利玛出版社（Gallimard）出版的“七星诗社”（‘Pléaide’）权威评注的三部作品集中看到了：《诗歌全集》（*Oeuvres Poétiques complètes*），米歇尔·德考丹（Michel Décaudin）和戴维·古兰托普（David Gullentops）编，巴黎，1999；《戏剧全集》（*Théâtre complete*），米歇尔·德考丹编，巴黎，2003年；《小说全集》（*Oeuvres romanesques complètes*），塞尔日·兰纳雷（Serge Linares）和亨利·戈达尔（Henri Godard）编，巴黎，2006年。2003年，格拉塞出版社（Grasset）和罗谢出版社（Editions du Rocher）也再版了很多科克托的作品，并且附上了新的或者以前不能看到的序言。

诗

《好望角》（*Le Cap de Bonne-espérance*），Paris: La Sitène，1919

《中途着陆》（*Escales*），Paris: La Sirène，1920 [André Lhote插图]

《诗，1917—1920》（*Poésies，1917-1920*），Paris: La Sirène，1920

《词语》（*Vocabulaire*），Paris: La Sirène，1922

《清唱》（*Plain-chant*），Paris: Stock，1923

《睡梦中的话语》（*‘Discours du grand sommeil’*），《新法兰西

评论》，1924

《捕鸟人的秘密：独白》（*Le Mystère de Jean l' Oisdeur: monologues*），Paris: Champion，1925； ed. Milorad，Paris: Persona，1983

《歌剧》（*Opéra*），Paris: Stock，1927

《寓意》（*Allégories* ），Paris: Gallimard，1941

《蕾欧娜》（*Léone*），Paris: Gallimard，1945

《耶稣受难》（*La Crucifixion*），Paris: Morihien，1946

《数字七》（*Le Chiffre sept*），Paris: Seghers，1952

《倚音》（*Appogiatures*），Monaco: Roeher，1953

《明—暗》（*Clair-obscur*），Monaco: Rocher，1954

《诗，1916—1955》（*Poémes，1916-1955* ），Paris: Gallimard，1956

《七则对话，附仿韵律学》（*Paraprosodies précées de 7 dialogues*），Monaco: Rocher，1958

《安魂曲》（*Le Requiem*），Paris: Gallimard，1962

小说

《波多马克》（*Le Potomak*）[1919]，Paris: Stock，1924；重印时分为《波多马克，1913—1914，前传》（*Le Potomak，1913-1914，précédé d' un Prospectus*）（1916）和《波多马克尾声》（*Le Fin du Potomak*）（1939），《科克托全集》第二卷（*Oeuvres complétes de Jean Cocteau*），Geneva: Marguerat，1947

《悬殊》（*Le Grand Ecart*），Paris: Stock，1923；英文版《无赖》，trans. Dorothy Williams，London，2003

《骗子托马斯》（*Thomas l' imposteur*），Paris: Gallimard，1923；英文版《骗子托马斯》，trans. Dorothy Williams，ed. Gilbert Adair，London，2005

《白书》（*Le Livre blanc*），Paris，1928，[首版时未署名出版社和作者]；reprinted Paris: Editions du Signe，1930；英文版《白书》，trans. and ed. Margaret Cmsland，London，1969 [书中附有科克托德木板画]；San Francisco，1989

《可怕的孩子们》（*Les Enfants terribles*），Paris: Grasset，1929；英文版*The Holy Terrors*，trans. Rosamond Lehmann，New York，1966

戏剧

《埃菲尔塔下的新人》（*Les Mariés de la Tour Eiffel*），Paris: *Nouvelle Revue française*，1924；as 'The Eiffel Tower Wedding Party'，in *The Infernal Machine and Other Plays*，trans. W. H. Auden et al.，New York，1963

《俄耳甫斯》（*Orphée*），Paris: Stock，1927；as 'Orpheus'，trans. John Savacool，in The Infernal Machine and Other Plays

《人类之声》（*La Voixhumaine*），Paris: Stock，1930；as *The Human Voice*，trans. Carl Wildman，London，1951

《定时炸弹》（*La Machine infernale*），Paris: Grasset，1934；as 'The Infernal Machine'，trans. Albert Bermel，in *The Infernal Machine and Other Plays*

《可怕的父母》（*Les Parents terribles*），Pads: Gallimard，1938；as *Les Parents terribles*，trans. Jeremy Sams，London，1994

《双头鹰》（*L'Aigle d deux têtes*），Paris: Gallimard，1946；as *The Eagle Has Two Heads*，trans. and adapted Ronald Duncan，London，1962

《戏剧I》（*Théâtre I: Antigone，Les Mariés de la tour Eiffel，Les Chevaliers de la Table Ronde，Les Parents terribles*），Paris: Gallimard，1948；*Antigone*，trans. Carl Wildman，New York，

1961；as The Knights of the Round Table，trans. W. H. Auden，in *The Infernal Machine and Other Plays*

《戏剧II》（*Théâtre II: Les Monstres sacrés La Machine à érite, Renaud et Armide*），Paris: Gallimard，1948；《打字机》（*The Typewriter*），trans. Robert Duncan，London，1947；《可怕的孩子们》（*The Holy Terrors*），trans. Rosamond Lehman，New York，1957

《戏剧口袋本》（*Théâtre de poche*），Paris: Morihien，1949 [includes *Parade*，*Le Boeuf sur le toit*，*Le Bel Indiffèrent*，*Le Fantôme de Marseilles*，*Chansons et monologues*]

《酒神》（*Bacchus*），Paris: Gallimard，1952；as 'Bacchus'，trans. Mary C. Hoeck，in *The Infernal Machine and Other Plays*

《皇宫即兴诗》（*L'mpromptu du Palais-Royal*），Paris: Gallimard，1962

评论

《恢复秩序：公鸡与小丑》（*Le rappel à l'ordre*），《白卡》（*Carte blanche*），《访莫里斯·巴雷斯》（*Visites à Barrés*），《职业秘密》（*Le Secret professionnel*），《关于一种被视为无政府主义的秩序》（*D'un ordre considéré comme une anarchie*），《关于〈骗子托马斯〉》（*Autour de Thomas l' imposteur*），《毕加索》（*Picasso*），Pads: Stock，1926；as *A Call to Order... Including 'Cock and Harlequin', 'Professional Secrets', and Other Critical Essays*，trans. Rollo H. Myers，London，1926

《致雅克·马里坦的信》/《答科克托》（Lettre à Jacques Maritain/résponse à Jean Cocteau）[1926]，Paris: Stock，1964；as *Art and Faith: Letters between J. Maritain and J. Cocteau*，New York，1948

《鸦片》（*Opium*），Paris: Stock，1930；as *Opium: The*

Illustrated Diary of His Cure，trans. Margaret Crosland and S. Road，London，1996

《论间接批评：世俗之谜》（*Essai de critique indirecte: Le Mysteére laïc*）；《被视为一门艺术的谋杀》（*Des Beaux-arts considérés comme un assassinat*），Paris: Grasset，1932

《人物一回忆》（*Portraits-Souvenir，1900-1914*），Paris: Grasset，1935；as *Paris-Album，1900-1914*，trans. Margaret Crosland，London，1987 [内含科克托的素描]

《我第一次旅行：八十天环游地球》（*Mon premier voyage: Tour du monde en quatre-vingts jours*），Paris: Gallimard，1937；as *Round the World Again in 80 Days*，trans. Stuart Gilbert，London，1937；reprinted 2000[Simon Callow作序]

《雕像与死亡》（*La Mort et les statues*），Paris: Editions du Compas，1946；reprinted 1977[内收Pierre Jahan为科克托拍摄的照片]

《存在之难》（*La Difficulté d' être*），Paris: Morihien，1947；as The Difficulty of Being，trans. Elizabeth Sprigge，New York，1995

《致美国人》（*Lettre aux Américains*），Paris: Grasset，1949

《马阿勒什：戏剧巡演日记》（*Maalesh: journal d'une tournée de théâtre*），Paris: Gallimard，1949；as *Maalesh: A Theatrical Tour in the Middle-East*，trans. Mary C. Hoeck，London，1956

《让·马雷》（*Jean Marais*），Paris: Calmann-Lévy，1951

《陌生人日记》（*LeJournal d' un inconnu*），Paris: Grasset，1952；as Diary of an Unknown，trans，and ed. Jesse Browner，New York，1988

《让·科克托谈自己》（*Jean Cocteaupar lui-même*），ed. André Fraigneau，Paris: Seuil，1957 Poésie critique，2 vols，Paris: Gallimard，1959-60

《脐带》（*Le Cordon ombilical*），Paris: Plon，1962，reprinted Paris: Allia，2003

《关于电影》（Du Cinématographe），ed. André Bernard and Claude Gauteu，Paris: Belfond，1973: reprinted 1988；as *TheArt of Cinema*，trans. and ed. Robin Buss，New York and London，2001

《关于电影的访谈》（*Entretiens autour du Cinématographe*），Paris: Bonne，1951；as *Cocteau on the Film: Conversations with Jean Cocteau recorded by André Fraigneau*，trans. V. Train，ed. George Amberg，New York，1972

科克托其他译成英文的著作

《让·科克托日记》（*The Journals of Jean Cocteau*），ed. and trans. Wallace Fowlie，New York，1956；reprinted Bloomington，IN，1964

《我的同代人》（*My Contemporaries*），trans. Margaret Crosland，London，1967；reprinted 2007

《职业秘密：科克托评传》（*Professional Secrets: An Autobiography of Jean Cocteau*），ed. Robert Phelps，trans. Richard Howard，New York，1970

《过去时：科克托日记》（*Past Tense: The Cocteau Diaries*）[1983-985]，2 vols，ed. Pierre Chanel and Ned Rorem，trans. Richard Howard，London，1987-90

《明星风潮：诗选》（*Tempest of Stars: Selected Poems*），trans. Jeremy Reed，London，1992) [David Austen插图]

《激情的阴茎：色情的绘画》（*The Passionate Penis: Erotic Drawings*），London，1993

《让·科克托：色情的绘画》（*Jean Cocteau: Erotic Drawings*），ed. Annie Guédras，Cologne，1999

科克托编剧和导演的电影

《让·科克托的电影》（*Jean Cocteau fait du Cinéma*），1925年，16毫米，黑白短片，现已遗失

《诗人之血》（*Le Sang d' un poéte*），1930年拍摄，1932年发行，53分钟，黑白片

《美女与野兽》（*La Belle et La běte*），1946年，90分钟，黑白片

《双头鹰》（*L' Aigle à deux tétes*），1947年，1948年公映，94分钟，黑白片

《可怕的父母》（*Les Parents terribles*），1948年，98分钟，黑白片

《俄耳甫斯》（*Orphée*），1950年，91分钟，黑白片

《科里奥兰》（*Coriolan*），1950年，从未公映，16毫米，黑白短片

《桑托-索斯比别墅》（*La Villa Santo-Sospir*），1951年，从未公映，36分钟，16毫米柯达彩色短片

《俄耳甫斯的遗言》（*Le testament d' Orphée*），1960年，79分钟，黑白片，其中一个场景是彩色

电影剧本和电影日记

《两部电影剧本：诗人之血/俄耳甫斯的遗言》（*Two Screenplays: The Blood of a Poet / The Testament of Orpheus*），trans. Carol Martin-Sperry，London and New York，1968

《三部电影剧本：永恒的回归/俄耳甫斯/美女与野兽》（*Three Screenplays: L' Eternd retour, Orphée and La Belle et la bite*），trans. Carol Martin-Sperry，New York，1972

《美女与野兽：电影日记》（*La Belle et la bête: Journal d'un film*）[1946]，Monaco，2003； as *Beauty and the Beast: Diary of a Film*，trans. Ronald Duncan，ed George Amberg，New York，1972

《俄耳甫斯》（*Orphée*）[1950]，Paris，1994；trans. Carol Martin-Sperry in *Three Screenplays*

《布洛涅森林里的女人》（*Les Dames du Bols du Boulogne*），[罗贝·布莱松导演]，*Cahiers du cinema*，75-7，1957

《俄耳甫斯的遗言》（*Le Testament d' Orphée*）[1961]，Monaco，1983，[附吕西安·克莱格的摄影]；trans. Carol Martin-Sperry in *Two Screenplays*

分类目录

《科克托选集》（*Cocteau: anthologie*），Frémeaux，2000，[four-CD set of recordings]

《诗人与歌词：让·科克托》（*Poètes et chansons: Jean Cocteau*），EPM，2003

《科克托与音乐》（*Cocteau et la musique*），Centre Pompidou，2003

关于科克托的著作

《让·科克托》（*Jean Cocteau*），Arnaud，Claude，Paris，2003

《科克托与电影：杂乱无章》（*Cocteau et le cinéma: désordres*），Azoury，Paul，and Jean-Marc Lalanne，Paris，2003

《科克托与〈俄耳甫斯的遗言〉》（*Jean Cocteau and the Testament of Orpheus*），Clergue，Lucien，New York，2001[David LeHardy Sweet作序]

《不可思议的科克托》（*L' InconcevableJean Cocteau*），Marais，Jean，Monaco，1993

《丑闻与游行：科克托的戏剧》（*Jean Cocteau: sur le fil du*

siècle），Moyen，Dominique，ed.，exh. cat.，Centre Pompidou，Paris，2003；trans. Trista Selous，London，2003

《丑闻与游行：科克托的戏剧》（*Scandal and Parade: The Theatre of Jean Cocteau*），Oxenhandler，Neal，Rutgers，NJ，1957

《科克托与法国舞台》（*Jean Cocteau and the French Scene*），Peters，Arthur King，ed.，New York，1984

《让·科克托：建筑师的眼睛》（*Jean Cocteau: l' oeil architecte*），Rolot，Christian and Francis Ramirez eds，Courbevoie，2000

《科克托传》（*Cocteau: A Biography*），Steegmuller，Francis，Boston，MA，and Toronto，1970

《让·科克托》(*Jean Cocteau*），Williams，James S.，Manchester，2006

原著致谢

我首先要感谢迈克尔·李曼（Michael Leaman），是他最先建议写这样一本书，同时给予我莫大的支持和耐心的等待。我也要感谢罗伯特·威廉姆斯（Robert Williams）出色的编辑帮助和令人安慰的平静，以及哈里·基洛尼斯（Harry Gilonis）专业的图片处理。我要特别感谢让·科克托委员会的皮埃尔·贝尔热先生（M. Pierre Bergé）允许我出版这本书，感谢伦敦大学皇家霍洛威现代语言、文学与文化学院慷慨地资助购买插图。我还要深表感谢的机构包括：大英图书馆、法国国家图书馆、巴黎的BIFI、蒙彼利埃的科克托基金会（特别是弗洛伦斯·肖朵雷耶（Florence Claudoreille））和英国电影学院的电影剧照图书馆。凯蒂耶·格兰特博士（Dr Katie Grant）在我长途跋涉的过程中给予坚定不移的支持，她是一位了不起的朋友，我真的欠她很多！最后，我要以各种可能的方式将我最深挚的感谢献给贾森·吉登斯博士（Dr Jason Gitten），感谢她对我无私的爱和无尽的支持。

照片致谢

The author and publishers wish to express their thanks to the following sources of illustrative material and/or permission to reproduce it:

Photos © ADAGP, Paris and DACS, London 2007: pp. 119 (Autoportrait no. 16–Editions Champion), 136; Art Institute of Chicago (given in memory of Charles Barnett Goodspeed by Mrs Charles B. Goodspeed, 1947.851): p. 138 (photo © The Art Institute of Chicago/© ADAGP, Paris and DACS, London 2007); photos Cecil Beaton (courtesy Sotheby's): pp. 127, 152; photos Bibliothèque Interuniversitaire Montpellier: pp. 26, 56 (ADAGP, Paris and DACS, London 2007), 59, 69, 74, 107, 170, 171 (photo Boris Lipnitzki), 177, 184 (Galerie MARCO Edition), 196, 106 (photo Pierre Vals), 221 (photo André Ostier), 223; photos courtesy British Film Institute: pp. 150, 182, 189, 198, 202, 203, 228, 231, 235; photo CNAC/MNAM Dist RMN/© RMN/Jean-François Tomasian: p.35; photo Herbert List: p. 207 (courtesy Magnum); photo Magnum: p.15; photos © Man Ray Trust/ ADAGP, Paris and DACS, London 2007: p.144; photo Patrick Mesner (P. Mesner/Gamma/Eyedea): p. 173; Musée des Beaux-Arts, Rouen: p.36; Musée de Grenoble (gift of the artist, 1929): p.136; Musée National d'Art Moderne, Paris: p.35; photo Rex Features/ Sipa Press: p.157 (633019B); photo Rex Features/Everett Collection: p.188 (AD); photos Roger-Viollet/ Rex Features: pp.19 (676347A), 36 (676344A), 80 (photo Boris Lipnitzki-676188B), 93 (581467B), 95 (676346A), 99 (676193B), 134 (676193A), 156 (photo Boris Lipnitzki-676188A), 158 (photo Boris Lipnitzki-676188C), 160 (676192A), 163 (676191A), 167 (676188D), 226 (photo Raymond Voinquel-162593F); photos Telimage/© Man Ray Trust/ ADAGE, Paris and DACS, London 2007: pp. 6, 77.